U0895217

本著为国家社科基金项目（编号11CZS054）、长治学院优秀学术创新团队项目、长治学院重点建设专业项目中期成果。

明清晋东南基层社会组织与社会控制

段建宏 著

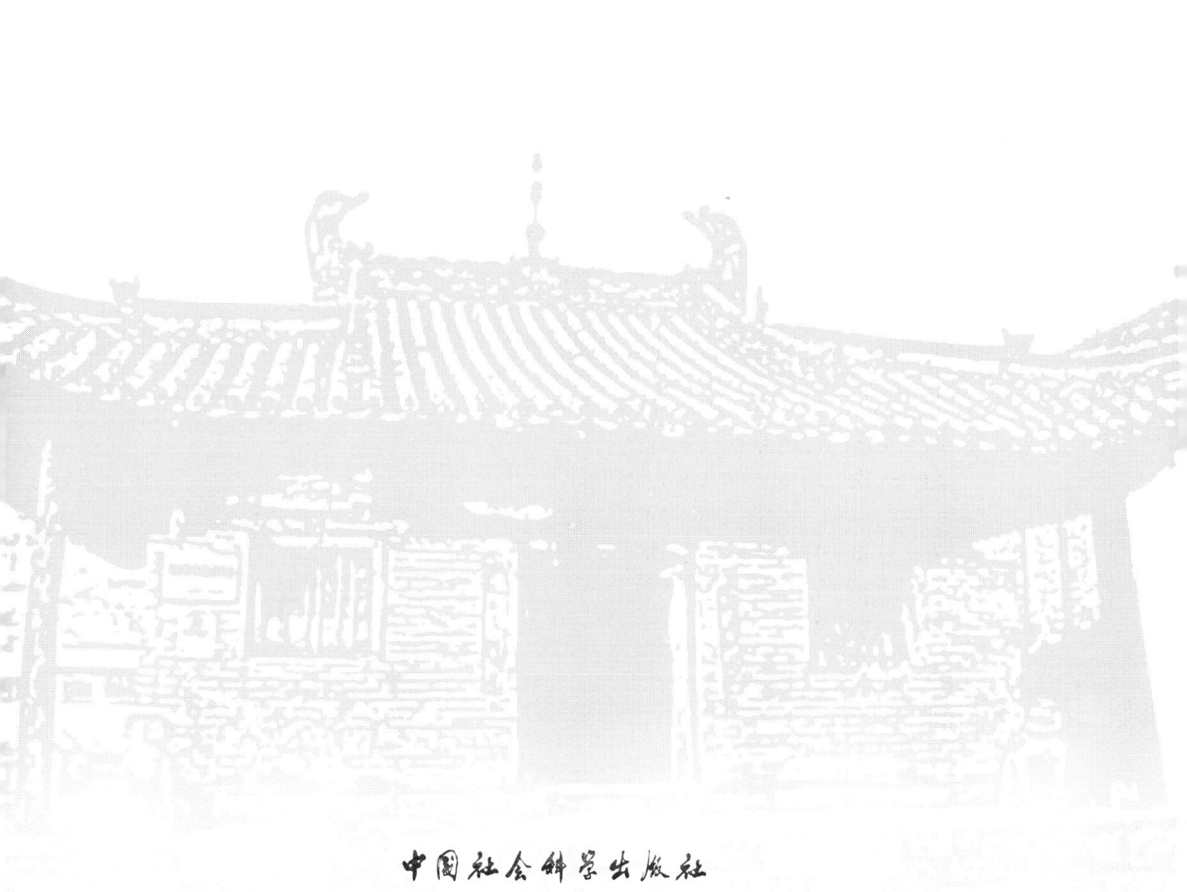

中国社会科学出版社

图书在版编目(CIP)数据

明清晋东南基层社会组织与社会控制/段建宏著.—北京：中国社会科学出版社，2016.6
ISBN 978-7-5161-8192-8

Ⅰ.①明… Ⅱ.①段… Ⅲ.①晋东南地区—社会组织管理—社会约制—研究—明清时代②晋东南地区—社会约制—研究—明清时代
Ⅳ.①D672.5-092

中国版本图书馆CIP数据核字(2016)第109553号

出 版 人 赵剑英
责任编辑 宋燕鹏
责任校对 季 静
责任印制 李寡寡

出 版 中国社会科学出版社
社 址 北京鼓楼西大街甲158号
邮 编 100720
网 址 http://www.csspw.cn
发 行 部 010-84083685
门 市 部 010-84029450
经 销 新华书店及其他书店

印 刷 北京明恒达印务有限公司
装 订 廊坊市广阳区广增装订厂
版 次 2016年6月第1版
印 次 2016年6月第1次印刷

开 本 710×1000 1/16
印 张 15.5
插 页 2
字 数 256千字
定 价 56.00元

序　　言

说实话，为人写序，对我而言是“大姑娘上轿——头一回”，概因自己才疏学浅，实在不能把握住别人著作中的精髓。不过此番段博士的诚心相邀却让人难以拒绝。本人与其既为好友，又在研究方向上有所重合：他致力于山西乡村社会史的研究，主要包括基层行政、管理组织与民间信仰的源流演变；我则主要侧重于民间信仰、乡村环境的治理。除此，还有一个重要原因，在段氏看来，要将学问当作一种乐趣，当作一种生活常态，万不可钻进去走不出来，说白了，就是要学会在“玩”的过程中理解学术旨趣和学术追求。我想，凭段氏在圈子中的活动，一定不会找不到名人为此书作序，而着实因为名人作序会使得该著作或者做学问之事更加拘谨、严肃、中规中矩，少了生活的快乐。并且，通过这样一种做法，还可以进一步增进我们之间的了解，凝聚团队的影响力，在研究内容与研究方法上更能求同存异，正如他为赵艳霞（我们单位另一教师）的著作作序一样。基于此，我才略有勇气斗胆写下这样一篇文字。

初识段建宏老师，是在2007年夏天，当时单位委托我和他去做调研。我们关注的是民间社会组织与民间信仰的内容，田野调查必不可少。当时条件较为艰苦，因为经费紧张，食宿条件都比较差，不过这些还好克服，最大的不便是交通问题。我们常从公交车上下来之后再步行一两个小时才能到达目的地。有时在没有路的山间荆棘灌木中穿行，带尖的、带刺的、带勾的各类植物弄得我俩遍体鳞伤。由于长时间在野外奔波，两个人都晒得漆黑。有一次，我们顶着中午的烈日，骑着一辆借来的摩托车疾驰在浮土有半尺厚的沟里，扬起的尘灰粘在脸上，又混合着汗水流下来，那种感觉尤其难受。更可怕的是，因为过度疲倦，我居然在返回时直接坐在摩托车后座上睡着了，没有中途摔下来真是万幸，现在想想都觉得后怕。正是在这样艰苦的环境下并肩作战，我们结下了深厚的友谊：因为我只管调研的具体事情，所有问路、食宿、开车、找人的事情他都一手包办，对我这个外来人兼车盲、路盲来说倒是乐得清闲，只管调查。在这样的过程中，更让我认识到了段氏认真、刻苦的治学精神。他先后花费了十年左右的时间，足迹遍及晋东南各县，涉及村落数百，又翻阅了大量方志，整理了丰富的方志、碑刻、访谈、图片、抄本等各类资料，为本书的写作打下了良好的基础。

随着社会史、日常生活史的兴起，众多学者将目光集中在基层社会。乡村史的研究亦是如此，本著即是在这样的背景下产生的。本著主要分四个部分：第一部分探讨晋东南基层社会组织的源流演变与社会控制。本著厘清了里甲、保甲、里老之间较为复杂的关系；探讨了宗族在北方晋东南区域的发展特例，形成了与南方宗族的对比；同时，对社、会、乡约的概念进行了限定与分析，对学界认识基层社会复杂的管理机制颇有启发。第二部分探讨基层社会教化中书院、社学、义学的运作，社会救济中社仓、义仓的建立过程。重要的是，对他们的时空分布进行了统计，使得我们对这两个问题有了一个直观的认识。此外，本书对养老思想及实践的探讨也有现实意义。第三部分探讨民间信仰中社会力量如何实现其控制功能，提出了若干有新意的观点：比如三教堂的建立是为更好地宣传儒家学说、二仙信仰在地方力量的刻划下得以流传。本著又以商汤信仰为例阐述了地方社会力量对当地文化资源的整合与利用，资料翔实。第四部分探讨社会力量影响下的乡规民约与国家法律的互动及其实施群体——士绅、宗族的作用。其中士绅在明清之际政权交替时的态度主要取决于本地是否受到安全而非国家王朝正统意识影响的观点，为认识士绅的真实想法提供了新的视角。

总体看，本文以社会控制为主题，探讨了明清基层社会组织的构成、群体、行为，形成了一种与政治史研究宏大叙事不同的研究理路。事实上，明清两代的基层社会组织在不少内容上有着较强的传承性与相似性：比如社会组织、民间信仰的发展。这些少受改朝换代影响的内容展现了历史发展的另一面。而且，因为中国地域广阔，各地情况不同，而晋东南的区域特征又较为一致，所以作为一个区域史研究的对象也是适宜的。

不过，就个别问题而言，此书仍有可商榷及深入研究的地方。比如，作者指出民间信仰有削减思想波动、行政过激、重大事件影响的作用，但在论证上似未能足够；又如，作者对乡村规约阐释还可以再深入细致一些，就目前来看，仍略显粗疏。

当然，本书仅是作者有关山西基层社会的系列著作之一，一些本书中存在的问题很有可能在其他著作中得到较好的解决。我们也期待着作者能够给予我们更多的惊喜。

是为序。

朱文广

2016 年 3 月作于陋室

目　录

绪论 …………………………………………………………………… (1)

一　开展区域社会史研究的意义 ……………………………… (1)

二　基层社会组织与社会控制问题的提出 …………… (2)

三　晋东南区域概况 …………………………………………… (7)

第一章　明清晋东南基层社会组织 ………………………… (11)

第一节　里甲 ………………………………………………………… (11)

一　里甲 ………………………………………………………… (12)

二　保甲 ………………………………………………………… (19)

三　里老 ………………………………………………………… (22)

四　里甲、保甲、里老之间的关系 ………………………… (25)

第二节　宗族 ………………………………………………………… (28)

一　宗族建设的背景 ………………………………………… (29)

二　宗族组织的类型 ………………………………………… (39)

第三节　社、会、乡约 ………………………………………………… (55)

一　社 …………………………………………………………… (55)

二　会 …………………………………………………………… (61)

三　乡约 ………………………………………………………… (62)

第二章　社会教化与社会救济 ………………………………… (72)

第一节　书院、社学与义学 ……………………………………… (72)

一　书院、社学、义学的时空分布 ………………………… (73)

二　书院在实践中的运作 …………………………… (82)
三　社学、义学在实践中的运作 ……………………… (84)
第二节　社仓与义仓 …………………………………… (88)
一　社仓、义仓设立的背景 ………………………… (88)
二　社仓、义仓的时空分布 ………………………… (91)
三　社仓、义仓的社会功能 ………………………… (97)
四　社仓、义仓在基层社会的削弱 ………………… (101)
第三节　尊老养老 ……………………………………… (105)
一　明清时期的国家养老政策 ……………………… (106)
二　地方社会的养老措施 …………………………… (110)
三　民间的养老风气与实践 ………………………… (114)

第三章　民间信仰与社会控制 ……………………… (120)
第一节　混合信仰的典范：三教信仰 ………………… (121)
一　国家力量的推动：三教融合 …………………… (122)
二　民间社会的具体实践：三教信仰 ……………… (125)
三　混合信仰的意义 ………………………………… (129)
第二节　“刻划”与塑造：以二仙信仰为中心的分析 …… (132)
一　二仙故事及其流传 ……………………………… (133)
二　地方社会力量对二仙信仰的“刻划”及运用 …… (140)
三　“刻划”的目的与作用 ………………………… (143)
第三节　地方文化资源的整合与利用：阳城“商汤信仰” ……………………………………………… (147)
一　阳城“商汤信仰”概况 ………………………… (147)
二　地方社会力量与“商汤信仰”的传承 ………… (150)
三　地方社会力量影响下的“商汤信仰” ………… (157)

第四章　基层社会权力的交织与互动 ……………… (160)
第一节　特殊领域中的权力互动：乡村规约 ………… (160)
一　规约的主要内容 ………………………………… (161)

二 规约的制定与执行 ……………………………… (167)
三 权力之间的互动 ……………………………… (172)
第二节 特殊时段中的权力让渡：社会危机 ………… (179)
一 明清之际的晋东南社会 ……………………… (180)
二 士绅对不同政权的态度和表现 ……………… (188)
三 士绅在赈灾中所发挥的作用 ………………… (193)
四 士绅对地方社会的教化 ……………………… (195)
五 社会危机下的士绅与地方社会 ……………… (198)
第三节 特殊群体在基层社会的参与：宗族 ………… (202)
一 宗族与地方公共事务 ………………………… (202)
二 宗族与民间信仰 ……………………………… (209)
三 宗族中的女性 ………………………………… (216)

结论 …………………………………………………… (221)
一 基层社会组织与社会控制的效果与意义 ……… (221)
二 解决的问题 …………………………………… (223)

参考文献 ……………………………………………… (227)

后记 …………………………………………………… (237)

绪　论

一　开展区域社会史研究的意义

随着社会史研究的开展，区域社会史也逐渐融入人们的视野，更多人愈来愈将研究重心确定于某一区域，对其进行深入探讨。当前学界的众多成果纷纷指向这一点。这既是学科发展的趋势，亦是时代需要的选择；既是理论探索的步骤，亦是实践向我们提出的要求。对区域社会史进行广泛而细致入微的研究，成为当代学术研究的时尚。

所谓区域社会史，是指“一定时空内具有同质性或共趋性的区域历史进程的研究”①，是对一定疆域范围内的自然、政治、经济、人文、生活、习俗等的全方位研究，不仅要对相关构成作静态描述，而且要梳理组成各部分动态的历史演变，更重要的是，它要揭示各构成要素之间的关系，并以此展现各区域的特点以及区域之间的联系。在当今的学术成果中，一种现象纷然为世所共指，即区域社会史研究导致史学的碎片化，或者因为区域的大小难以界定，区域可以无限缩小；或者因为研究内容越来越细，甚至是无所不包。社会史虽然打破了政治史研究的范式，但带来的这些负面影响似乎也不得不加以关照。其实，区域社会史研究的目的不是使史学研究碎片化，而是为了更全面地理解国家的普遍历史，更加突出区域之间的差异，进而厘清国家政策的适应性。事实上，国家制度、措施不可能在各地得到同样程度的实施与运用，在国家力量薄弱的地区，民间基层社会力量便会显得强大，因此出现了地方社会力量在一定程度上代替国家行政的现

① 王先明：《“区域化”取向与近代史研究》，《学术月刊》2006 年第 3 期。

象。面对这种状况，国家由于无力顾及，只能以默认的方式表示认可，同时并不甘心，也通过逐渐加强权力渗透来强化基层治理。这种现象，在全国各地从不同的方面、以不同的形式表现出来。

从实际操作而言，“微观分析方法使我们有可能检验辛勤劳作的历史学家提出的那些人所共知的论点，而且证明这些观点即使不是错误的，至少也是不充分的”[①]。对中国来说，这种说法具有广泛的意义。中国幅员广阔，历史悠久，各地之间的地理、文化差异较大，没有任何一个人可以了解全国的情况，也没有任何一个人能够概括出中国文化的普遍意义。正如我们对江南、岭南、华北、西南等地进行的研究，各区域之间虽有一定的共性，但差异仍然巨大，无法重叠。如果忽视这些特点，就会以偏概全，一叶障目。多年来，我们对江南市镇经济的研究，得出了中国明清以来出现资本主义萌芽的观点，就是一个例证。江南独特的发展模式，事实上不可能代表中国的普遍性，更多的区域其实还是传统的以农为本的生产、生活模式，市场经济并没有对广大农村的生活造成太大的冲击。即使是富有的山西商人，经营着全国绝大多数的票号，在明清之际独具特色，但是也不能因此而夸大山西商人的作用，不能用山西商人代替明清山西的特点，他们并没有在多大程度上改变山西传统农民的思想与意识。南北方不同的地方经营模式与人际交往理念，使得南北方的土地剥削方式与程度并不完全一致，因此我们曾经采取的一些政策也未必完全正确，而是走了弯路。这些经验充分表明，开展区域社会史研究的道理不彰自明。

二 基层社会组织与社会控制问题的提出

步入明清，由于国家统治机器的进一步完备，社会经济的发展，基层社会组织不断完善，在社会控制方面发挥着重要作用。在中国古代社会中，国家所能达到的最后一级是县，在县的行政区域内实行的是“一人政府”，这种状况既非正常的“科层制”，亦非真正的“数

① ［法］雅克·勒高夫等主编：《新史学》，姚蒙译，上海译文出版社 1988 年版，第 17 页。

字化管理”，因此，县以下主要靠各种非正式的民间自治机构来进行实际的控制，如里甲、乡约、宗族、士绅。那么，社会控制（social control）是怎样一种规范约束机制呢？其实就是通过社会力量使人们遵从社会规范，维持社会秩序的过程，它既指整个社会或社会中的群体、组织对其成员行为的指导、约束或制裁，也指社会成员间的相互影响、相互监督、相互批评。[①] 所谓社会控制是运用公共权力及其他社会力量，依据各种社会规范对社会各个方面施加影响，对社会行为主体（个体与群体）的心理、认知和行为予以约束，以协调个人与社会之间、社会各部分之间的关系，保持社会相对的平衡稳定与和谐发展。[②] 当然，在明清时期可能在某些具体方面还不是特别明显，但这些基本的方式均已存在。对于这些问题的研究此前已有不少成果，在新时代下，由于史学理论的丰富、新史料的不断推出、情感理解需要的重视，对这些问题的重新思考被摆在了重要的位置，可能会在一定程度上改变传统的看法。

（一）是在“国家与社会”研究理论框架下提出来的

以前我们对基层社会组织的关注是在政治史的范畴内理解的，但是随着社会史理论的发展，更多的视野与角度使我们对社会发展的诠释发生了巨大的变化。“国家—社会框架的基本主旨是建构在近代西方市民社会的形成与王权相对抗的历史事实基础之上的，对市民社会（civil society）的自主空间如‘公共领域’（public sphere）的构成分析，使得这一框架的使用在西方社会学界具有相当特殊的历史时效与阶段性内涵。”“我们仍应该看到，西方中国学界应用国家—社会框架开辟的地方史分析路径，仍为中国历史的研究带来了焕然一新的感受”，“国家—社会关系被设计成一种在空间对立状态下的相互自主的结构形式，即使这一假设不能完全涵盖中国基层社会复杂的文化内涵与秩序特征，也可帮助我们超越目的论式的逻辑论证和整体认知传统，以及伴随于其中的意识形态限制，更能克服心理主义分析传统忽

① 费孝通主编：《社会学概论》，天津人民出版社 1984 年版，第 181 页。

② 行龙、杨念群主编：《区域社会史比较研究》，社会科学文献出版社 2006 年版。

略制度变迁分析的缺憾”①。

（二）是在重新审视阶级对立观点下提出来的

阶级对立是马克思研究社会发展的重要观点，但是阶级观点让我们看到的只是水火不相容，在考量中国社会具体运作中，有许多因素是阶级对立所不能解释的。

社会处于对立之中无疑是正确的，但是如果仅仅强调对立，或者说只强调运动，是不能研究物体的。因为只要在限度内，事物就会保持相对静止，静止使得研究可以发生。社会也同样，对立是必然的，但只要在各自所能容忍的限度内，那么社会各种关系就可以稳定，民众就能正常生活。我们在强调对立的同时一定要关注和谐与统一。

在中国社会，由于地域的不同，由于区域之间在政治、经济、社会组织等方面的不同，社会对立的程度也显出一定的差异。最著名者如毛泽东《湖南农民运动考察报告》对南方社会的调查，南方两极分化较为严重，阶级对立程度较重，因此中国革命最先在南方兴起。而北方由于政治控制较严，与京师较邻近，因此对立程度相对较轻，国家不允许在中心/腹里地区引起暴动。加之其他因素对阶级的制约，致使对立程度不如南方明显。《白鹿原》应该是这方面的一个代表。在《白鹿原》中我们看到了一个以白嘉轩为代表的地主形象，以鹿三为代表的雇佣者的形象，地主与雇工之间虽然有雇佣与被雇佣的关系，但是还有更多的是乡邻之间的关怀，“拟宗亲”② 的关系。还有官方历来所鼓吹的旌表牌坊、各种荣誉对地方精英具有强烈的吸引力，地方精英在地方社会中其实是不愿意加大矛盾的，更愿意在乡邻之间树立自己的威望，树立自己的一种“光辉”形象，因此会有意无意地采取一些措施在自己与乡邻之间实现润滑，刻意去消除这种对立。而一旦进入这种机制，地方精英便不会为自己增加麻烦，更多的时候是息事宁人，是强化这种影响与形象。我们看到白嘉轩为光耀门

① 杨念群：《中层理论——东西方思想会通下的中国史研究》，江西教育出版社 2001 年版，第 102—103 页。

② 拟宗亲是中国古代社会中常用的一种控制方式。在传统重视血缘的社会中，通过血缘加深与相关人群的关系，进而使得这种关系更加紧凑、有效。

庭，对白孝文所实施的各种严厉的惩罚，便是要继续这种形象，在乡民之间树立榜样作用。

还有对古代社会中“富者田连阡陌，贫者无立锥之地”的理解，由于我们都没有经历过那个时代，对文献的记载也只是一个模糊的概念，在“富者田连阡陌，贫者无立锥之地”的情形下，究竟民众过的是一种怎样的生活？我们不得而知，也没有感觉。不过笔者2004—2005年在做一项课题时，对抗战时期山西的农村与农民生活进行了调查，发现了这样一种基本情况。在山西乡村，地主占地大多在一百亩左右，而普通农民大约占地三十亩，地主对农民的剥削（假如这个词允许使用的话）是很轻的，地主也基本上是自力更生，而非不劳而获的。地主也只是在农忙的时候雇人工作，就像《白鹿原》中的短工。谈到地主与农民的关系，大多数人的回答是“不怎么剥削”“他自己（地主）也劳动”“有时也帮助穷人”“干过好事”等，因此，很难将那种赤裸裸的剥削、农民暗无天日的生活与此种描述相联系，在多数情况下，阶级关系被当作了政治宣传。

由此可以看出阶级对立在北方其实是很难成立的，或者说根本没有达到足以分立的程度。就如解放后，在全国范围内掀起的“斗地主分田地”的运动，许多村的土地分不下去，因为对当地农民来说，“地主”的土地也来之不易，双方的矛盾不足以达到无偿占有“地主”的土地与财产的地步。因此作为政治任务，不得不从外面迁来人口，对村里原土地与财产进行分配。潞城南天贡村就是一个真实的例子。其实，具体的实践操作与国家推行政策的本意已出现了裂痕，这足以说明北方社会阶级对立的程度。

“对马克思而言，阶级是一个在生产过程中有着特殊功能的社会群体……这些阶级的不同功能使他们的利益相互矛盾，从而导致他们易于以不同的方式去思考和行动。因而历史就是阶级冲突的历史。”①“在过去的20多年间，历史学家使用‘阶级’这个术语的方式发生

① ［英］彼得·伯克：《历史学与社会理论》，姚朋等译，上海人民出版社2010年版，第34页。

了重大变化。他们原先是把它当作一个社会事实，而现在则基本上或首先把它作为一个语言现象。”①

中国共产党宣传阶级对立，发动农民起义，是作为国家的对立面而出现的。“平均分配土地”“夺取地主多占财产”等口号与措施，均为革命做出了贡献。但是随着中国共产党登上政治舞台，进一步加大阶级对立，并且将身份亦作为一种政治工具，知识分子、资本家、地主等均作为被改造和打倒的对象，深深渗入了政治的因素。事实上我们在思考这一问题时应考虑，占有财产的不均等确实造成了社会阶层之间的对立，但是如果仅此就将其政治化，势必忽视其本身的经济因素（因为经济有其内在的运行规律），在看到地主广占田地的同时，是否也应看到地主获得土地的方式、手段。如果是民众由于经营不善或挥霍无度而导致经济困难，不得已而出卖土地，这些现象怎样与剥削建立关系？但是当中国共产党成为执政党，并且基础稳定以后，尤其是当下，如何解决农民问题，如何解决激化事件？都成为要思考的问题。当前社会的官民关系、贫富分化等现象是需要认真对待的。

（三）国家如何实现对基层社会的控制

国家对基层社会的控制，主要是靠行政力量，但是在县以下，国家的力量很难达到，县政府对基层社会的控制要靠更多的办法，必须通过地方自治机构来实现。但这种自治机构并不是真正意义上的自治机构，因为它与国家有许多联系，国家也在不断地将自己的权力伸向基层社会，对基层社会进行影响。例如，国家对族长加以干涉，而族长又是基层社会控制中不可忽视的力量。

在国家对基层社会进行控制的过程中，基层社会组织是重要的依靠，这些组织是以制度的形式予以确立的，但是其管理人员却不在国家的机构体制之中，国家官员最低为九品，而基层社会组织的管理人员连九品都不是，并且不领俸禄。

---

① ［英］彼得·伯克：《历史学与社会理论》，姚朋等译，上海人民出版社 2010 年版，第 35 页。

基层社会组织具有区域之间的差异，不仅是名称上的差异，而且是实质上的差异。在基层社会组织中，除了国家理论上的代理里甲、乡约等，还有宗族族长、士绅、各种享有荣誉称号的人员、有名望之人。此处之所以使用“理论上的”，是因为这些人是在地方中选出来的，并且某种情况下与后者是重合的。而后者，虽然不具有法律上的地位，但是在地方社会中影响巨大，村里的公共事务、司法案件、各种纠纷在很大程度上都要依靠他们，他们与地方官员之间有千丝万缕的联系，对他们的性质界定很难确切说明。

（四）如何理解中国传统社会的运作

我们一直在想，中国传统社会究竟是如何运作的？尤其是改朝换代之后，新政权如何对基层社会进行控制？事实上，基层社会并没有因为改朝换代而发生任何改变，这充分说明基层社会具有一定的稳定性。长时段的中国社会发展史，只是给我们提供宏观的思路，国家的方针政策，一定会展现区域特色。在对不同区域社会进行研究时，既可以依照宏观的历史发展线索，亦不必纯粹依照宏观的历史发展线索，完全可以根据具体区域的实际情况作相应的划分。

在区域社会内部，民众的生活方式、民众的组织形式、民众的思想观念都具有一定的稳定性，他们要受国家政策的影响与制约，同时更要受传统的影响。

三 晋东南区域概况

本书所研究之晋东南区域，是指山西东南部，位于太行山、太岳山、王屋山之间的上党盆地以及泽州，古称上党，明清时期包括泽州（凤台县、高平县、阳城县、陵川县、沁水县）、潞州[①]（长治县、长子县、屯留县、黎城县、壶关县、潞城县、平顺县）、沁州（沁州、沁源县、武乡县）三州（府）十六县，现在分为十九县（市、区）。关于这一地区的地理位置《潞安府志》中有这样的描述：“上党形胜，虽著于战国时，考之武王克商，已欲筑宫于此。……初置郡时，

① 嘉靖七年升潞州为潞安府。

奄有路、泽、沁、辽之地，居太行之巅，据天下之脊。……不独此耳，魏、齐、周、隋、梁、唐、晋、汉以及十六国之君，分方窃据，互相吞良，得此者昌，失此者蹙，先至者胜，后至者覆。”① 正是由于这样的地理位置，使这一地区在战争年代成为兵家必争之地，给此地的民众生活带来了巨大灾难，这也成为民众聚族而居的重要因素之一。

从地理位置上看，上党位于太行山西麓，属于多山地区，“其称上党，谓居太行之巅，地形最高，与天为党也”②。《泽州府志》载：“南倚太行、王屋，西连底柱、析城，背控燕云，襟带河朔（通志）”，“全居山内，土瘠地狭”（唐杜牧之泽潞用兵书）。③ 刘健《屯留记》：“其地在万山之中，险狭而硗薄，民力田勤苦，岁获不及他郡之半，故土俗自古称纯俭，其势然也。”④ 由于多山的地理环境，导致了土地较少，难于垦种，百姓生活艰苦。古人很早就注意到二者之间的关系，于是感慨道：“陵瘠土也。郊以内，原额设三坊、五厢，独西关南尤瘠中之瘠也。山邑多石田，而此厢之分土，未及他厢之半，则瘠以土；他厢丁多而户饶，此厢之户口，又未及他厢之半，则瘠以人；陵邑无素封，而他厢犹有善畜者，此厢厢民，且尽呼庚而呼癸也，又瘠以财。”⑤ 在武乡县亦是如此：“武乡之田，半寄于山，而武乡之人半栖于穴，求所谓平畴沃野则十无一二也。以彼穴居之众耕此童山，终岁勤勤，每忧不饱，况乎兵燹之伤亡？”⑥ 阳城县亦为多山之地，“县居深山，民贫土瘠，稼穑尤难”⑦，即使是比较富裕的郭峪镇，时人亦并未感到满意，“吾所居镇曰郭峪者，连四五村，居人三千家，皆在回峰断岭长溪荒谷之间。地最硗，狭狭耕牧无所，其

① 顺治《潞安府志》卷一《天文志·地理三》。

② 顺治《潞安府志》卷一《天文志·地理一》。

③ 雍正《泽州府志》卷一〇《形胜》。

④ 乾隆《潞安府志》卷八《风俗》。

⑤ （清）曹延庚：《孙公祠碑记》，约康熙十六年，《晋城金石志》，海潮出版社 1995 年版，第 684 页。

⑥ 康熙《武乡县志》卷三《田赋》。

⑦ 同治《阳城县志》卷五《风俗》。

土方数亩者少。其狭者不可以画遂沟，而广者不可以经洫浍，或土戴石，或泥淖沙”①。诸多记载都证明上党地理环境险恶，农业发展受地理条件影响较明显。

本地属于温带大陆性气候，一般来说，春季比较干旱，降雨量较少，夏季暖热多雨，秋季晴和，冬季寒冷干燥，春季短暂，冬季较长。因此：“上党山高，唯夏令不爽，冬令常侵于春秋之半，甚有入秋即霜，盛夏而雹者。”② 这样的地形和气候使得这一地区的耕地面积较少、农作物产量不稳，“其地风高旱寒，田不再熟，又阙水利，雨不时至，岁即不登，故称瘠土。其民或懋迁于外，以赡其家，亦不能如他郡之饶裕。”③ “上党居万山之中，商贾罕至，且土瘠民贫，所产无几。其奔走什一者，独铁与绸耳。”④ 境内有两条主要河流，一条是沁河，属黄河水系，主要流经长治之沁源，晋城之大部；另一条是浊漳河，属海河水系，主要流经长治属县。两条河流成为上党境内主要的水源。在多山地带，灌溉一直是不易之事，尤其是在古代社会。农业主要是靠天生产，事农极其艰难。从这里留下的关于先民的传说就可以看到其生存之艰难，后羿射日、愚公移山、盘古开天等正是先民与自然做斗争的反映。基于以上情形，冯俊杰先生在对上党地区商汤祭祀的论述中说：“只因太行一带十年九旱，人们宁愿就此故事（指商汤祷雨之事）而发生，遂渐渐淡化了汤祭之纪念性质，而强化其宗教功能。”⑤ 从冯俊杰先生的论述中也可以看出，上党之地天旱严重，历来就有祷雨之俗。三嵕信仰、二仙信仰等均起着祈雨的作用。

与民众对自然抗争相联系的，是在晋东南各个山川、村落分布的大大小小的庙宇，它们除了祈雨的功利性功能以外，还起着禳灾致福、慰藉心灵的作用。炎帝、二仙、三嵕、商汤、三教、崔府君、昭

① （清）陈廷敬：《义冢碑铭》，约康熙四十九年，《晋城金石志》，海潮出版社1995年版，第725页。

② 顺治《潞安府志》卷一《天文志·地理四》。

③ 民国《襄垣县志》卷六《学校表》。

④ 顺治《潞安府志》卷一《天文志·地理四》。

⑤ 冯俊杰：《戏剧与考古》，文化艺术出版社2002年版，第55页。

泽王等极具特色的民间信仰成为晋东南区域的一大特色，它们源远流长，内涵丰富，沉淀着数千年的历史文化与精神财富，成为解读区域文化的重要着手点。庙宇建筑、碑刻、故事、仪式成为记录先民在这块土地上生活的历史。这些史料，在新史观的引领下，使我们欣赏到了另外一种富有情感、绚丽多彩的生活画卷。在这块土地上，士绅、宗族、乡约、女性异彩纷呈，登上舞台进行着不同的表演，他们之间既有冲突，又有和谐；既有利益矛盾，又有共同需要；既有血雨腥风的战争，又有和睦相处的融洽气氛。他们的活动，展示了不同时空景观下人们的实际生活。

第一章　明清晋东南基层社会组织

基层社会组织是国家统治在乡村基层的控制网，是国家赋税、徭役、兵源征收的最基层组织。对基层社会的制度建设与管理的研究是区域社会史研究的基础，是构成传统社会基本的单元，在社会史研究中具有重要地位，引起了众多学者的关注。[①] 晋东南基层社会组织与管理既与国家制度有密切关系，亦带有较强的地方特色。

第一节　里甲

里甲制是国家为催征赋税而实施的一种职役制度。进入明清时期，其职责已有所扩展，民众生活中的纠纷、案件，甚至治安、教化也被囊括进去。本节之里甲，包括的范围既有里甲制，也包括里老、保甲。

早在秦汉时期，基层社会组织已经见于载籍："大率十里一亭，亭有长。十亭一乡，乡有三老、有秩、啬夫、游徼。"[②] 其中，三老掌教化，有秩掌民政，啬夫掌税收，游徼掌稽盗，主治安。进入隋代，基层社会组织以500 家为乡，100 家为里，5 里为 1 乡。唐代基

① 关于明清时期基层社会组织的研究在 20 世纪 30 年代就已出现，明清时期基层社会组织形式多样，主要是里甲、保甲、乡约等组织。直至今日有关基层组织的论述层出不穷，成果显著。但是，总体上呈现出"南多北少"的特征，而针对晋东南区域的专门性研究可谓少之又少。这也成为本著作的重要缘起之一。

② 《汉书》卷一九上《百官公卿表》，中华书局 1962 年版，第 742 页。

层组织分为三类：两京及州府城内为县、坊、保、邻；京城及州府城郊为县、村、保、邻；一般乡村组织为县、乡、里、保、邻，后期藩镇割据严重，这种划分方式亦遭破坏。宋代时，乡置乡正，主赋役。州县廓内旧置坊正，主科税，即县、乡、坊制。太祖开宝七年改乡曰“管”。神宗熙宁年间王安石变法，正式施行保甲制，构成新的乡村基层组织，即保、大保、都保。这种系统至金元时期仍然盛行，目前在晋东南保存下来的碑刻也证明金代“管”确实是一级基层行政组织。①

元朝入主中原，为了重视农业，在基层社会管理方面也进行了改革，在村的基础上设立“社”，作为监督农业生产的管理机构。明清时期，基层组织结构发展已相当完善，有里甲、乡约、保甲、里老等制，各基层组织仍然发挥着举足轻重的作用。

一　里甲

早在朱元璋建国之初，为强化户籍制度就推行过“籍天下户口，置户帖户籍”的户帖制度，希望以此来整顿户籍，从而重新依户籍定税负。直至洪武十四年，赋役黄册制定实施以后，明代才开始正式建立起普遍的乡治组织，即里甲组织。而里甲组织的纽带又是户口人丁，因此其最终目的还是通过对户口的管制而实行按里定赋，完成催征钱粮一事。“差丁上上、上中、上下，中上、中中、中下、下上等则，俱无下中则。五丁，每丁征银五钱四厘七毫，共征银二两五钱二分三厘五毫。”② 此中明确说明征银数量与户口人丁密不可分，因此里甲作为户口人丁编制的归宿，也便成为赋税征收的依据。姚春敏教授认为“清代泽州碑刻中鲜见里长与甲长的踪迹，里甲制在乾隆、嘉庆之后，仅仅停留在书写之中了，失去了它实际对基层社会的管理职能”③。这种说法似乎还不能得到学界的

① （金）张陟：《潞州长子县钦崇乡小关管重修灵贶庙碑》（拓片），金贞元元年，现存长子县小关村。

② 雍正《屯留县志》卷二《政事志·户口》。

③ 姚春敏：《清代华北乡村庙宇与社会组织》，人民出版社 2013 年版，第 152 页。

认可。

明代里甲制正式建立于洪武十四年，是通行全国的关于户口编制和赋役供应的地方组织，“（洪武十四年正月）命天下编赋役黄册。其法以一百一十户为里，一里之中，推丁粮多者十人为之长，余百户为十甲，甲凡十人。岁役里长一人，甲首十人，管摄一里之事。城中曰坊，近城曰厢，乡都曰里。……每里编为一册，册之首总为一图”①。此中已明确说明了明代里甲制创制之初的具体。

晋东南区域基层社会组织形式以坊里、保甲为主。“都鄙、乡里，县不一制。而按里定赋，虽征之，天下不易也。”② 即具体到各县乡，划分标准又不一致。以屯留县为例，“本县原额四坊、五乡、二十都、六十一里。……国朝因之”③。由此可知，屯留县于明清时期为坊、乡、都、里制，划分明确。“光绪六年，奉文遵办鱼鳞册籍，重编里、甲名，间改易村教团聚，仍为二十二里。东城乡，六里。莲池里统十甲。……郭庄里统十甲。”④ 因此，对于屯留县乡下统里、里下统甲的模式一目了然。襄垣县大体与此相似，“明洪武初，襄垣原编四乡、七都、九十里，宣德并七十里。……国朝顺治元年仍四乡、九都，并二十八里”⑤。因此，襄垣县在明清时期虽然都和里的数量有所变化，但总体的内容仍然是乡、都、里制。

里甲制自明初实行以来多有变化，不只是南北方设置不同，就是南北方各县之间也存在诸多不同之处。据明清各县志可以看出各县的里在不同时期的数量增减情况（见表1—1）。

---

① 《明太祖实录》卷一三五“洪武十四年正月条”，“中央”研究院历史语言研究所校印1962年版，第2143页。

② 乾隆《襄垣县志》卷二《建置志·里镇》。

③ 雍正《屯留县志》卷二《政事志·坊里》。

④ 光绪《屯留县志》卷三《坊里》。

⑤ 乾隆《襄垣县志》卷二《建置志·里镇》。

表 1—1　　　　**明清时期晋东南各县里数变化表**

时间＼属县	长治县	长子县	屯留县	襄垣县	潞城县	黎城县	壶关县	平顺县
明初	180	83	61	90	97	45	89	未设县
宣德年				70				
成化年				83 ↑				
弘治年			48	69				
正德年			46					
嘉靖年			44		81	40	79	31
隆庆年				63				
万历—崇祯			36		36	27		
崇祯年	177	44	22	28			43	
顺治二年		27	22					
顺治五年								19
顺治七年	100（兵乱，杀戮）				26			
顺治九年		20						
顺治十一年								18
顺治十二年							24	
顺治十四年						19		17
雍正年			22					
道光年							34 ↑	
光绪六年			22					

资料来源：顺治《潞安府志》卷八《建置十一·里甲乡镇》、光绪《屯留县志》卷三《坊里》、乾隆《襄垣县志》卷二《建置志·里镇》、道光《壶关县志》卷三《建置志·里甲》。

据表 1—1 可知，除襄垣县成化年间里数增加 13 里、壶关县道光年间里数增加 10 里外，其余各地里数均随年代的延伸而逐渐减少，只不过减少的幅度有差异。据乾隆《襄垣县志》卷二《建置志·里甲》可知表 1—1 中襄垣县成化年间多出的 13 里是因为知县王温增加二都所致，即明德、新民二都共领十三里。据道光《壶关县志》卷三《建置志·里甲》可知表1—1中壶关县在道光年间多出的十里是因为新添加一乡所致，即新安乡十里。那么，又是什么原因促使里数形成不断减少这个大趋势的?

其一，把本县某里划割给其他县乡导致的里数增减。据表1—1知，嘉靖年间里数比起明初潞城县少16里、黎城县少5里、壶关县少10里的情况有如下解释:“潞城县，原编四乡、十一都、九十七里。嘉靖中，创建平顺县，割去一十六里……黎城县原编四十五里。嘉靖中，割去五里，凑建平顺县。……壶关县，原编八十九里。嘉靖中，割去十里，凑建平顺县，止存七十九里。”[①] 此段文字证明，本县之里划割给别县也是某些县里数减少的原因。

其二，由于里甲与田赋户口直接关联，因此，里的数量变化与田赋户口数变化密不可分。下面以屯留县为例稍作分析。

表1—2　　**屯留县明清部分时期田赋户口与里数表**

	户数	人口数	田赋（顷）	里数
洪武中	12164	78297	8505	60
弘治中	8863	53300	8014	48
嘉靖中	8863	53310	6411	44
顺治间	1788	15229	6020	22

资料来源：顺治《潞安府志》卷九《政事一·田赋》《政事二·户口徭役》和弘治《潞州志·屯留县·田赋志》《潞州志·屯留县·户口志》。

据表1—2可知，田赋户口数在四个时期内整体呈下降趋势，嘉靖中与弘治中户口数变化不大，但是田赋数却呈现下降趋势，而里数也是呈现一直下降的趋势。因此，里数的减少与田赋户口有着密切关系。那么，对于明末清初晋东南各县里甲大幅度地减少又作何解释?以长子县为例，据顺治《潞安府志》卷九《政事二·户口徭役》和康熙《长子县志》卷二《地理志·坊里户口田赋》可得表1—3。据

① 顺治《潞安府志》卷八《建置十一·里甲乡镇》。

表1—3可知，里数与人口数的确有着密切的关系，而对于明末清初，有明确记载："明万历三十三年，人丁四万三千一百有奇，经明末流寇之乱，至顺治五年，仅三万一千五百有奇，已减四分之一。而六年姜瓖猖獗，止剩两万五千五百余丁。幸遇特恩蠲免，民稍苏息。至十年审编，则二万六千七百丁。四年之内已增二千余丁矣。"① 由此可知明末清初里数减少是由于人口的减少而造成的，而人口数量的变化与明末清初的"寇乱"是密不可分的。所以，对于长子县明末清初里数急剧变化的情况可以有一个合理的解释，即"寇乱"引起人口的急剧变化。

表1—3 **长子县明清时期户口与里数表**

	户数	人口数	里数
洪武二十四年	12769	94093	97
弘治五年	12834	73851	93
正德七年	12716	60000	
嘉靖□年	12716	57286	
万历三十七年	11863	43170	大于54②
天启年	明末流寇之乱，人口骤减		54
崇祯年			44
顺治二年			27
顺治五年		31592	
顺治六年		25250（姜瓖猖獗）	
顺治九年			20
顺治十年		26689	21

而且这绝非长子县一县如此，据顺治《潞安府志》卷九《政事二·户口徭役》可得表1—4：

① 康熙《长子县志》卷二《地理志·户口》。

② 本处数据由笔者推断。天启间，知县周维新申请并坊厢为54坊里，所以在万历年间，其坊里数应大于54。

表 1—4　　万历、顺治时期潞安府各县户口数统计

		长治县	长子县	屯留县	襄垣县	潞城县	黎城县	壶关县	平顺县
万历三十七年	户数	11863	11863	5846	12334	9676	7140	10651	4347
	人口数	142945	43170	35472	34940	20900	37692	52755	13012
顺治初年	户数	7966	3934	1788	2587	1322	1288	2156	854
	人口数	55258	28728	15229	20757	14540	12662	18064	7674

由表 1—4 可知，潞安府各县在明末清初的一段时间内户口数均急剧减少。“八县民数，明崇祯时至四十一万八千七百有奇，蓁云盛矣。乃无何而一芟于流贼，再阨于奇荒，后凋于凶疫，以致闯贼姜逆，窃据蹂躏，相寻于兵革几三十年矣。民生其间者奔窜伏匿，迄无宁处，势迫威胁，莫适所从。非罹于锋镝则委于饿殍，非掳掠之不归则天行之死绝。”① 此中明确指出明末清初人口急剧减少的原因，即流贼、闯贼、姜逆等兵乱，其中还提到“奇荒”“凶疫”，也就是说致使当时人口骤减的原因中，自然灾害也是很重要的一方面。据《山西灾害史》② 记载，从明初到清顺治十年，天灾（地震、冰雹、洪水、干旱、瘟疫等）发生次数如表 1—5 所示：

表 1—5　　明初至顺治十年间晋东南潞安府各县自然灾害次数统计

	雹灾	地震	风沙灾	旱灾	水涝	蝗鼠	瘟疫	霜灾	雪灾
明初（1368）—万历初年（1573）	13	5	3	16	4	2	5	6	2
万历年间	6	4	0	6	4	4	6	3	3
天启年间	1	1	0	0	0	0	0	0	1
崇祯年间	3	1	2	3	2	1	2	2	0
顺治十年（1653）以前	5	2	0	0	3	4	1	0	1

① 顺治《潞安府志》卷九《政事二·户口徭役》。

② 王建华：《山西灾害史》，三晋出版社 2014 年版。

从表1—5中即可看出，晋东南明万历初到清顺治十年这80年间发生天灾数量极其多，而这段时间的灾害次数，占1368年到1653年间所发生灾害次数比重将近二分之一。事实上，由于作者所处的角度以及研究的目的不同，对灾害的认定、统计方式都有不同的标准，因此，灾害次数要远远高于此表统计。据此可以肯定地认为，明末清初晋东南区域受自然灾害影响异常深重。人们为了躲避灾害的侵袭会选择迁徙，从而造成户口的变动，或者面对有些来势较为凶猛的天灾，如瘟疫、地震、冰雹等，就会直接导致人员伤亡，以致户口数减少。这些都是明末清初晋东南里数减少的重要原因。此外，还有一个因人口变动而致使里数减少的因素，“沁有四乡，乡分八都，都统里六十有六，此明洪武初年制也。后因地瘠民贫，迁徙逃亡日众，遂并为五十六里，万历三年并为五十三里，崇正九年并为二十二里”[①]。由此可知，因当地土地贫瘠，人们迁徙逃亡的太多，致使人口数量变化，同时也会导致里甲的急剧减少。除此之外，也有因战乱造成的杀戮，使得里甲不成编制的情况。“节经兵乱，杀戮不成里甲”[②]。

其三，里甲过重的负担使得里甲编制混乱，为日后里数减少埋下伏笔。在许多地方，贡赋不断增多，而贡赋的来源则是里甲，因此里甲长的负担沉重，但有些官吏趁机营私舞弊，将赋役转嫁至农民身上，最终受害的还是平民百姓，人们为了躲避这种沉重的赋役而选择迁移外地，结果造成里甲制度的编制混乱。如每里原定110户，遇到人口迁移的情况每里的户数就会产生缺额，可是赋役是按里征收，这无疑就加大了某些里的实际压力，造成混乱。例如《重整里下出米作钱碑记》载：“因置里长乡地田五十亩，每年能收米十有余石，以为里长乡地公私之费，意诚美矣。然粮价有高有低，米价有贵有贱，粮贵则伤里长，米贵则伤花户，其间弊端亦有难以尽言者。”[③] “襄邑

① 乾隆《沁州志》卷一《建置沿革·里甲》。

② 顺治《潞安府志》卷八《建置十一·里甲乡镇》。

③ 《重整里下出米作钱碑记》，同治九年，张正明、科大卫：《明清山西碑刻资料选（续一）》，山西人民出版社2005年版，第118页。

钱粮向归二十八里征收，到限不齐，里总即先佃解，公私两便。”①代交的结果是不了了之，因此，里甲长渐渐无人承担，再加之上述编制混乱问题，直接导致里甲制职能瘫痪，最终走向衰败。

其四，赋役改革的实行与编审的废除。由于明末清初的社会动荡，人口流离失所、户口紊乱，而面对这种情况，政府为了稳定社会秩序，于康雍乾时期进行了赋役改革，最终使得里甲制走向消亡。从表1—1可看出崇祯年是里数变化较大的一个时期，而从这个时期开始里数大幅度减少。其中最重要的一个原因则是清朝的赋役改革，康熙五十一年（1712），“将见今钱粮册内有名丁数，勿增勿减，永为定额。其自后所生人丁，不必征收钱粮，编审时，止将增出实数察明，另造清册题报”②。康熙五十二年（1713）进一步规定，以五十年丁册定为常额，续生人丁永不加赋。此后丁赋有了定额，对里甲的编审也就失去了意义，因此里甲失去了赖以存在的基础。到雍正二年（1724），摊丁入地正式提上日程，随后在全国范围内实施。这一政策实施后，赋役征收不再以人丁为依据，里甲逐渐废弛。到雍正六年（1728），“行顺庄编里法，议定顺庄编里，开造花名，如一人有数甲、数都之田分立数户名者，并为一户。或原一户而实系数人之产，即分立的户花名。若田亩未卖而移住他所者，于收粮时举报改正。田坐彼县而人居此县者，就本籍名色别立限单催输”③。此文中所谓顺庄编里法，即户口编审按村庄而定，无论人田分隔多远，只按人口现住之地编户，这就直接打破原有的里甲编审原则，导致里甲数量减少直至衰亡。

二 保甲

里甲的主要职责是征收赋税，保甲则主要是为了治安。保甲设立于北宋王安石变法时期。史载：

---

① （清）李汝霖：《归并里甲条约》，光绪《襄垣县续志》卷一〇《续艺文》。

② 《清圣祖实录》（三）卷二四九“康熙五十一年二月壬午”，《清实录》（第6册），中华书局1985年版，第469页。

③ 《清朝文献通考》卷三《田赋考三》。

> 保甲：熙宁初，王安石变募兵而行保甲，帝从其议。三年，始联比其民以相保任。及诏畿内之民十家为一保，选主户有干力者一人为保长。五十家为一大保，选一人为大保长。十大保为一都保，选为众所服者为都保正，又以一人为之副。应主客户两丁以上，选一人为保丁。附保。两丁以上有余丁而壮勇者亦附之。内家赀最厚、材勇过人者亦充保丁，兵器非禁者听习。每一大保夜轮五人警盗。凡告捕所获，以赏格从事。同保犯强盗、杀人、放火、强奸、略人、传习妖教、造畜蛊毒，知而不告，依律伍保法。余事非干己，又非敕律所听纠，皆毋得告，虽知情亦不坐。若于法邻保合坐罪者乃坐之。其居停强盗三人，经三日，保邻虽不知情，科失觉罪。逃移、死绝，同保不及五家，并他保。有自外入保者，收为同保，户数足则附之，俟及十家，则别为保，置牌以书其户数姓名。既行之畿甸，遂推之五路，以达于天下。时则以捕盗贼相保任，而未肄以武事也。①

王安石组织保甲的重要目的“是建立严密的治安网，把各地人民按照保甲编制起来，以便稳定封建秩序”②。但并未普遍实行，入明以后，在地方社会起作用的仍以里甲、乡约等为主，王阳明在南赣地区实行的牌甲制，当为其演变。此后，一直延续到清朝乃至民国，在此过程中其职能不断变化，由负责军事和治安到催征钱粮，不断赋予其新的职能。顺治元年，编审户口之法。“其法：州县城乡十户立一牌长，十牌立一甲长，十甲立一保长。”③ 即一甲为 100 户，一保十甲 1000 户，但在全国范围内大规模推行保甲制则是在乾隆及其以后的时期。

明末清初，晋东南一些地区亦实行了保甲制度，主要用于控制百姓，维护地方治安，“然保甲与乡约相表里……保甲实行，则贵

---

① 《宋史》卷一九二《兵六》，中华书局 1985 年版，第 4767 页。

② 邓广铭：《辽宋夏金史》，中国大百科全书出版社 1988 年版，第 39 页。

③ 《清史稿》卷九五《食货一》，中华书局 1977 年版，第 3481 页。

贱贫富以礼会集而无隔关不通之患。……血脉既通，呼吸自应，不但盗贼息、礼俗行，且人才真作用实而王道可必其易易矣”[①]。此处明显提到保甲制“息盗贼”的作用，但从中也可看出其职能不仅用于乡里治安，而且也开始扩大到礼俗教化。到了清朝中后期，尤其是乾隆以后，乡里隐匿人口、土地的情况愈加严重，外加国家赋役制度的改革，里甲制便逐渐失去催办钱粮赋税的作用，保甲制取而代之，并且保甲的职能还不断地扩大到宣扬教化、调节乡里纠纷、办理社会救济等。襄垣县保甲制充分体现出其功能与作用，从时人的评论中已可见一斑：“保甲严而鸡犬不已无警乎？赌博惩而盗源不已悉杜乎？听所明而拖累不已尽绝乎？刑狱清而囹圄不已空虚乎？”[②]

相比里甲，保甲制在明清时期的发展要顺利得多，一直延续到民国时期，并且与乡约、宗族等结合在一起。“吾潞行乡约，且行保甲，保甲诚行，固弥盗之善策也。今观十家为保，各立一牌，注其丁口，查其出入，法非不严，然盗至不能知，盗在不能救，盗去不能追，终鲜实效，何哉？原未有实行也。盖保甲主于弥盗安民，而挨门逐派似于均徭力役之征，吏缘为奸，洗垢吹毛，索瘢求疵，是田赋丁口之外又增一苦役矣。……遇寇发闭户，潜身一息，不敢出”[③]。从中可知，在明清时期晋东南地区十家编为一保，立一保头，每家门前立一牌，上书明丁口数，其每天出入情况需经查实验明，并且互相监督。

这种制度如果能够严格实行，其固然是保证乡里治安的关键，可是一旦疏于管理，便会造成无序状态。当然此制度也有弊端，为了保证治安，保头挨户盘查非常辛苦，无暇全面顾及，有时强盗来袭都不知道，而面对这种情况也只知躲避，乡里中人都不愿做此工作，这无形中就为保甲制埋下了隐患。

---

① 雍正《屯留县志》卷二《政事志·乡甲》。

② （清）张星祥：《邑侯袁公德政序》，乾隆《襄垣县志》卷七下《艺文志中》。

③ 顺治《潞安府志》卷九《政事五·乡约保甲》。

三 里老

里老制早在朱元璋建立明朝之时就已开始筹划。朱元璋初定天下，社会还处于结束动荡的初期，亟须管理方面的人才来整顿社会秩序、稳定人心，除了广招各色人才、大开科举以外，还大量任用年高有德者于乡里基层进行渗透式教育，即从基层入手，加强基层民众的思想教育、行为规范教育，渐趋稳定整个社会。大约在里甲制设立的同时，明代也创设了里老制。洪武二十一年（1388），朱元璋“令天下郡县选民间年高有德行者，里置一人，谓之耆宿，俾质正里中是非，岁久更代”[①]。然而到洪武二十七年四月，“命民间高年老人理其乡之词讼。……命有司择民间耆民公正可任事者，俾听其乡诉讼，若户婚、田宅、斗殴者，则会里胥决之，事涉重者，始白于官，且给教民榜文，使守而行之”[②]。其中则明确提到里老的设置，此即为明代里老制之始。

清朝入关后，沿用明朝制度，尤其是在基层社会，并无多大改变。值得关注的就是逐渐加强对基层社会的控制，除了前面提到的设立保甲制以外，还进一步强化里老制，并对里老的选任提出了要求。“雍正八年二月，奉文查得乡饮典礼乃尊贤养老。大典请嗣后各属，于每岁举行之前，将所举宾耆查明事实，如果品行端方，齿德兼茂，祥司□□，方准遵行。如品行不端，齿德乏人，即将原额银两解司充饷。如此则宾耆不致滥举，而钱粮亦无虚冒之弊”[③]。明确说明了耆老需具备品行端正、年高有德的品质，因此里老的设置原因很明显，即通过以身作则来达到教化乡里的目的。神农炎帝是晋东南具有特色的一种民间信仰，在各类文献、碑刻、口述资料中都记载了炎帝为民造福、发展农业的事迹，成为民众的信仰，遍布各地的庙宇即为明证。壶关县安化二里有炎帝神农庙，明初重修时，乡耆与乡人商议，

① 《明太祖实录》卷一九三“洪武二十一年八月条”，“中央”研究院历史语言研究所校印 1962 年版，第 2894 页。

② 同上书，第 3396 页。

③ 光绪《沁水县志》卷六《选举·乡饮》。

于炎帝庙举行祭祀以纪念神农的德行，并且作者指出："追崇祀典，国家之公也；建庙岁享，里人之私也。公祀私享虽异，报公感德则一。"① 由此可知耆老在当时可以进行庙祭主持。除此之外，里老还有宣讲圣谕的职责，"宣讲圣谕。每月朔望，豫择宽洁公所设香案。届期文武俱至，衣蟒衣。……礼生唱：恭请开讲。司讲生诣香案前，恭奉上谕登台，木铎老人跪宣读"②。此为耆老宣讲圣谕的过程。其目的是通过教化民众，"叙长幼，论贤良，辩奸顽，议罪人。其间，年高有德者居于上，年高淳德者次之，以次序齿而列"③。总而言之，无论庙祭主持还是宣讲圣谕，都是进行社会教化的一部分，所以耆老在社会教化方面的作用是显而易见的。

明清时期晋东南区域里老在基层组织中发挥着重要作用，其自身也在不断地发展演变：首先，里老职能的变化。里老本来的职能，即整顿社会秩序、宣讲圣谕，稳定人心，进而进行社会教化。而随着社会的发展变迁，里老的职能也开始发生转变。据《归并里甲条约》载："兹据阖邑绅耆等公请裁革津帮，按保归并里甲以便稽查，而归简易。"④ 文中提到绅耆，即为里老，按保归并里甲一事应是里总或是更高一级别的人筹办，但在此却要邀请耆老来商议此事，说明这时的耆老已不只是单纯地作为一个进行社会教化的角色，而是开始参与政治活动了。"学珍代尝，王氏父子俱殁，其孙不肯受，乃会里老言其故，而予之壶邑，新修书院倾千金以资膏火、修桥梁之圮坏者数处费数千金"⑤。此中提到学珍代还债务，而对方不肯接受，他就去找里老商量，最终决定将所还钱财用于书院和桥梁的建设。由此可知，里老有解决乡里人纠纷的权力。"各里里老，原为总催而设，宜择公正干练之人，均自一甲开报，轮至末甲，周而复始……若有屡经催追，抗不依限完纳，以致数不符限

① （明）杜敩：《重修神农庙记》，道光《壶关县志》卷九《艺文志上·文类》。

② 乾隆《襄垣县志》卷三《礼乐志·宣读》。

③ 乾隆《襄垣县志》卷三《礼乐志·乡饮》。

④ （清）李汝霖：《归并里甲条约》，光绪《襄垣县续志》卷一〇《续艺文》。

⑤ 道光《壶关县志》卷七《人物志·孝义》。

者，准其指名禀究。如无花户则比单头，无单头仍比里老。该里老等亦不得藉端滋事，扰害乡民。”① 由此可知，里老在清朝光绪以前还有总催钱粮的职能，具有一定的经济权力，而且从一个侧面反映了里老由于权力的增加而产生过借端滋事、扰害乡民之事。但是里老在发展过程中由于权力的扩大，也会产生变质。《日知录》载："本朝之老人，则听役于官，而靡事不为，故稍知廉耻之人不肯为此，而愿为之者大抵奸猾之徒，欲倚势以陵百姓者也，其与太祖设立老人初意悖矣。”② 可以看出这时候的里老已不再是贤良有德之人，其品质与思想觉悟已经开始发生变化。

其次，里老佥选的变化。明初里老的佥选是经乡里人推举而产生，然后再上报官府，“其老人需令本里众人推举，平日公直，人所敬服者，或三名五名十名，报名在官，令其剖决”③。再发展到成化前后，“祖宗之世立老人，正如古乡师党正以教小民，决小讼必须年高有德者为之。近闻此辈多不出于推择，悉是以贿求充，妄讦上官，侵害下民，以私灭公，无所不至”④。可看出这时里老的选择标准已经受到严重影响，开始出现以钱买官的现象。而到了清朝，乡里的耆老选举标准又开始注重年老德善，康熙年间，“张宏才，淳谨善良，赈贫乐善。郭维国，齿德兼优，邑人重之”。乾隆年间，“陈鲁，谦和处世，孝友宜家。邢必逊，好善乐施，乡里推重。王泌，品行醇厚，乡人钦服”⑤。由此可知，耆老的选举标准是乡里推举品行良好、为人处世得体、谦让善良之人担当。当然里老职能的演变与当时社会环境、政府关注度有着密不可分的关系，社会风气良好则里老发展正规化，社会风气靡乱则里老的选举也会相应地出现问题，而国家政府

---

① 光绪《屯留县志》卷三《屯田》。

② （清）顾炎武著，黄汝成集释，栾保群、吕宗力校点：《日知录》卷八《乡亭之职》，上海古籍出版社 2006 年版，第 476 页。

③ （明）《皇明制书》卷九《教民榜文》，《续四库全书·史部·政书类》，第 353 页。

④ 《明宣宗实录》卷四七“宣德三年九月条”，“中央”研究院历史语言研究所校印 1962 年版，第 1148 页。

⑤ 乾隆《襄垣县志》卷五《选举志·耆宾》。

关注度高就会重视里老的发展，反之则会导致里老的发展不良。据《潞安府志》记载，潞安府各县民风淳朴，社会风气较好①，所以为里老的发展奠定了大背景基础。

最后，里老效果的变化。里老职能在不断转变的情况下，其产生的社会效果也在不断地变化。当其刚刚设置的时候，由于政府关注度高，社会风气也比较好，所以里老的运行比较良好，而到了明朝中后期里老开始追名逐利、贪污行贿，所以实施效果大不如从前。到了清朝前期，里老又重新得到重视，而且其职能也随之不断扩大，又使得里老权力过大，导致出现里老滥用权力的问题，以上在里老职能里就已述及。

四　里甲、保甲、里老之间的关系

明清时期，随着基层社会组织的完善，各地之间的表现也越来越多样化，地区之间的差异也逐渐显现出来，彼此之间的关系也更为复杂，互相交织在一起。

第一，在里甲之中多次提到县、坊、厢、乡、都、里、甲这七种组织单位，那么它们之间的统属关系如何？据“长治县……在城曰坊，坊有九，编里二十三。在关曰厢，厢有三，编里四。郊外曰乡，乡有四，一曰太平，领都十四，编里三十有八”。和“长子县，在城六坊，在关二厢，在乡二坊，各系以在乡之里，计八十有三。曰崇文坊，领里九……”② 可得以下两关系图（见图1—1、图1—2）。

根据两图的对比可知长子县在乡下设有坊，这在长治县是没有的。相反的，长治县乡下设都的情况在长子县也没有提及。所以即使是一个府州内的两个县，坊里设置也不一定相同，这是在进行基层组织研究时应该注意的一点。针对以上两县均未提及里与甲之间关系的问题，我们以屯留县为例加以说明，据光绪《屯留县志》卷三《坊里》可知，光绪六年屯留县里下设甲的情况，据统计为：

---

① 顺治《潞安府志》卷九《政事六·风俗》。

② 顺治《潞安府志》卷八《建置十一·里甲乡镇》。

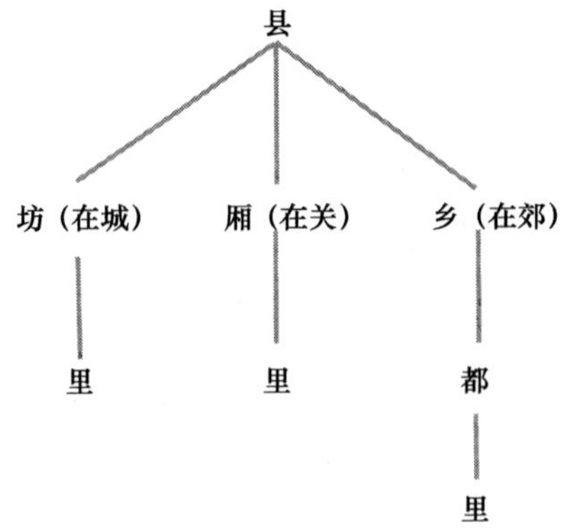

图 1－1 长治县坊里关系图

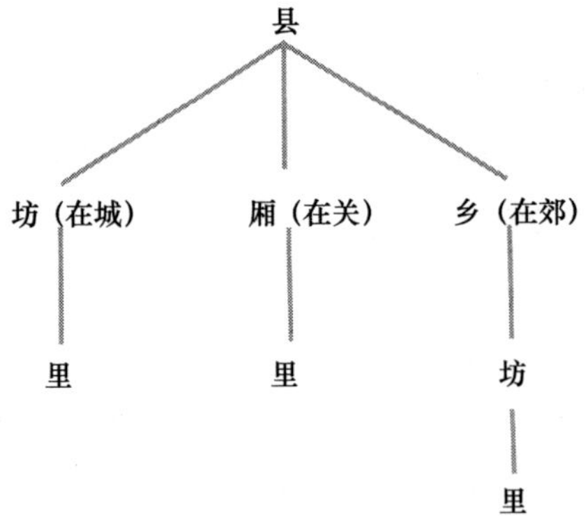

图 1－2 长子县坊里关系图

“东城乡六里：莲池里统十甲、郭庄里统十甲、王公里统九甲、史村里统十甲、呈寺里统十甲、上村里统十甲；南城乡五里：文奎里统十甲、高头寺里统十甲、西贾里统十甲、崔郭里统九甲、吴寨里统八甲；西城乡六里：遵教里统十甲、水北里统十甲、余吾里统十甲、郭南里统十甲、七泉里统十甲、中村里统十甲；北城乡五里：遵政里统十甲、邓村里统十甲、宝峰里统九甲、寺下里统十甲、积石里统十甲。”由此可知，大体一里十甲，当然有少数的一里八甲、九甲现象，这与里甲制大的发展背景相差不大，甲下所统村的数量更是不等，有一村设数甲的情况，也有几村合为一甲的情况，出现此种情况与村落大小、村落之间距离远近以及当时各村的户口数等因素是密不可分的。总之，明清时期晋东南地区坊里关系为：县分城、关、郊，城设坊、坊统里、里统甲；关设厢、厢统里、里统甲；郊设乡、乡下统里、里下依据不同地域或统都或统坊、坊都之下皆统甲。此制自明初设置以来除数量有所改变外，统属关系基本未有变动。

第二，里甲与保甲的关系。上文中对里甲、保甲的职能演变已分别做了简述，也由此可知保甲权力在不断扩大，而里甲则因一系列原因丧失了其原来的职能，可以说保甲制之所以能够迅速发展，是因为里甲制的不断衰落，里甲职能丧失的一个重要原因就是社会的动荡，而动荡的社会格局需要维护就必须加强管控，因此保甲制的大力发展成为可能。与此同时政府还加大力度重整里甲制以期恢复其以前的职能，但是保甲制的职能慢慢向催征钱粮等经济职能发展，从而阻碍了里甲的恢复。里甲与保甲也有相互融合的一面，据《归并里甲条约》载："按保归并里甲以便稽查，而归简易。……即自今年上忙起，按八十一保均分二十八里，务各近在一处。"[①] 文中提到为了方便管理按保均分里甲的情况，表明里甲与保甲的紧密联系。但是到清朝中后期，由于乡里隐匿人口、土地的情况愈加严重，外加国家赋役制度的改革，里甲制则逐渐失去催办钱粮赋税的作用，保甲制取而代之，两制逐渐融合。

第三，里老与其他组织的关系。由于里老职能的不断变化，其与其他基层组织的关系也在不断地变化。"里老向系前后半里，各举一人。今定为一里一人，以省冗费。每花户完银一两，著出公费钱五十文，其间里老得钱一十五文，单头得钱二十五文，粮差得钱一十文，仍著单头收取分给，永远遵行，不准苛派。"[②] 文中明确可以看出里老的设置是依据里而定的，由于在清朝时期里老的职能逐渐走向催办钱粮，所以其与里甲的关系不断深化。而且里老设置的初衷即教化社会民众、维持社会治安，而保甲制则主要就是息盗贼、主治安，因此其在清朝与保甲制关系密切、相互融合也就不足为奇了。

---

① （清）李汝霖：《归并里甲条约》，光绪《襄垣县续志》卷一〇《续艺文》。

② 光绪《屯留县志》卷三《田赋》。

综上所述，其实各组织在发展的过程中都是相互联系、相互融合的，一种制度的衰落必然会有另一种制度兴起代之，或者二者在历史的脚步中逐渐融合为一体而继续存在。

通过对以上几个问题的简述，可以发现，在晋东南基层社会组织与控制中有以下问题需要注意：

第一，晋东南基层组织坊、乡、都、里、甲的设置与国家其他地区的设置有所出入。各县的设置有坊下直接设里、坊下设都然后都下设里以及乡下设坊然后坊下设里的情况，说明晋东南地区坊里的设置并没有一个统一的固定的模式可循。

第二，晋东南基层组织在历史时期发生的变化及其影响因素。里甲制，国家规定110户为一里、10户为一甲，从明代中叶起，各级官府将统计户口当作一项拖累之事，只是完成任务，并未作真正统计，导致户口登记混乱。至明末清初表现更为明显，由于战争、自然灾害的破坏，百姓流离失所，造成里不足户的现象，直接导致里数的减少。而清朝赋役改革后，里的设置标准开始发生变化，尤其是顺庄法的实施，使里的划分标准彻底变更，最终导致里甲制的崩溃。

总之，晋东南区域的里甲、保甲、里老，其设置形式与演变都与本地联系比较紧密，如坊里的统属关系、里数的减少以及各组织之间的变化等，坊里的设置依晋东南各县情况不同而有所差异，里数的减少与本地的户口数变化有着密切的关系，而户口数的变化又与自然灾害、社会动乱等密不可分，而对于各组织之间的关系，里甲和保甲前后相继、保甲和乡约则相互融合，这些变化都与其各自的职能变化紧密联系。

第二节　宗族

宗族[①]一直是社会史学者研究的重要课题。20世纪80年代以后，

---

① 本书宗族采用较为宽泛的定义，是指由父系血缘关系的各个家庭，在祖先崇拜及宗法观念的规范下组成的社会群体。

随着区域社会史的兴起，从地域角度来探讨宗族，成为新时期宗族研究的大趋势。长期以来，由于南方宗族组织的发达及对地方社会的重要影响，吸引了大量学者开展对南方宗族的研究。而北方宗族却很少受到学者们的关注，甚至有人认为北方就没有宗族。随着宗族研究的深入开展，有一些学者开始关注北方宗族。有些宗族研究者认为北方宗族的外在物化标志，即起着功能性作用的宗族聚合手段很少见，但在宗族的象征文化方面则呈现较显著的迹象。与南方宗族相比，北方宗族是表达性的、文化性的、或者说是意识形态性的，是一种残缺性宗族。然而，并不能因此否定北方宗族在地方社会中的意义。晋东南区域的宗族在地方社会中也承担着重要的功能。

一 宗族建设的背景

（一）科举、学校制度的定型

晋东南地区的人文、学风历来比较兴盛。《一统志》："民多勤俭而力农，士尚气节而务学。"《襄垣志》："其民纯俭，务本好儒。"《屯留志》："其民纯俭务农织，不事商贾颇好学。"① 明朝建立后，明太祖十分重视教育，提倡以社会教化为治国先务，并告诫刘基等众臣："不明教化则不知礼义。"② 这在晋东南地区也有所反映，《潞安府志》载："元制，府立教授，州立学正，县立教谕各一。爰至明朝，重道崇文，十室之邑，亦必有学。师儒之教，与郡邑吏等。"③ 可见明代的晋东南地区是非常重视文化教育的。由于当地官员的重视和当地士绅的资助，这一地区的郡、县学得到多次修建。府志说：

> 长子县学在东街路北。明初，县丞阎弼因旧址创建，知县寇奉祖、易鹗、王泽、马负图、许铤、何出图相继修葺。
>
> 屯留县学在东街路北。明朝知县楚瑁、王敦、王玘、王绅、刘刚、金澜、齐崇尧相继修葺。

---

① 顺治《潞安府志》卷九《政事六·风俗》。

② （清）夏燮：《明通鉴》卷一"太祖洪武元年"，中华书局1959年版，第171页。

③ 顺治《潞安府志》卷五《建置四·学校》。

黎城县学在县治南。明初知县崔凤因旧址复创，李善、李进、魏朝相、杨良臣、马麟、张遵约相继修葺，而良臣之功巨。

壶关县学在县治南，明朝知县吕士安、沈溥、张著、马兴、任式、何永庆、张祥、方应明相继修葺。①

由上可以看出当地的地方官员非常重视郡、县学的修建。这也从一个侧面反映出这一地区文化的兴盛。这一地区不仅重视郡、县学，而且非常重视书院和社学。据府志记载："书院者，郡俊秀而养之。用广正学，虽与学校并设，不厌其多也。"② 并且在州城设立社学，广兴教育。"古人重蒙养。明初广设社学。潞州时在城者八：一在州治前，一在润德坊，一在西关厢，一在西门内，一在北关厢，一在北门内，一在南门内，一在关王庙侧。各乡四十余处，各就庙寺，择有行学者，郡民间子弟而教育之"③。据成化《山西通志》统计，明代山西境内有官办儒学109所，书院57所，其中长治地区有官学15所，书院8所，在山西各县市中排名第三。④ 可见这一地区书院社学的盛行。⑤ 地方上的很多文化名人都出自这些书院，府志载："在潞则张宪副克俭、胡郡丞守德、王进士之相、李知县钟庚、李孝廉甲黄、王孝廉育德之仁、程中秘之鼎，在泽则陈御史昌言、杨孝廉桂如，皆及育出身于书院。既不肖如殒者，而亦荷陶淑焉。其他明经，岁荐指不胜屈。"⑥ 通过各级学校教育，这一地区培养了很多人才。

该地区的地方官员还通过建先儒祠祀来提倡传播儒家文化。从下面这块碑记中我们可以看出这一举措的实行。通过建立崇圣祠来传播儒家文化。

---

① 顺治《潞安府志》卷七《建置九·书院》。

② 同上。

③ 顺治《潞安府志》卷七《建置九·社学》。

④ 王振芳、吴海丽：《明代山西进士的地域分布特点及其成因》，《沧桑》2002年第5期。

⑤ 具体内容可参见本书第二章第一节。

⑥ 顺治《潞安府志》卷七《建置九·书院》。

改建崇圣祠碑记①

学之有启圣祠，由来已久。兹特命改建崇圣祠，祀先师五代祖考于其中，甚旷典也。凡博士、弟子员畴弗欢欣踊跃，乐勷盛世。奈迩来岁歉，逡巡未举。癸卯秋，锡恒李公膺简命来尹襄邑。谒庙之初，广文赵思植、冯殿魁两先生即以斯役请公力任弗辞，慨然捐俸金百两。先生同为协助，而学中诸生亦愿奔走趋事，遂于甲辰六月兴工焉。功未及半，赵升去，冯亦致仕归。是岁冬，珊玉李先生司铎。乙巳夏，阎先生谌司训，目击斯举，即力董其事。越两岁而祠宇落成。

正是由于当地地方官员和地方士绅们大力推崇儒家文化，才使该地区的科教事业日趋发达，据王振芳等人的研究，明代山西共取士1231人，其中晋东南地区共241人，占11.1%。② 可见晋东南地区科举文化的发达。正因如此，该地区出现了许多科举世家和文化巨族。如阳城陈氏，在明清两代共有9人中进士，6人任职翰林院，19位举人和41位贡生，被誉为北方第一文化大宗族。沁县吴氏，在明清两代有5人中进士，其中吴琠官至宰相。襄垣刘氏，在明清两代有3人中进士，6人中举人。这些科举世家为地方公共事业和地方社会秩序的稳定做出了重要贡献。

表1—6　　**明代晋东南地区进士人数各县市分布情况**③

县（市）	长治（市县）	壶关	潞城	黎城	襄垣	武乡	屯留	长子	沁源	沁县	晋城	阳城	沁水	高平	陵川	合计
进士人数	37	11	3	3	11	12	11	5	1	7	43	43	22	23	9	241

资料来源：王振芳、吴海丽：《明代山西进士的地域分布特点及其成因》，《沧桑》2002年第5期。

① （清）刘宸宸：《改建崇圣祠碑记》，民国《襄垣县志》卷六《营建考》。

② 王振芳、吴海丽：《明代山西进士的地域分布特点及其成因》，《沧桑》2002年第5期。

③ 同上。

（二）商业的发展

明清时期，晋商闻名天下，而泽潞商人是晋商最早兴起的一支。明代沈思孝在《晋录》里曾言及：“平阳、泽、潞，豪商大贾甲天下，非数十万不称富。”① 可见明代的泽潞商人是非常富有的。泽潞商人的兴起，有众多的原因。第一，该区域的自然环境，正如前文所提到的潞安古代属于晋东南区域，是取其“处太行之巅，几与天为党”之意。境内多山，可耕地面积较少，虽然统治阶层一直提倡“农本商末”，但在生存压力面前，很多人还是走上了以商谋食的道路。因此在这一时期的地方文献中，仍可以看到相关记载。潞安府：“古号上党，以俗勤俭，人多逐末。”② 泽州：“第其土不甚沃，高岗多而原隰少，人口废居遂作，而荒于耒耜。”③ 第二，该地区有着丰富的自然资源，正如前文所说的该地区有着丰富的铁矿和发达的蚕桑业，而泽潞商人就是靠着贩卖这些而闻名天下。第三，该地区有长期的经商传统：“上党山高地狭，自昔宜于畜牧。相传猗顿得五牸之说，就牧于此起家，与陶朱齐名。古上党旧有猗氏县，即今长子、屯留之西山也。……元李植尚书惟馨之族也，亦以谷量牛马，富甲诸州。”④ 第四，明朝初年为了安国靖边，在北部长城沿线设立了兵站，为解决兵站需要实行“开中法”。泽潞商人就将河东盐贩运于山西、陕西、河南部分地区来获取利润。正是由于这些因素，这一地区的商业在明代得到迅速发展，同时也对这一地区的社会产生了深远的影响。

泽潞地处太行、王屋两山之间，植被茂密，雨量充沛，动植物众多，矿藏丰富，开发较早。丰富的自然资源，悠久的开发历史，为泽潞商品经济的发展，为明清至民国以行商为主体的泽潞商人的

---

① （明）沈思孝：《晋录》。

② （清）张镇：《重修熨斗台庙记》，乾隆十三年，张正明、科大卫主编：《明清山西碑刻资料选》，山西人民出版社 2005 年版，第 537 页。

③ 雍正《泽州府志》卷二《风俗略》。

④ 顺治《潞安府志》卷一《天文志·地理四·物产》。

形成和发展，提供了坚实的物质基础。当时冶炼技术发达，工匠云集。金朝实行头户州制度管理工匠，形成了许多带头的村落。元朝实行匠户制度管理工匠，形成了许多带匠的村落，这便是“九头十八匠”的来历。明清时期泽州工业发达，手工业工匠众多，有发达的冶炼业。在两千多年前的战国时代就盛行冶炼。明清时“九头十八匠”闻名全国，“大德”钢针畅销海内外，“泰山义”剪刀名扬天下。大批铁货北上内蒙古，南下广东，西去甘肃，就连不起眼的钢针都能远出国门，卖到东南亚一带。泽潞商人的经营在一步步发展，除了铁货生意，他们还经营煤、硫黄、桑蚕、盐业等物资，经营规模逐渐扩大。由于衣锦还乡的传统观念，许多泽潞商人都回家屯田建屋，由匠人转变为商人，然后又变为地主，现存的许多大院就是在这种背景下兴建起来的。如南村镇西北村的崔东家，他不仅经营着自己的万亩良田，被称为“西出晋城第一地主”，还在大阳建有高炉，从事铁货生意，在南村经营盐业，涉及领域十分广泛。再如长治县经纺村的陈家大院，那个叫“陈家圪廊”的地方，它是一片紧紧相连、规模庞大的古代建筑大宅院，几乎占据了村东的整片土地。现在，虽然不少房屋出现了坍塌现象，但是镶嵌在院落里的各种石雕、木雕和砖雕依旧栩栩如生，造型别致，非常大气，足以展示出整个大宅院曾经的辉煌和绚丽。而这座大宅院，就是清朝年间的潞商大贾、京城铁业的龙头老大，陈慎德的祖辈和他居住的地方。陈慎德的祖辈世代经商，尤其是明清以后，荫城铁货，久负盛名。作为当时的一项优势产业，一方面，它在一定程度上带动了当地经济的发展。同时，也催生了一批富商大贾，陈家祖上正是这批富商的典型代表。

一些商人将生意越做越大，并且在北京、汉口、张家口等地行商，成为富甲一方的地方势力。同时在家乡也开办了各种作坊，如酒、醋、盐、铁等行业。中村申家是潞商的杰出代表，始祖申十三在明初因避难从潞城县天贡村迁居中村后，渐渐形成了一个庞大的宗族，到清乾隆年间共繁衍了十一代，一百一十多门，成为当地声名显赫的名门望族。申氏先以种田谋生，后以储粮、制醋、酿酒为业，其后栽桑养蚕、织绸、贩盐，开染坊、棉花店、布店、冶铁坊，起家后经营当铺、客栈等产业，逐步成为富甲一方的潞商，是一个典型的商业宗族，是一个从事生产和销售于一体的宗族性商家。商业鼎盛时有商号二十三个，生意做到全国二十多个省份，从中村到河南店沿途开设当铺三十二家。“出门不住旁人店”的佳话至今流传不衰，他们以聪明才智搏击风浪，用朴实诚信、与人为善的精神，潜心敬业，“月月进镖，日进镖银千两”，富甲一方，保存至今的“珍珠倒卷帘——棋盘二十四院”成为申氏宗族鼎盛一时的见证。

其他与申氏同样兴盛发展的宗族还有很多，长治县琚寨贾家亦是因商而起。贾家何时从何处来，已不可考，但琚家老祖先带领“七十二人下江南”的故事，在琚寨却是妇孺皆知的。本地以生产铁货而著名，至今仍有手工作坊留存，“贾家刀”现在仍享有盛名。贾氏宗族利用这一优势，做起了铁货贩运生意，他们组织起村中的青壮年劳力，通过肩挑、背扛、车拉的方式，把周边的铁货运往江南，从中获利。后又在大江南北开设了多家铺号，由单一的铁货专营，逐步转化为多种经营，贾家的生意做得越来越大，势力也越来越强。随着经济实力的增长，其社会地位日益抬升，于是将由来已久的村名“凤凰村”易名为“琚寨”。有人回忆说：“凤凰村中琚姓大户人家于江南做生意，财势极大，为官江南，后便以琚姓打头，取寨堡坚实之意，更改名为琚寨村至今。”一座座高楼，一间间砖房，印证了明清泽潞商人的辛酸发展史。

（三）政府的推广

祭祀祖先在上古时期并不是人人都能进行的，它是权力的象征，是社会身份等级的标志。宋元以后，随着社会经济的不断发展，人们思想观念的改变，祭祀祖先的规定开始松动，尤其是在明代，祠堂祭祖不断向平民化方向演进。这在一定程度上促进了宗族组织的发展。

明王朝建立以后，如同历史上的其他王朝一样，首先是制礼作乐。洪武六年（1373）明朝公布家庙制度，照搬朱熹《家礼》的祠堂礼制，确定品官祭祖制度。规定：“诏定公侯以下家庙礼仪。礼部官议：凡公侯品官别为祠屋三间于所居之东，以祀高曾祖考，并祔位。如祠堂未备，奉主于中堂享祭。二品以上羊一豕一，五品以上羊一，以下豕一，皆分四体，熟而荐之。……制曰可。”① 祠堂祭祖向平民化方向发展的重大转变是发生于嘉靖朝的“大礼议”，它带来了皇室宗庙制度的改革，同时放宽了平民祭祖的规定，很多祠堂都在这一时期建立起来。晋东南地区在这一政策的影响下，一些宗族也纷纷开始建立祠堂。如沁水柳氏祠堂，虽然很多祠堂仪式都违背了明朝礼制的规定，但毕竟得到了政府的认可。我们可以从下面这通《柳氏祠堂仪式碑》中看到这一时期柳氏宗族的建设情况。

柳氏祠堂仪式记②

柳遇春曰：“《礼》：君子将营宫室，庙为先。而予独后焉，罪也。先君日忔忔，以尊祖敬宗报本及使为念，尝曰：‘缺哉斯堂，何以为礼？’予思先君言，心□历□于斯者三十余年。至隆庆己巳仲冬吉，遂建祠堂于居地之东南。壬申春，始克成之，以虔祀事。呜呼！祀事宗子责也，宗立则祀严，祀严则族合，族合则亲不离，其所系大且重者。先君暨予之子之林三世，皆嫡长子，而宗子责在予，以责之重大，愧弗克任，然分不容辞，且懼离也，乃参酌程朱之议，奉高祖以下神组，次第列？躬行祀事，因考诸家礼，列示于后，又以冠婚丧礼，有关于祠堂者，附以予意并列焉。俾子之子孙，世世守而行之，其亦终先君之志，而□予之罪矣乎！”

一祠堂，世世主于宗子，不得分析，如有损坏即使修理，当洒扫洁净，严加锁闭，非参谒，勿擅开入，及将一应闲杂器置放于内。

子孙入祠堂，当正衣冠。即如祖考在上，不得嬉笑、封语、疾步。

① 《明太祖实录》卷八二“洪武六年五月条”，“中央”研究院历史语言研究所校印1962年版，第1473页。

② （明）柳大夏：《柳氏祠堂仪式》（照片），隆庆六年，现存于沁水县西文兴村柳氏民居。

置祭田，子孙轮掌之，不得分析。

具祭器，皆贮而封锁于祭库中，不得他用。

正至朔望则参。

主人晨谒于大门之内，主人谓宗子主祭者。出入必告，告辞曰：且将远出，某所敢告：归，某所敢见。

有事则告，如授官、封赠、冠、婚、丧等。

生子，见庙告辞曰：某之子，其妇某氏，某年某月某日某时生，第几子，敢见。

四时之祭，用仲月上旬，宜祭祀日，前期齐戒。礼告以子弟，知礼者为之。祭品用三牲、面饼、美饭、时果、蔬菜、茶酒、香纸。惟务精洁，勿过腆恐即如时例可及者，自当如仪。

正月初一日、七月十五日，俱如时祭。清明、寒食，寄于墓。

祝文曰：具年月日，孝玄孙柳某，敢昭告于高祖考某官府君，见官者称处士，高祖妣某封某氏；曾祖考某官府君，曾祖妣某封某氏；祖考某官府君，祖妣某封某氏；考某官府君，妣某封某氏；曰：序流易时，维仲春□□追感时不胜录。慕敬以清酌庶馐祇荐，□事以某亲，某等祔食，尚飨。

俗节则献以时食。

正月十五日、五月初五日、六月初六日、七月初七日、八月十五日、九月初九日、十月初一日、冬至日、十二月初八日、除夕日，有鲜物则荐。

忌日，如时祭以上仪节，并遵家馐，子孙无故不预祭者，罚。

祭毕，设席于中厅，东向为昭，西向为穆，世为一席，各以齿坐，以余共飨之，所以会宗族而笃思义也。余则颁仆人，使均沾其惠。

一男子，年十五至二十一岁，身及父母，无期以上丧，始择吉日，行冠礼。前期三日，告于祠堂，祝文曰：某之子于某年渐长成，将一某年某日加冠于首。谨借以酒果，用伸虔告，谨告。

迎娶、嫁女礼，前七日，告于祠堂，祝文曰：“某官某子、某月某日迎娶某府某氏，告于先祖祠堂灵位。吉日备茶酒席筵合族同聚三日，主公筵席量入为出，喜庆九日，同□餐纸之，祠堂置备器什、米粟、鲜菜，新婚郎氏戒斋三日，虔告先祖，一日三餐。”

丧葬事祭者，虔文告祠堂高祖，列次入堂告之三日，老幼勿喜庆嬉笑，祭祀于堂，然后告于墓。吾儒穷理之学，尔精通席不惑，予庸衔亲于非地真孝之月余、年余，及至三年之祭，可扫堂。期期逢祭祀俗食时日，子孙必祭之，其念某官公、氏阴德。如公封授在身，府衙悼之者，驰赠者，柳氏驿、典、号迎送至府宫，子孙敬迎祠堂，设席中厅。礼迎者乡实之责，子孙切勿违之，以失礼仪。

皇明隆庆六年仲春正月吉柳大夏同立

这通碑记中规定了祠堂与祭田、祭器的管理，以及男子冠礼、授官、封赠、嫁娶、丧葬、生子、育女或出远门，都必须入祠告祖；并对每年每季进行祭祀的节日时间、祭品规格、祝文格式等礼仪作了规定。我们可以看出柳氏宗族这一时期的宗族建设情况。下面是笔者在襄垣县大平村进行田野调查时对一位老人的采访录音。

问：那这个祠堂是干吗用的？
答：它就是初二拜祖用的。
问：就是所有姓孙的人都来拜？
答：哦。
问：现在还有这传统？
答：现在不拜了。
问：从什么时候开始不拜了？
……
问：这个祠堂是干什么的呀？
答：拜祖，排列班辈，就是按20个字往下排的。
问：那您属于哪个字的呀？

答：我是守字。

问：您叫什么呀？

答：孙守生。

问：这个祠堂平时有什么集会吗？

答：就是拜祖。

问：这也是以前的呀，现在就不弄了，一般什么时候来祠堂呢，就是许多许多人都来？

答：初一、十五过来上香，初二拜祖。

问：什么时候的初一、初二呢？

答：每个月的初二。

问：没有族规什么的？

答：没有。

问：那宗谱后来重修过没有？

答：去年拜祖才修起的。

问：有没有族长呀？族长是不是就是你们的那个支书？

答：没有了。

问：以前有吗？

答：嗯，以前有，上一辈传下一辈。①

由上可以看出明清时期的晋东南区域祠堂祭祖的宗族活动还是存在的。通过祠堂祭祖，族员之间形成了基于血缘的相对稳定的关系，无论这种关系是否科学，但对乡间宗族稳定发展起到了很大的作用。虽然看不到晋东南地方政府在明清时期是如何响应国家政策来推动祠堂祭祖向民间化方向发展，但是这种趋势却是极其明显的，明清时期在晋东南地区出现了许多祠堂、家庙便是这一现象的证明。如沁水的李氏家庙、襄垣连氏祠堂。这些均表明在明清时期晋东南地方政府仍然对民间建祠堂祭祖这一举措是默许与赞成的。

① 孙守生口述，采访时间：2014年7月17日，采访地点：襄垣县大平村。

二 宗族组织的类型

学界普遍认为，华南宗族形态较为典型，宗族构成要件较为充足，特征明显，因此，依据血缘、地缘和利益关系主要可分为继承式宗族、依附式宗族和合同式宗族。① 而北方宗族则特征不甚显著，一些构成要件相对不足或者意义微弱，例如族谱在宗族中并不重要，很多宗族缺乏族谱，或者承续性不强；族众对宗族的认可度也较为模糊，宗族在族众心中不具有凝聚力，在日常生活中均未表现出来。对于这种不甚典型的宗族，笔者依据宗族在地域中的影响及其规模的大小，将晋东南地区的宗族划分为官宦型宗族、商业型宗族和平民型宗族。当然这种划分并不是绝对的，由于中国传统文化的“士农工商”的理念，一些商业型宗族往往都向往成为官宦型宗族，或者一些大的商业宗族的族人往往有很多人在朝为官。商人在发家后，往往要通过各种途径成为官宦型宗族，而官宦型宗族也往往会与官府结合，从事商业经营与贸易，以进一步巩固其宗族地位。尽管蔡洪滨等人认为晋商是以地缘关系为基础，整体放弃了在宗族内部选拔经商人才，遵循避亲举乡原则，选择同乡出任经理和伙计，利用正式的号规约束，用接近现代意义的奖金和股份制度激励商帮成员。② 但是，我们在晋东南地区仍然能够看到许多因经商而闻名的宗族。如沁水的柳氏、阳城李氏、长治申氏等宗族。关于平民型宗族我们并没有看到更多的资料，主要指那些有血缘关系、聚族而居的宗族，他们的经济力量比较薄弱，内部制度和各类设施多不完善。

（一）官宦型宗族

这一类型宗族的基本特征，首先是一个宗族中的族人往往很多人有科举功名，他们把持着当地的文化教育事业，积极传播儒家伦理道德思想。其次，由于他们有科举功名，甚至有的宗族的族人官位显赫，往往与当地一些地方官相联结。这种类型的宗族对地方社会的影

---

① 郑振满：《明清福建家族组织与社会变迁》，中国人民大学出版社 2008 年版。

② 蔡洪滨：《宗族制度、商人信仰与商帮治理：关于明清时期徽商与晋商的比较研究》，《管理世界》2008 年第 8 期。

响无疑是巨大的，虽然有的族人可能常年在外做官，和他的家乡没有多大关系，但是他的族人往往凭借他的威望来对地方社会产生影响。我们以阳城陈氏、沁县吴氏、沁水张氏、襄垣刘氏为例来看看明清时期晋东南地区的这一类型宗族。

1. 阳城陈氏

陈氏在明清时期是阳城县的科举世家，在明清时期，陈氏宗族共有 9 人中进士，6 人任职翰林，19 位举人，41 位贡生。可以说是北方第一文化巨族。其中第九世孙陈廷敬官至文渊阁大学士，为清代名相。

陈氏宗族祖籍原在山西省泽州永义都天户里，世代居住于半坡沟南。陈昌言所撰《陈氏上世祖茔碑记》："余先世乃濩泽永义都天户里籍也。其聚族而居者，则地名岭后之半坡沟南也。余七世祖后徙居阳城县郭峪中道庄，乃宣德四年也。"[①] 这儿的七世祖在《陈氏家谱》中实际上是指二世祖陈林。陈氏宗族在陈廷敬时才创修家谱，其时距陈氏迁居中道庄的明宣德四年（1429）已经过了 265 年。故陈廷敬所创修的《陈氏家谱》主要记载了以陈廷敬本支为主体的宗族史料。陈林是陈廷敬的直系祖宗，所以陈氏把他作为陈氏宗族的二世祖。

从陈氏迁入郭峪中道庄算起，第二代陈秀以荐举为西乡县尉，此后则代有官宦出。陈秀在陈氏宗族史上是一个极其重要的人物，他是陈氏宗族中的第一个读书人，同时也是第一个做官的人，为后来陈氏宗族的发展作出了重要贡献。被陈昌言称为"肇造余家，实权舆诸此"。陈廷敬自己说："陈氏自宣德初七世祖讳林迁阳城中道庄，乐其山岩水泉之胜，居焉。六世祖讳秀，有诗名，以人材为西乡尉，清掺劲节著闻。……西乡公子钰，为滑尉，赠户部主事。户部公子天祐，明嘉靖甲辰科进士，历官陕西副使，廉正不阿，以诗闻于时。副使公于先公为曾伯祖。曾祖讳修，隐居耕稼，以余粟惠

① （清）陈元：《陈氏上世祖茔碑记》，顺治十一年，栗守田编注：《皇城石刻文编》，内部资料，第 49 页。

乡人。……祖讳三乐，慷慨有节概，克修父业，初赠光禄大夫、刑部尚书，累赠光禄大夫、吏部尚书、文渊阁大学士。考讳经济，诸生，初赠文林郎。"① 但是，从上我们可以看出陈廷敬这一支，至高祖这一辈，似乎没有出仕。据同治《阳城县志》载：高祖陈修"隐居耕稼，以余粟惠乡人"；曾祖陈三乐"隐居自甘，为善不倦"；祖父陈经济"高蹈不仕，笃孝尚义，乡党推重之。人有争讼，以片语解之，无不悦服。里人有'宁为刑罚所加，不为陈君所短'之誉。祀君乡贤祠，征入一统志"②。直至陈廷敬的父辈才重返宦途。伯父陈昌言，崇祯七年进士，父亲陈昌期，至顺治时中了乡贡。

陈氏宗族在明末清初面临着巨大的挑战。明朝末年，由于政治腐败，加上连年的灾荒，各地贫民不断发生起义。当时在晋城地区活动的起义军有二十多万人，这让在明朝政府做官的陈氏宗族来说无疑是非常忧虑的，他们领导族人进行地方自卫。等到清朝入主中原平定天下后，满清政府对前明官员大加笼络，只要在明朝做过官的，都被原官起用。这一政策给陈氏宗族中的陈昌言带来了曙光，他投降了清朝后，立即官复原职，仍然是浙江道监察御史。从此开始了陈氏宗族的鼎盛时期。下面为一通保存完好的顺治年间陈氏牌坊的碑记。记载了陈廷敬七世祖陈秀之后陈家数代的官职、功名。昭示着陈氏宗族显赫的历史。碑文如下：

（坊阳）陕西汉中府西乡县尉陈秀
直隶大名府滑县尉赠户部主事陈钰
中顺大夫陕西按察司副使陈天佑
河南开封府荥泽县教谕陈三晋
赠儒林郎浙江监察道御史陈经济
儒林郎浙江道监察御史陈昌言

---

① （清）陈廷敬：《白鹤阡表》，《午亭文编》卷四三，中州古籍出版社 2011 年版，第 2110—2111 页。

② 同治《阳城县志》卷一一《人物》。

（坊阴）嘉靖甲辰科进士陈天佑
万历恩选贡士陈三晋
崇祯甲辰科进士陈昌言
顺治甲午科恩选贡士陈昌期
顺治丁酉科举人陈敬①

陈氏宗族的鼎盛与陈廷敬仕途的一帆风顺有很大的关系。《清史稿》记载："陈廷敬，初名敬，字子端，山西泽州人。顺治十五年进士，选庶吉士。……十八年，充会试同考官，寻授秘书院检讨。康熙元年，假归，四年，补原官。……十四年，擢内阁学士，兼礼部侍郎，……十七年，命直南书房……二十三年，擢左都御史……二十五年，迁工部尚书。……四十二年拜文渊阁大学士，兼吏部，仍直经筵。"② 随着陈廷敬仕途的不断升迁，陈氏宗族不断发展壮大，在地方社会的影响也不断增强。陈氏宗族在这一时期才开始修家谱。这本家谱现在我们并不能看到，现在所能看到的《陈氏家谱》是陈廷敬的曾孙陈法于在道光二年（1822）据旧谱续修。陈氏宗族在乾嘉时期逐渐衰落，陈氏的第十一世孙除个别长者外，大多生活于雍正与乾隆时期，虽有数人步入仕途，但无突出政绩，见表1—7。

表1—7 **明清阳城陈氏职官表**

姓名	功名、官职
陈天祐	明嘉靖甲辰（1544）进士，官至陕西按察司副使
陈昌言	明崇祯甲戌（1634）进士，为乐亭知县，以考绩升浙江道监察御史
陈廷敬	清顺治戊戌（1658）进士，由庶吉士历国子监司业，侍学讲师、侍读学士、内阁学士、礼部侍郎、工部侍郎、户部侍郎，最高官职文渊阁大学士兼吏部尚书
陈元	清顺治己亥（1659）进士，翰林院清书庶吉士
陈壮履	清康熙丁丑（1697）进士，日讲官、起居注、侍读学士、内阁供奉

① 《顺治年陈氏牌坊》，栗守田编注：《皇城石刻文编》，内部资料，第7页。
② 《清史稿》卷二六七《陈廷敬传》，中华书局1977年版，第9967页。

续表

姓名	功名、官职
陈观颙	清康熙丙戌（1706）进士，直隶浚县知县
陈随贞	清康熙己丑（1709）进士，翰林院庶吉士
陈豫朋	清康熙甲戌（1694）进士，翰林院编修，福建盐马驿道、礼部郎中、湖广学政
陈师俭	清雍正丁未（1727）进士，广西泗城府同知

2. 沁县吴氏

沁县徐村吴氏也是当地的科举世家。徐村吴氏的祖籍是山西太谷凤凰山。凤凰山吴氏十三世孙吴鼐于明朝时从太谷迁到襄垣善福村，鼐之妻又携二子在沁县徐村定居下来，鼐妻死后葬于徐村枣尖坡，被称为徐村吴氏的师祖母。但吴琠的叔父吴道凝修族谱时，鼐妻以下所历年世已难悉识，于是以确知的道凝的上五世祖吴景为始祖。据《铜鞮吴氏人文志》载："考太谷吴氏宗谱，有祖讳鼐者，由该邑之凤凰山迁沁州。传闻祖以市马为业，来沁后，又营业于襄垣之善福村，故至今善福尚有吴氏子孙居焉。留始祖母与二子，驻于沁州徐村。……故始祖失其姓氏，二子失其名号焉。有祖讳景者，卜兆于村之东北岗为牛眠地，吴氏宗派自此而始可考而可传矣。"①

吴氏宗族最重要的人物是七世孙吴琠，他于顺治己亥（1659）中进士，历官河南汝宁、确山知县、吏部稽勋司主事、文选司员外郎、湖广巡抚、都察院左都御史、刑部尚书、保和殿大学士。《山西通志》说其"累任京朝，咸勤职守"，"擢任铨曹，允孚物望，是追晋阶于卿贰，惟知洁己奉公"②。吴琠的曾祖父吴守礼为晚明秀才，祖父吴桧是农村知识分子，"孝友克敦，声望素著。少业儒，厌制艺之学，砥砺廉隅，不乐仕进"③。父亲吴道默为廪生，"性至

① 沁县史志办公室翻印：《铜鞮吴氏人文志》，内部资料，第5页。

② 雍正《山西通志》卷一二六《人物》。

③ 沁县史志办公室翻印：《铜鞮吴氏人文志》，内部资料，第13页。

孝，事父母终身敬养如一日”①。吴琠之后吴氏宗族才发展壮大，吴琠的二弟吴琪于康熙四十一年中举，未入仕途，只在家乡管理财务，是个理财能手。三弟吴璵，为康熙四十年贡生。吴琠之子吴时谦，为康熙年间进士，终身未仕。吴琠的孙子吴正，为雍正年间进士，未进入仕途。吴琠的四世孙吴嘉炎，为乾隆庚辰科进士。五世孙吴沆，为嘉庆乙丑科进士。吴氏宗族可以说是在明代发端，清代进入鼎盛的科举世家。吴氏宗族在明清时期共修过三次族谱，第一次由吴琠的叔父吴道凝修，年代不详。第二次于嘉庆十六年（1811）修，第三次为光绪元年（1875）修。吴氏宗族在这一时期也开始了宗族建设活动。

吴氏宗族中从吴琠中进士（1659）至吴琠五世孙吴沆中进士（1805）历146年，这个宗族到吴沆时作为一个官宦宗族才真正衰落下来。吴氏宗族在17世纪后半叶到19世纪之初一直是一个有相当影响的宗族。到20世纪初，随着科举制的废除、清王朝的覆灭等一系列社会政治环境的改变，吴氏宗族作为一个科举世家逐渐退出了历史的舞台，但它并没有消失。它和这一时期其他的宗族一样，通过不断调整自己来适应社会环境的改变。吴氏宗族逐渐从一个科举世家向一个近代宗族转变，它的族人为中国革命事业和中国教育事业做出了积极贡献。《沁县志·吴肇歧》载：“吴肇歧（1901—1940），故县镇徐村人，曾就读于长治师范学院。他是吴琠的八世孙，1927年加入中国共产党，是沁县籍最早的共产党员之一，从事过地下工作和武装斗争，为中华民族的解放献出了宝贵的生命。”《沁县志·吴淞》：“吴淞（1880—1954）是吴琠的九世孙，1904年赴日本留学，1909年归国，先后在山西大学等校任教，为法学专家。”《沁县志·吴昌厚》：“吴昌厚（1897—1956）系吴琠的九世（旁）孙，毕生从事教育，热爱教育工作，钻研教学，对沁县文化教育事业做出了重要贡献，是沁县教育界享有盛誉的前辈。”②

① 沁县史志办公室翻印：《铜鞮吴氏人文志》，内部资料，第19页。

② 《沁县志》，中华书局1999年版，第647页。

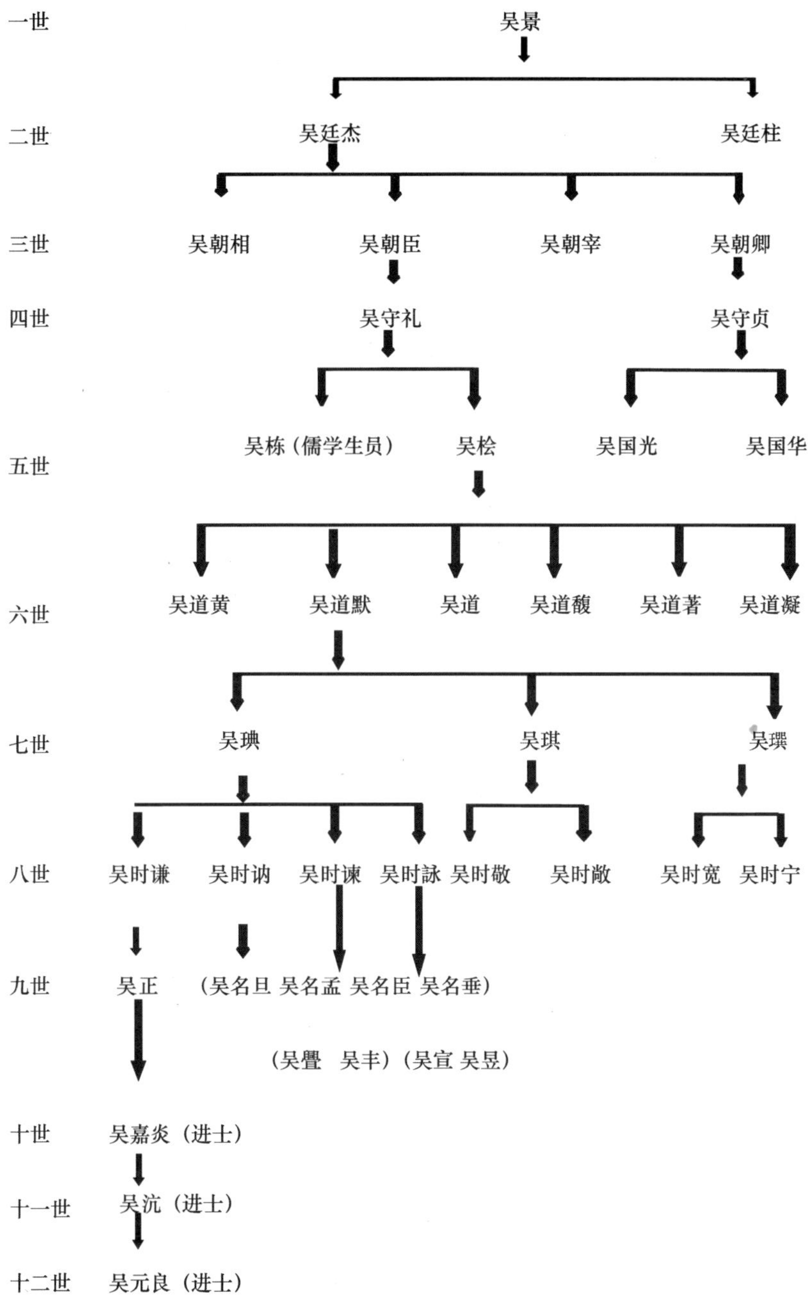

图 1－3　沁县徐村吴氏世系图

3. 沁水张氏

沁水张氏在明清时期也是当地望族。祖籍为阳城人，元末迁沁水窦庄村。陈廷敬在《张太公传》中说：“张太公钤，字宇奇，别字见虚，先世阳城人，元末迁沁水之窦庄。窦庄者，在榼山下，沁水环焉，以所居人得名然。张氏由明以来为士林华族，实冠冀南，他族姓鲜可为比。”① 可见张氏宗族在明清时期也是比较显赫的宗族。张五典是该宗族中的重要人物，“深沉有知略，应变如神，与世无忤，而赋性严重，未尝屈意权重，故望隆中外而官不甚显”②。张五典万历壬辰科进士，授行人司行人，历山东布政司参议、河南按察司副使、山东布政司参政、南京大理寺正卿等官，著有《张司马文集》。其长子张铨，万历甲辰科进士，任保定推官，后升任浙江道御史。在与清军作战中兵败自杀。著有《皇明国史纪文》《春秋集》等。张氏宗族中最为显赫的为张铨的儿子张道湜，顺治乙丑科考中进士，任翰林院编修。明清张氏宗族中的重要人物简历如表1—8。

表1—8　**沁县窦庄村张氏宗族职官表**

姓 名	功 名	职 官
张五典	万历壬辰科进士	南京大理寺卿赠兵部尚书太子太保
张铨	万历甲辰科进士	保定推官后升任浙江道御史
张铪	万历癸卯科举人	巡按辽东
张鋡	万历癸未科进士	顺天府教授升国子监助教、兵部职分司主事
张鋡	顺治丙午科举人	湖广永州府推官
张道湜	顺治乙丑科进士	翰林院编修，改天津副使
张道濂	康熙丁卯科举人	保德州学正
张德渠	康熙丁巳科举人	
张德臬	康熙丁卯科举人	临汾县教谕
张德集	康熙庚午科举人	堂邑知县

① （清）陈廷敬：《张太公传》，《午亭文编》卷四二，中州古籍出版社2011年版，第2081页。

② 光绪《沁水县志》卷八《人物志》。

4. 襄垣刘氏

在明清两代，襄垣刘氏也可以说是地方上的科举大族，在今天襄垣县下良镇肖家垛村，我们仍然可以看到这一宗族的墓地。这一宗族最为著名的是刘龙，《襄垣县志》载："公讳龙，字舜卿，别号紫岩，山西襄垣人也。出宋元城忠定公之后。曾祖端，祖洁，父凤仪，世为巨卿。公生而颖异，器局深宏。十岁属文，乙卯乡荐第二。己未，擢进士第一甲第三人，授翰林编修。"① 从这我们可以看出刘氏宗族在这一时期是非常显赫的宗族。刘氏宗族中的其他显耀人物可参见表1—9。

表1—9 **襄垣刘氏官职一览表**

姓名	功名	官职
刘端	永乐庚子举人	密云县教谕
刘洁	景泰庚午举人	浙江副使
刘凤仪	弘治进士	刑部员外郎
刘凤鸣	正德举人	颍州知州
刘龙	弘治探花	兵部尚书
刘承恩	嘉靖举人	户部朗史
刘夔	正德进士	右佥都御史
刘承裕	嘉靖举人	兴平县知县

在明清时期的晋东南地区，这种科举世家还有很多，如武乡程氏，其中程康庄以文学知名于清代。沁源崔氏、襄垣连氏、潞州李氏、襄垣仇氏、沁县张氏等。

从上可以看出，在明清时期的晋东南地区，这种科举大宗族众多。他们以做官为自己的理想，努力读书，考取功名。在这一时期，他们也在进行着宗族建设，如修族谱、建祠堂，来笼络族人，加强宗族凝聚力。但是这种科举大宗族毕竟是少数，因为在古代社会，由于受财力和国家政策的限制，并不是每一个人都能参加科举的。笔者认

① （明）杨博：《刘文安公神道碑》，民国《襄垣县志》卷七《古迹考》。

为能够出现这种科举世家的一个重要原因是宗族所进行的文化教育。陈寅恪先生指出："夫士族之特点既在其门风之优美，不同于凡庶，而优美之门风实基于学业之因袭。"① 虽然，他说的并不是这一时期的宗族，但这一时期宗族所进行的教育同样是一个宗族成为科举世家的重要因素。如阳城陈氏宗族非常重视教育，这个宗族的孩子几乎在会说话时就由母亲教颂启蒙，稍长后到私塾中由先生教业，过几年就由宗族内的长辈来教授。为了更好地教育子女，陈氏宗族不仅收藏了大量书籍，还自做雕版印书。在家学如此深厚的情况下，陈氏子弟们个个都学识精湛，陈廷敬 9 岁作《牡丹亭》，他的次子陈豫朋 8 岁就能写诗。这对于普通家庭的孩子是不可想象的。

虽然这种官宦型宗族并不是很多，但它对晋东南地方社会的影响是巨大的。有的宗族里的族人可能常年在外做官与自己的出生地没有多大的关系，但他的族人凭借他的威望来对地方社会产生影响，有时候还左右地方政治。这种影响大多都是积极的，他们以修身、齐家、治国、平天下为政治抱负和政治实践，在地方社会发挥着治理宗族和移风易俗的作用，成为研究区域社会不可忽视的重要群体。

（二）商业型宗族

这一类型的宗族的基本特征是族人大多经商，形成一个巨大的宗族销售网络，来推动宗族的鼎盛。这一类型的宗族由于受到中国传统观念的影响，往往会捐助族人去考取功名，取得社会地位，从而获得对地方社会的领导权。这样就形成了亦绅亦商的宗族，在晋东南地区由于明清时期商业的鼎盛，这一类型的宗族特别多，如沁水柳氏、阳城李氏。当然还有一些纯粹是以经商为目的的宗族，如长治申氏。下面我们以这些宗族为例来看看在明清时期这一类型宗族的发展状况。

1. 沁水柳氏

沁水柳氏位于沁水县西文兴村，是一个古老的宗族，相传是柳宗元的后代。据《柳氏宗支图碑记》："唐末，始祖自河东徙沁。以甲分

---

① 陈寅恪：《唐代政治史述论稿》，《隋唐制度渊源略论稿　唐代政治史述论稿》，生活·读书·新知三联书店 2000 年版，第 260 页。

者四，以户分者十，而其初则一人也。”① 柳氏宗族先是居住在翼城县南关，后又定居在沁水县西文兴村。柳遇春墓志铭中也提道：“公讳遇春，字时芳，号柳泉，一号山峰。其先世河东人，唐末徙居沁。曾大父□马录，庚子举人，未仕卒。大父侃，以齿德为乡祭酒。父大濩，省祭官，富而乐施。”② “西文兴”意为：“柳氏从西而来，子孙以文兴为业。”可见柳氏祖先仍希望柳氏子弟们好好读书，考取功名。据光绪《沁水县志》记载：成化十六年（1480）柳氏第三代柳琭获得举人身份后，嘉靖二十五年（1546）第六代柳遇春又获得举人功名，之后他们开始了柳氏宗族的整合。我们从前文所看到的那通《柳氏祠堂仪式碑》就是柳氏宗族开始宗族建设的有力例证，之后制定了家规、家训。柳氏宗族所规定的这些对族人祭祖的规定及家规、族谱无疑强化了宗族的凝聚力。但在明清两代柳氏宗族并不是以科举而闻名，而是靠经商发家致富。在万历十七年（1589）的《河东柳氏训道记》中写道：“田邑广阔，典当驿号，酌族世产，永勿分割。族人衣食，子孙游庠，贤士归祠祭祀、游刃権利生意、封赠仪式，律以拔支，须等克勤克俭。吾祖贤士、处士，逢授、拜、除、命、简，或起、点、拔萃、俸满开缺、迁复、守制、起复、开复者，身赴任所及徙邸者，勿宿异姓驿，节俭支银。京归吾府者，勿宿异姓驿，恐骚官衙。”③ 这段话表明在明清时期，柳氏主要经营典当和旅店业，而且他们的店号已经遍布全国各地，甚至形成了一个全国性的网络，这样才能保证出外的柳氏族人可以依靠自家的商栈旅行，而不必投宿其他驿馆。事实上从当时修建的柳氏民居我们就可以看出柳氏宗族之富有程度。

2. 阳城李氏

位于阳城地区的白巷李氏在晚明时期是一个比较发达的商业型宗族，李氏长期在山西、河南、山东、安徽等地经销铁货。这个宗族中

---

① （明）柳遇春：《柳氏宗支图碑记》（照片），嘉靖二十九年撰，2003 年重立，现存沁水县西文兴村柳氏民居。

② （明）刘东星：《明奉直大夫同州刺史三峰柳公墓志铭》，万历二十五年，《三晋石刻大全·晋城市沁水县卷》，三晋出版社 2012 年版，第 85 页。

③ 《河东柳氏训道碑》，万历八年，张正明、科大卫：《明清山西碑刻资料选》，山西人民出版社 2005 年版，第 237 页。

的关键人物是嘉靖年间的李思孝。他经商非常成功。用他自己的话说："吾商也，施出未几，而入者复倍。"① 可见他的富有程度。经商发家后，他本人捐资获得散官身份，他的兄弟、子侄在科举上成绩斐然。据《阳城县志》载：李氏族人李思恩嘉靖十三年举人，李豸嘉靖十二年进士，李可久嘉靖四十一年进士，李养蒙、李春茂也都是万历年间进士，族人李蕃为崇祯元年进士。② 可见在嘉靖年间李氏宗族确实是"宦业方兴未艾，家累巨万"③。

李氏宗族建设也都是这些中举的士大夫们进行的。据《白巷李氏族谱》记载，第一次修谱是举人李思恩在嘉靖二十三年（1544）进行的，并作有《长门世系碑》。崇祯元年，族人李蕃在《长门世系碑》的基础上重修李氏长门世谱。李氏宗族也在修祠堂："适右都御史公旧第欲售。先俊闻之，因与族伯万庠、族叔孔旭者邀同族人量力捐资，遂将公第置为合族家庙。"④

总之，白巷李氏是晚明阳城地区亦绅亦商的商业型宗族。虽然，有很多族人在朝为官，但他们并没有成为科举世家，而是从事一些经商活动，对地方社会建设产生了深远影响。

3. 阳城王氏

阳城王氏宗族世居郭峪里，据《王重新自叙碑记》载："余世家郭峪里，旧籍本里，后籍龙泉里。"⑤ 阳城王氏宗族的关键人物是王重新，他"沉厚寡言，绕智略贾，不数岁，以资雄一方"⑥。王重新7岁而孤时，"人弱之，欲攘所有，洊为不利"。他虽年幼，但"深沉有智略，足以御之"，14岁即"挈父遗橐行贾长芦、天津间，俯仰

---

① （明）王国光：《龙泉寺重修宝塔佛殿记》，隆庆三年，王小圣：《海会寺碑碣诗文选》，山西人民出版社2002年版。

② 同治《阳城县志》卷九《选举》。

③ （明）赵讷：《龙泉寺新建塔记》，隆庆五年，王小圣：《海会寺碑碣诗文选》，山西人民出版社2002年版。

④ 摘自杜正贞、赵世瑜：《区域社会史视野下的明清泽潞商人》，《史学月刊》2006年第9期。

⑤ （清）王重新：《碧山主人王重新自叙》，顺治十三年，《三晋石刻大全·晋城市阳城县卷》，三晋出版社2012年版，第122页。

⑥ 雍正《泽州府志》卷九《人物》。

拾取，不数载遂至不资”。当拥有了一定的财富后，王重新便不再亲身行贾，而是专意经营，“其所用人无虑千数百指”，又“推其孝母者厚其舅氏，以及其内兄弟，为代理其赀本，因以渐裕，家声不少坠”。[①] 经过一段时间的发展，以王重新为核心的王氏宗族逐渐成为郭峪乡村中的望族。

但是以商业资本起家的王氏宗族并不被科举世家所看重，正如前文所提到的王重新虽然积极参与乡村公共事务，但是在乡村社会中仍然没有威望。因此他不断寻求与科举世家的联姻，并积极支持自己的子女们考取科举功名。王重新的次子王康明娶了张鹏云的侄女，孙王仁堂娶了中道庄陈昌期之女。这样王氏宗族逐渐扩展了其宗族的影响力，成为当之无愧的大宗族。

4. 长治申氏

关于长治市中村申氏我们并没有看到很多的资料，从现存的申家二十四院可以看出当时申家之富有程度。申氏宗族在明初，因避难从潞城县天贡村迁居中村，逐渐形成了一个庞大的宗族。到乾隆年间共繁衍了十一代，成为当地显赫的名门望族。

明清时期，由于晋东南地区泽潞商人的兴盛，使这一地区出现了许多亦绅亦商的宗族。这种宗族先从商致富后，有了一定的财力做支撑，然后去考取科举功名，参与地方公共事务，逐渐成为当地望族。它和官宦型宗族同样对地方社会有着重大影响。

（三）平民型宗族

在晋东南地区，除了那些科举世家或那些以经商而闻名的宗族外，大部分的宗族以农耕为主，宗族成员较少，势力单薄，称之为“平民型宗族”。乔志强指出：这类宗族“人丁不多，经济力量也薄弱，故其内部制度和各类设施也多不完善，教育及文化能力也差，甚至连完整的族谱家谱也不具备。但他们在乡村总人口中占据优势比例，他们的组织形态、内部结构和制度，它们的文化型态和影响力、

---

① （清）白胤谦：《清故太学生碧山公暨元配墓孺人合葬墓志铭》，顺治十四年，《三晋石刻大全·晋城市阳城县卷》，三晋出版社 2012 年版，第 126 页。

传承力才代表着华北地区乡村宗族的典型"①。由于我们并没有发现这一类型宗族的更多资料，下面我们将试着对这最为普遍的平民小宗族作一简短的探讨。

笔者认为在晋东南地区平民型宗族最重要的宗族活动是墓祭。冯尔康先生认为，以往学者认为北方宗族不普遍甚至不存在，是没有充分认识到祖坟对北方宗族的重要意义："对于北方宗族而言，祖坟更显其重要性，因为北方宗族公有经济不足，难于建立祠堂，缺少祠堂和祀产，似乎宗族并不存在。如若认识到祖坟就是宗族载体的一种，有了祖坟的前提，如果再有相应的祭祖扫墓活动和组织形式，宗族的存在则是无疑问了。"② 杜正贞也指出："即便在晚近的有关记载中，祠堂和宗族组织都不常见，甚至在一些晚明清初曾经的士绅家族中也是如此。墓祭仍然是泽州最常见的一种祭祖方式。"③ 在晋东南地区，许多的平民小宗族实力较弱小，缺乏强有力的宗族组织，没有祠堂，没有祭田等族产，也没有族规家法，族谱也非常简单，墓祭是他们祭祀祖先的最好选择。《潞安府志》载："清明墓祭也，民间有秋千纸鸢之钱。"④《沁州志》："士大夫建立家祠，四时分至，致祭元旦、端午、中秋、重九各荐时食逢忌辰、诞辰皆特祭。清明则墓祭，仪节皆遵文公家之礼，庶民每值时节或祀于寝或祀于墓，岁时不变。"⑤ 可见清明墓祭在这一地区是比较盛行的。沁州秦氏："字亶公，岁贡生，幼事母以孝闻，始祖代远黄祀，开基倡族人修墓，祭旁亲无后者，岁时酾酒奠之乡党化焉。"⑥ 从笔者所收集的各种家谱和村志中，我们可以看出这一地区墓祭的盛行。位于沁源县伏贵村郑沟《郑氏家谱》中载："于年内清明节、七月望日、十月朔日，族人前往先祖墓地进行祭祀。"⑦

---

① 乔志强主编：《近代华北农村社会变迁》，人民出版社 1998 年版，第 161 页。

② 冯尔康：《清代宗族祖坟述略》，《安徽史学》2009 年第 1 期。

③ 杜正贞：《村社传统与明清士绅：山西泽州乡土社会的制度变迁》，上海辞书出版社 2007 年版，第 195 页。

④ 顺治《潞安府志》卷九《政事·岁时》。

⑤ 乾隆《沁州志》卷八《风俗》。

⑥ 乾隆《沁州志》卷六《人物》。

⑦ 《郑氏家谱》（内部资料），第 95 页。

《砖壁村志》:“清明,是祭祖扫墓的日子,家家老少男人(女人不去)用铁钎担上供品和汤,上坟祭祖:焚香、叩头、烧纸、泼汤、埋豆芽、挂白纸,并将男孩子戴的‘兰兰纸’挂在坟头,以此告诉祖先现已儿孙满堂。”①《南庄村志》:“清明是二十四节气之一,在外工作人员都要回乡祭祖,一般在午饭后。各家各户携儿孙成群结队,带上香烛、纸锞、浆水上坟,并为坟墓铲草添土,然后焚香,摆供品祭祀先人。”②可见在晋东南地区,大部分平民小宗族用墓祭的形式进行宗族活动,这些平民小宗族的族谱也非常简单,笔者所看到的民国年间所创修的《郭氏合族老谱》,它的族谱非常简单,只有世系图。③ 笔者在襄垣县西石村进行田野调查时发现的族谱也是非常简单。

这在一定程度上证明了兰林友的观点,尽管华北宗族是一种不完备的宗族,明显缺乏宗族的最主要的集体表征——祠堂,没有强化宗族凝聚力的重要手段——族田,缺少血缘与地缘重合的宗族特征——聚族而居(单姓村),不过,在祖先崇拜(如祭祖)、辈分字、红白喜事的聚合、谱书(包括谱图,即家堂)等方面则明显呈现出文化表达性的特征,具有显著的意识形态性。④ 这种南北宗族的差异在平民小宗族这里表现得特别明显。尽管我们看不到关于平民小宗族的很多资料,但经过笔者的田野调查发现,在晋东南地区并没有太多的祠堂、族田。要有也是那些官宦型宗族和商业型宗族所拥有。

(四)各宗族组织类型的相互关系

各个宗族之间没有绝对的划分,他们往往相互转化。一般而言,每个宗族都大致经历了同样的过程,从共同的始祖开始,逐渐建立小家庭,继而不断繁衍成为大家庭,不断演变成宗族组织。在此过程中,如果遇到社会灾害或家庭经营不济,则由此停滞为平民宗族,如果能够得以继续发展,并偶然跻身仕途,则会为本宗族带来巨大的声望与利益,致使宗族不断扩展,继而形成官宦型宗族。由于宗族组织

---

① 肖江河主编:《砖壁村志》,山西人民出版社 2006 年版,第 190 页。

② 郭书忠主编:《南庄村志》(内部资料),第 174 页。

③ 《郭氏合族老谱》,内部资料。

④ 兰林友:《论华北宗族的典型特征》,《中央民族大学学报》2004 年第 1 期。

扩大，其他各房出现了不同的发展趋势，因此，商业也必然成为宗族发展的另一趋势，进而出现官宦型宗族与商业型宗族的结合。当然，还有另一种情况，即在宗族形成的过程中，专注于经商，结果形成商业型宗族，其后在宗族的支持下，在传统理念的影响下，注重教育，培育后继之人，进而导致宗族中人进入仕途，并发展成为官宦型宗族。与平民型宗族相比，官宦型宗族、商业型宗族在规模、组织上更为扩大，更为有序，更为完备。不过，部分官宦型宗族、商业型宗族亦会由于经营不当或人才不济，下降为平民型宗族。如图 1—4 所示：

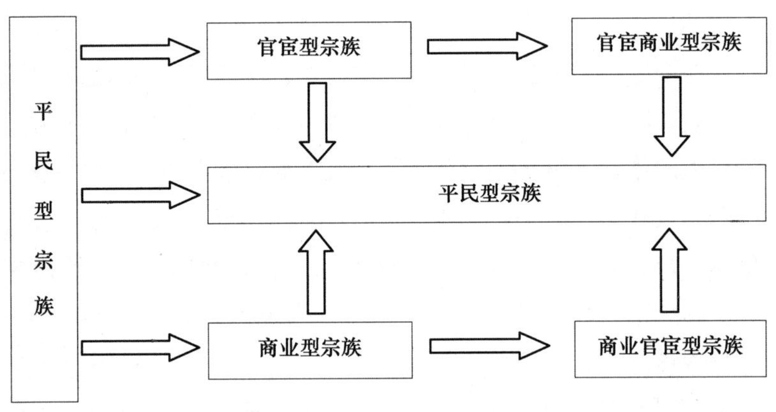

图 1－4　宗族关系演变模式

图 1—4 显示出平民型宗族、官宦型宗族、商业型宗族之间的相互关系。因此，宗族组织的形成和发展，是一个循序渐进的过程。就长期的发展趋势而言，处于较低级形态的宗族组织必将依次向更高形态演变，而这也正是宗族组织长盛不衰的秘密所在。不仅如此，随着时间的推移，一些较大型的宗族往往会衰落，成为普通的小型宗族。从而呈现出周期性的回归趋势，导致晋东南地区出现多种宗族组织类型并存的状况。

总之，各个宗族组织类型之间往往是相互联结的，只是他们所从事的职业及宗族规模的大小不同。他们有着共同的血缘关系，都是聚族而居的宗族，都能体现出北方宗族所具有的特征。

第三节 社、会、乡约

除了里甲、宗族之外，晋东南还有一些具有自治性质的机构：社、会、乡约等，其中社、会的相关成果已经斐然，此处仅作大致介绍。关于晋东南乡约的研究成果较少①，而乡约又与里甲、保甲、村社等组织结合在一起，其构成、职能、影响在明清时期均有较大变化。

一 社

关于社的研究，目前成果较多，廖奔在《中国古代剧场史》中分析神庙经济来源时说，“社”是民间用乡约的形式自发组成的社会组织，它负责乡里地面上的一应风化、习俗、治安、道德等事务，支持神庙活动是其主要活动。杜正贞通过对晋东南地区的“社”进行长期考察研究后提出了自己的见解：“社”作为一套历史悠久的制度，以祭祀活动为基础，一年一度的春祈秋报、祈雨等仪式活动，构成许多村中最重要的公共活动。这些活动配合着人们对神圣的信仰和对传统的尊重，成为组织地方人群的有效手段。更深一层讲，村社之“社”是处于国与家之间的公共组织，它的缘起和后代的存在形式虽然都依靠了信仰或宗教的因素，但是并不受任何一种宗教信仰的制约。“社”的联结既不依靠行政命令亦不依赖血缘关系，而是综合地缘关系和宗教信仰两种力量来组织人群，为传统社会提供了一个介于“官”和“私”之间的组织平台。② 因此，可以这样认为：“社”是中国传统社会的基层组织，以信仰和祭祀为中心，同时兼有其他管理与整合功能，在地方社会事务中起着重大作用。尤其是姚春敏《清代华北乡村庙宇与社会组织》③ 一书，详细而系统地论述了以泽州为

---

① 目前仅有常建华《明清山西碑刻里的乡约》，《中国史研究》2010 年第 3 期。作者认为，明清时期山西存在乡约，充分肯定了乡约在乡村社会中的作用，并且指出清代山西的乡约已经普遍，与地方、保正连用，成为山西最基本的行政组织。

② 杜正贞：《村社传统与明清士绅：山西泽州乡土社会的制度变迁》，上海辞书出版社 2007 年版，第 260—261 页。

③ 姚春敏：《清代华北乡村庙宇与社会组织》，人民出版社 2013 年版。

典型的华北村社基层组织，其中涉及社庙、社界、社费、社首、社的活动、社与官府的联系以及社的问题，选用资料大部分为碑刻资料，这与社的组织性质极为吻合。社是民间的自治性组织，国家制度、措施中极少论及，各地差异亦较大，社的规模、职责、作用、影响均难以统一，碑刻资料就事论事，既具有广泛性，亦能展现社之概况，互相参照，可以大概了解传统社会之中社与乡村社会之关系。

关于社之概念、起源、传承，已有成果论述颇多，兹不赘述。可以肯定的是，金元以来的村社组织对明清时期影响甚深，其规模、职责、影响皆由此而来。元史对此记述较为详细，基本上概括了社的情况，由此亦可推测设立社之目的与意义。史载：

> 县邑所属村疃，凡五十家立一社，择高年晓农事者一人为之长。增至百家者，别设长一员。不及五十家者，与近村合为一社。地远人稀，不能相合，各自为社者听。其合为社者，仍择数村之中，立社长官司长以教督农民为事。凡种田者，立牌橛于田侧，书某社某人于其上，社长以时点视劝诫。不率教者，籍其姓名，以授提点官责之。其有不敬父兄及凶恶者，亦然。仍大书其所犯于门，俟其改过自新乃毁，如终岁不改，罚其代充本社夫役。社中有疾病凶丧之家不能耕种者，众为合力助之。一社之中灾病多者，两社助之。凡为长者，复其身，郡县官不得以社长与科差事。①

可见社是乡村社会生活的基本单位，并在社会生活中起着直接的、至关重要的作用。并且，进入明清，社首的职责逐渐囊括了乡村社会中原有的祭祀之事，因而，在大量的乡村碑刻中看到了社首在庙宇、戏台修建中所扮演的角色。还有逐渐被发现的社规碑，也证明了社首的职责不断扩大，成为乡村社会中的主要负责人员。

明清时期，社是与村紧密联系的一个基层单位。是研究晋东南基

① 《元史》卷九三《食货一》，中华书局1976年版，第2354—2355页。

层社会组织的重要内容。社一般上是一村为一社，也有一村分为数社，遇到一些比较小的村子，几个村合为一社。社的首领称为社首、维首、社长等，主要由村中具有一定威望、能胜任管理之职的人员担任。正如碑刻中记载，“但一二有财力之家能倍捐资、董其事、总其成，遂称维首，功成多焉”①。长治县冯村规约也规定如下：“一社首领须择身家公正之人充当，严禁不许复立小社，假借神威，凌辱善良。一凡有红白二事，无论几天，严禁乞丐红叫游僧等类不得到门前叫闹，择一日观前开偿，红事大钱五文，白事大钱三文，不得多索，如违禀究。”②“斯社之规为最肃，每三岁，举村中之有德者四人，以□社其圣像墙垣不许倾颓。”③ 社首主要是民主推举，有一定任期，或三年，或四年，或五年，一般不超过五年。“斯庙中每三年夆四人为总理。”④“古来宰社承祭者，三年一替，接新换旧，办理其事。”⑤

尽管社为乡村自治组织，但由于其在乡村社会中的作用越来越大，因此，官府有时也插手过问，“同治十三年，重修广生圣母庙，经知县陈仲贵举邑禀生杨国辅为首事，议定五年一推换，由十村维首于庙内公议，推举新维首”⑥。加之本身不具有强制执行力，在对违规的处罚上不力，因此，对一些违规严重或屡教不改之人员，还必须借助于国家强制力才能达到惩戒之目的。也正如村社规约最后的提示：“自示之后，如有再犯赌者，大社议罚，不然即送官究治，决不宽贷。”⑦

社的职责涉及乡村社会的各种活动，与民众生活密切相关。大体

---

① 《增修遇真观碑记》，康熙五十年，《三晋石刻大全·晋城市陵川县卷》，三晋出版社 2013 年版，第 114 页。

② 《长治县正堂罗示谕冯村绅士乡约》，嘉庆二十一年，张正明、科大卫：《明清山西碑刻资料选》，山西人民出版社 2005 年版，第 686 页。

③ 《社首替代碑记》，道光十八年，《三晋石刻大全·晋城市阳城县卷》，三晋出版社 2012 年版，第 413 页。

④ 《刘家庄社庙社宰瓜代碑》，同治四年，《三晋石刻大全·晋城市阳城县卷》，三晋出版社 2012 年版，第 460 页。

⑤ 《接替碑记》，民国十一年，《三晋石刻大全·晋城市阳城县卷》，三晋出版社 2012 年版，第 533 页。

⑥ 《社规附记》，光绪三十一年，《黎城碑文化赏识》，内部资料，第 381 页。

⑦ 《东庙村玉皇庙禁赌壁记》，同治六年，《高平金石志》，中华书局 2004 年版，第 711 页。

包括以下几种：

（一）组织乡村祭祀活动

在目前的研究成果中，都表明了这样一个结论：社是基层社会中主要负责祭祀活动的单位，社首（或维首、社长等）是组织祭祀的主要成员，主要承担修建庙宇、迎神赛社、祈雨避旱之责。从碑刻中可以清楚地看出，“每社每月初一日、十五日，各庙社首进香，不许失误”①。“社中有三五年迈者劝说：‘上世之人，非容易立社规，辛苦勤劳至于今。若从此散社，何以隆祀典、和乡邻乎？’”② 在祭祀时，要向民众收取费用，并及时将各种费用进行公示，以求得乡村和谐安定。

（二）进行道德教化，端正社会风俗

乡村社会中的祭祀活动，是传统“神道设教”思想的延续，其根本目的仍在于道德教化，端正社会风俗，改变现存社会中的不良习气。“圣天子化民成俗，圣谕一书，醇矣备矣。而僻处荒壤者，目不识训型之树，耳不惯德教之施，则顽梗不驯，往往有之。”“兹故重立社规，复整风俗，愿男妇老幼，共勉为循规蹈矩者而已矣。”③ 因此，社首等人制定各种乡村规约，督促各个成员遵守，“社规既严，村人则共遵而共服；享祀不忒，神灵自降福而降祥。自此合村兴隆茂盛，富贵平安”④，甚至借助于官府的力量来达到目的。由于在这方面二者具有较高的契合度，因此得到了地方官员的认可，有时直接发放告示以示警戒，在一定程度上强化了“社”对乡村社会控制的权力。高平县张庄村因赌风太甚，且成为乡民争讼的凭借，成为地方一大蠹害，在社首张允和等的努力下，“具控到县”，将“袁芝荣等严加责惩在案”。为此，时任知县李贞木“示仰该村社首、乡地居民人

---

① 《中韩王村社事碑》，光绪九年，《三晋石刻大全·晋城市沁水县卷》，三晋出版社2012年版，第404页。

② 同上。

③ 《拥万村重立社规碑》，嘉庆二十一年，《高平金石志》，中华书局2004年版，第690页。

④ （清）李得天：《三清庵三社合一碑记》，道光二十六年，《高平金石志》，中华书局2004年版，第567页。

等知悉：自示之后，尔等务须共保身家，各安生业，倘有不法之徒，仍敢在该村聚赌扰害及捏赌诬陷者，许尔等指名禀案，以凭按法究治；尔等亦不得借端滋事，各宜凛遵毋违”[①]。在地方与官府的双重控制下，地方社会得以稳定、有序。

（三）督查农业生产

元代为了发展农业生产，实行村社组织，其主要目的在于催督农业，要求社长劝农耕织，其后，社便成为基层社会督查农业生产的主要机构。明清时期，主要是指督查植桑养蚕，禁止放牧，防止水土流失。他们要求：“有桑之家，方许养蚕。无者劝之栽植，不许偷采，违者入社议罚。若图小利，私买偷采之叶者，亦议罚。”[②] 陵川县“南山岭新长小松柏树，多有邻近乡村无知愚民，专一在彼牧放牛羊马骡，头畜喫踏，作践不堪。又令男女推称喂蚕，砍伐明条，致伤大树，欺神毁坏，深可痛恨，拟合出示严禁。为此，示仰各村人等知悉。敢有仍前作践树木者，许后开该管地方小甲人等，即便锁拿送县，以凭枷号重处，决不轻贳”[③]。高平米山定林寺，原有树林茂密，枝叶丛生，“近有无知牧竖，纵其牛羊千百成群，朝夕迭至，大树则啮及半面，小树则拔其全株，遂使茂者复枯，后者难继”，因此，县官李联蒙特设禁令：“示仰该里乡地并附近村民人等知悉：自示之后，如有前项无知牧竖，（在）［再］于该处牧放牛羊牧畜、践啮树株，并移取者，许尔等立即拿获送案，定行重究，决不宽贷，各宜凛遵毋违。”[④] 在社与地方官的共同作用下，保证了农业生产的正常秩序。

（四）地方治安

地方治安并非村社的主要职责，但由于教化、风俗、赌博、农桑

① 《张庄村禁聚赌扰害及捏赌诬陷告示记》，道光二十年，《高平金石志》，中华书局2004年版，第699页。

② 《十里河西里阖社公立规条碑记》，同治六年，《沁水历代文存》，山西人民出版社2005年版，第295页。

③ 《陵川县为禁约事》，万历十三年，《三晋石刻大全·晋城市陵川县卷》，三晋出版社2013年版，第75页。

④ 《李联蒙严禁在定林寺附近放牧告示壁记》，道光六年，《高平金石志》，中华书局2004年版，第694页。

之事皆归社管，因而在一定程度上，也涉及地方治安之事。在一些村社规约中，便规定了类似内容，“一议，窃牛马，盗财物，以及挂兵过境，引去财物，失主拿获，赃物送社议罚。如恃强不服，送官究治不贷。一议，里中凡有强占产业，横行霸道，并窝娼、聚赌、行凶、打降等事，均入社议罚”①。但应该清楚的是，地方治安属于保甲长之责。而此类职责由于资料的缺乏，目前仍无法深入探讨社与保甲职责的不同，在更多的情况下，二者又交织在一起，由以上史料可以看出，地方官的告示中并无仔细区别，而是一体统称“该里乡地”，其实是指所有基层社会组织的负责人员。

（五）其他公共事务

社规明确规定：“凡村中大社杂派一切事务，村众同力相扶，同心相助，是以不见其劳而事为之毕举矣。”② 意在集村中所有力量，完成各种公共事务。尤其是修建庙宇、修桥铺路、兴建学校等大事，都需要民众竭力而为。“重立社规，剔除前弊。杜争竞构讼之风，严鼠窃狗盗之禁，立条约，悬匾额，著社簿，收藏贮，以为久远之计”③。在各类庙宇创建、重建、维修碑记中均可见到，从工程的倡议、组织到捐款、修建、塑像、立碑，无一不有社首参与其中。兹举一例以述其事，“有维首和安枝领诸众人等，谨发虔心，恭各施资财木植工料，葺理塑像，金箔刻额，两庑、香亭、峰门、义路葺修完备”。开列姓名于后：维那曩工社首和腾、和崇义、赵孟时、和自成、和孟忠、李添祥、和崇桂、和自昇、和自行、和孟孝、李勤。④ 如果遇到贫人不明死亡，还要帮助掩埋。“一议，境内凡有路死贫人，地主先明社首，协同乡约掩埋隙处。不许遗累地

---

① 《十里河西里阖社公立规条碑记》，同治六年，《沁水历代文存》，山西人民出版社2005年版，第295页。

② 《北杨村合社碑》，道光二十六年，《高平金石志》，中华书局2004年版，第567页。

③ 《康熙六十一年季春上浣之吉合社序》，康熙六十一年，《三晋石刻大全·晋城市阳城县卷》，三晋出版社2012年版，第371页。

④ 《建修三官庙记》，万历四年，《三晋石刻大全·晋城市陵川县卷》，三晋出版社2013年版，第68页。

主，借端滋事”①。此类公共事务正是设立村社的重要原因。

二 会

会与社在组织形式上具有相似性，也是乡村社会具有独立目的的自我管理组织。明清时期，晋东南会的种类较多，其意在积累资金，从事某项活动。阳城县郭峪村蔡霈雨记载了本村创建武当会的经过，“吾曾与乡人约会十八家，每人日敛一钱，一月苍龙一会，三年武当一朝，尽所积者，于三十六宫各设醮以奉之”②。通过这种方式，积攒经费，到武当山朝拜。与此相距不远的皇城村西山院，亦设有金顶会，“于康熙五十一年四月初三起，每月初三日一献，每一会一份纳钱三拾文，至五十四年三月初三日止。原随会五十三家，所纳之钱有长短不一者，上积会银钱合钱肆拾伍千贰百玖拾肆文，收折会钱壹千贰百文，得人身利银贰两陆钱壹分，收代教银壹两零肆分，四宗共收银钱合钱伍拾千零百肆拾肆文。收出开除：五十一年四月初三日祭神并买家伙使银壹两捌钱□分陆厘；五十二年三月初二至初四日，本庙修醮使钱陆千零捌拾肆文；五十三年三月初二至初四日，本庙修醮使钱陆仟零三拾陆文；五十四年正月初三往武当进香修醮起脚使钱壹千肆百三拾柒文”③。可见，到武当山朝拜，不是个别现象，但是限于经费问题，民众自愿筹措经费，结成组织，完成这一夙愿。长子县县城北关于道光四年成立五瘟庙百人会，“会以百人，取众擎易举之意也；百人成会，取积少成多之意也”④。其目的与作用是非常明显的。

会的种类在晋东南区域多种多样，泽州县还有关圣帝君堆金会、

① 《十里河西里阖社公立规条碑记》，同治六年，《沁水历代文存》，山西人民出版社2005年版，第295页。

② （清）蔡霈雨：《武当山会记》，康熙三十五年，《三晋石刻大全·晋城市阳城县卷》，三晋出版社2012年版，第182页。

③ （清）王元吉：《金顶会碑记》，康熙五十四年，《三晋石刻大全·晋城市阳城县卷》，三晋出版社2012年版，第231页。

④ 《重修五瘟庙百人会碑记》，道光四年，《三晋石刻大全·长治市长子县卷》，三晋出版社2012年版，第198页。

油烛会、路灯会、水官会、大王阁会、八音会、土地圣会、上供会、太上元君会等，不一而举。① 其在乡村社会中的活动也是形式多样，既有祭祀、取水，亦有修路、生产。成为民众生活中不可缺少的组成部分。

在某种情形下，会与社结合起来，会首（会长）与社首即由同一人担任，会在特定情况下，亦会并入社，并且在很多情况下，社与会的功能并非泾渭分明，而是交织在一起，共同承担起基层社会的组织、管理、控制之职。

三 乡约

乡约，创立于宋代神宗年间，以陕西蓝田吕大钧兄弟创立《吕氏乡约》为标志，是宋代士大夫在社会变迁面前提出的挽救社会危机的基本建制，其途径就是通过士大夫自觉地义务地在乡村建立起开展思想教化的组织或机构，引导民众积极向善，形成一种淳朴的社会风气。《吕氏乡约》规定："约正一人或二人，众推正直不阿者为之，专主平决赏罚当否，直月一人，同约中不以高下依长少轮次为之，一月一更，主约中杂事。"② 正直不阿、年高有德、堪身体力行之人是可能被推举为乡约正副的基本条件，即声望和学识是乡约凝聚力之形成的基本要求，其主要任务是扬善惩恶，对乡里社会实行教化，在乡里社会提倡互敬互爱、患难与共的淳朴社会风气。自宋以来，逐渐在社会上推广，明代王阳明在南赣地区实行《南赣乡约》，将道德教化与地方治安结合起来，收到了一定的效果，这也是乡约权力扩张并与基层社会密切结合的表现。至清代更加普及，但是晋东南乡约仍主要承担着讲圣训、督教化的职责。陵川县崔村于康熙年间创建乡约，其时，"余乃群乡之人而告之曰：'乡约所以讲乡也。'圣训煌煌，明曷简易。自今孝尔父，恭尔兄，教尔子，睦尔邻，耕尔田，服尔贾，秀者读尔书。朴毋乔野毋蠢，上共赋

① 姚春敏在《清代华北乡村庙宇与社会组织》（人民出版社 2013 年版）第 307—329 页中列举颇多，可作参考。

② 《吕氏乡约》，《续修四库全书・子部・儒家类》，第 252 页。

役，下养父母妻子，毋背约”①。

乡约的设置原因则更加明显，可以说其与里老前后呼应，主要是一个劝善教化、宣讲圣谕的工具。明正德之后社会危机出现，江南地区乡约则是在这种情况下由政府号召起来的民间组织，有很强的官方色彩，其宗旨主要在于劝善教化。而北方地区的乡约则多依托当地的其他基层组织设置，如按里社、保甲设置。② 其主要用于宣讲圣谕和立规立条以教化民众。史载：“乡约以化民，古饮射、读法之遗意也。”③ 因此，屯留县在东城设立八约，南城设立七约，西城设立八约，北城设立六约，以此达到风清俗正，社会和谐。具体情况可见表1—10：

表1—10 **屯留县清代乡约统计表**

	约名	所领村数
在城1约，分设4约长	东城约长	4
	西城约长	4
	南城约长	5
	北城约长	5
东城乡8约	藕泽约	6
	宋村约	5
	郭庄约	13
	兴旺约	4
	史村约	4
	高头寺约	9
	上韩约	6
	淹村约	4

① 《崔村创建约所记》，康熙五十八年，《三晋石刻大全·晋城市陵川县卷》，三晋出版社2013年版，第117页。

② 段自成：《清代北方官办乡约组织形式论述》，《中国社会历史评论》第7期，天津古籍出版社2006年版。

③ 光绪《屯留县志》卷三《乡甲》。

续表

	约名	所领村数
南城乡7约	西贾约	15
	郭南约	4
	辛村约	15
	吴寨约	7
	七泉约	9
	崔郭约	12
	边寨约	6
西城乡8约	余吾约	9
	贾庄约	10
	李村约	8
	峪西约	7
	苗中约	7
	棘后约	10
	张店约	14
	水北约	12
北城乡6约	邓村约	12
	保头约	8
	上村约	4
	寺下约	4
	积石约	4
	故县约	7

据表1—10可知以下几个方面：第一，屯留县共分一城、四乡，城、乡下设约，约下领村。第二，屯留县各乡所设约数较平均，但各约所领村数却大不相同。因为乡以下所设村落数是一定的，各村村落大小却不可能一致，而又将乡分为若干约，为了方便管理，各约的管辖范围应该是大致相同的，所以各约所领村数就会出现差异。因此可得，约的设置是各乡为了方便管理乡以下事宜而依照本乡地理范围平均设置的，而非按村落数平均设置，也就是说乡约数的发展变化在很大程度上与一乡的管辖范围有着密切联系。

乡约在各地的职责、表现亦不尽相同，晋东南乡约大概包括以下组织者：约保、约长、约副二人、约史二人、约赞二人。约保，由一保之内殷实老成、众所推服者担任。每遇约期，各拘束约中之人，一齐赴约。约长，由一约中年高有德、众所敬信者担任，主所约之事，在碑刻中明确规定："乡约甲长非公直之人不可充应，惟社中共公举觅。"[①] 约副，主要是辅助约长行事，并且记载约中的善恶之事。约史，由约中读书知礼者担任，其主要职责是解说圣谕，讲解道理。约赞，主要职责是安排赴约时所进行的一系列礼仪。高平市石末镇现存一通乡约碑，记载了明万历年间乡约组织的情况：

山西泽州高平县举东乡石末镇乡约碑记

孝顺父母　尊敬长上　和睦乡里　教训子孙　各安生理　毋作非为

赐进士第文林郎前工部知高平县事兼试文武己卯解丁丑会魁山东长山刘一相撰

条议乡约保甲事宜并图式附后

乡约规：

一、约内十家为一甲，十甲为一保。一保之内择殷实老成从所推服者一人为约保，立为一约。约中推其年高有德众所敬信者一人为约长，以主所约之事。又推二人为约副，以辅约长行事，并书约中之善恶；又推读书知礼者二人为约史，以解说圣谕之义理；又推二人为约赞，以赞约中之礼仪。其各保约保，每遇约期，各拘束约中之人，一齐赴约。

二、约所择先师庙，每月朔望两日为约期。各该保长，先一日将约所打扫洁净，摆设香案，上立圣谕牌面。次早集众赴约，习仪听讲。若有疾病事故者，许先期告事约长，注明在簿。如无故不赴约者，约保查访其情，告于约和工，附登过簿。

① 《拥万村重立社规碑》，嘉庆二十一年，《高平金石志》，中华书局 2004 年版，第 690 页。

三、约所悬钟鼓，每至约期寅时，于会所击钟七十二声、擂鼓一通。约众俱兴木铎，一人执牌、二人振铎，遍村倡和圣教以警众。钟二十四声，鼓一通，约众本家行礼毕，至会所大门外，东西序立。以南为上，钟十二声，鼓一通，约赞同直月者出迎，赴所序立，宣读圣谕，则约史出位，向上拱立，高声宣讲。讲毕，约赞复唱："鞠躬。"行五拜三叩头之礼。讲毕，仍分班站立东西，约史出位讲解，只照衍义俗读，便晓圣谕六句中道理。各听讲毕，约赞又高声唱："谢讲。"各相一揖就位。有茶进茶。茶毕，又擂鼓一通。约赞复唱："请行彰善戒恶之典。"如约中或有善恶可书者，照次书之。倘有不平事情，亦于是日讲明，不得停忿蓄怨，以成大隙。以上完毕，约赞复唱："撤席。"各相一揖而退。长者前行，少者随后，不许越次宣谨（哗），并具酒食，以为佚游之渐。

四、同约父兄子弟，各宜仰体圣谕，孝友和睦，毋惰职业。倘有户婚争斗，一切小忿，互相劝什，或闻之约长、保副，从公问其曲直，与之分别明白，两相输服，以杜后言，勿使轻讼。如其理曲而恃强不服者，呈官究治。若事情重大者，即时呈报，不在此例。但不得擅行决罚，以兹武断。该管里老，亦不许另行受词，以繁约谊。

五、每约中置簿三扇，约长送县□□一扇，开载约内人姓名；一扇为善簿，一扇为过簿。凡约中有善恶昭者，许各约保于朔望日告于约长，对众公审。某人有何善可称，某人有何过可记。其善者即当播扬，极口称赞，登诸善簿，以候季终类送旌善亭示劝。其有过者，劝谕改图，再三不悛，乃书恶簿，亦候季终类送申明亭示戒。其间所举之善恶，有妨公道、不协乡评者，亦将约保书于过簿，以警其后要务公心处约。若其家善者，虽仇不得而蔽；恶者，虽亲不得而私。如此，则不失乎公是公非，而人将感化矣。

六、乡无善俗，盖由蒙养弗端，长益浮靡之所致也。今后约内父兄之有子弟者，各要择其学术明正、行止端方、衣冠肃整者，延请训诲子弟。各家父兄，务须隆礼尊敬，毋得因循旧染，习为偷薄。如子弟八九岁初来学者，即将圣谕衍义抄謄习读。每日令其仿书熟诵，又为俗说讲解发明，使童稚之年不失天性之良，庶几到长而凶狠不作矣。教民成俗，莫善于此。所择蒙师，仍籍其姓名，该司优先。若能善教其子弟，因而感化其父兄，遵行圣谕，蔼然为善者，约长公举，另行奖赏，即为社师，州县礼待，免其杂差。罢闲吏农及主文书手、教唆之徒，不许滥充师长，窃取美名，坏人心术。

七、世家宦族生员举监之家，素能循守礼法，不当一概查编。只恐家丁远族，不能保其人人循礼而守法也，姑以编入乡约，以为民之观望。苟能纠率同志，自立为约，如朱文公、吕蓝田、司马温公之所谓乡约义社之类，以之德业相劝，过失相规，则声闻俱达，民乐景从，转薄还淳，其力犹易。孟子云："巨室之所慕，一国慕之。"岂不信乎。此又职之所属望于士夫之家者不为浅也。

大明万历八年岁次庚辰六月榖旦立

约长李兆謄书

玉工田世宽刊①

从中可以看到乡约组织的规模、职责、运作及作用。

入清后，由于清廷加强了对基层社会的控制，因此将国家权力不断延伸，对原属自治性质的乡约亦加以管辖，对乡约约长的选任、职责进行干预，保存至今的《长治县正堂罗示谕冯村绅士乡约》碑清楚地记载了这一状况：

长治县正堂罗示谕冯村绅士乡约人等知悉，照得约正之设，上而伺办公务，下而稽察匪类，不容废弛，务要致公。今据□村绅士，遵照旧章选举妥人充膺十三班乡约轮流值月办公，整饬村

① 碑存石末村宣圣庙内。

规，缮册呈标，胪列规条，除恶安良，法至善也。嗣后该村人等务须遵规奉行，毋罹法网，各直恪遵特谕。

今将严禁条欵陈列于左

计开

一禁包娼窝赌滋生事端。

……

一禁结党行凶，吃酒骂街。

一禁匪棍贩卖有夫之妇，不得入境。如有□人，许该约送官究治□。

一孀妇改嫁，应听本人，各出情愿。……

一面生可疑外来无籍之人，务必严加□诘。……

一社首须择身家公正之人充当，严禁不许复立小社，假借神威，凌辱良善。

……

大清嘉庆二十一年岁次丙子九月十二日朱批合社同立①

由此碑文可看出乡约的主要职责是整饬村规、除恶扬善，以稽查社会不良现象、保证一方治安良好为目的，通过“示谕”的方式来教化民众，从而为良好社会治安奠定基础。

其实，乡约与社、宗族交织在一起，已很难将它们进行细致区别。武乡县陌峪村于同治年间立有乡约碑，规定了乡约约长的任期、职责，尤其是乡村事务的摊派问题。

合社重议贴约碑序

本村应约，旧有成规。有八年两应者，有五年应者，总之，十三年而一周矣。但应约有定而费钱无定，往往遇应约之时，左推右阻，无人应承，是岂约之难应哉？实赔垫之难堪耳。甲戌

① 《长治县正堂罗示谕冯村绅士乡约》，嘉庆二十一年，张正明、科大卫：《明清山西碑刻资料选》，山西人民出版社 2005 年版，第 686 页。

岁，应该王姓充应，因差务日繁，钱财不给，公议韩姓帮贴钱壹拾仟，秦李二姓各帮贴钱叁仟，共帮贴钱壹拾陆仟，所贴之钱，日后永不交还。由此全社公议，言至今以后，凡遇应约之年，按地亩摊钱，此四十仟为定规，贴乡约费用。下输戊寅年韩姓为始。至于应约次第，韩姓联应三次，秦姓应一年，韩姓又应三次，李姓应一年，韩姓更应三次，王姓应一年。四年轮毕后，添异姓，亦应一年。轮流充应，周而复始。有此一举，庶几贴垫无多而应约有人矣。是为序。

邑儒学附学生员国礼丰胡万年撰并书

韩姓应约地名开后 一轮 南门 上场 老窑 狼卧沟 椿树沟 南场 下场 上槐树院 下槐树院 大磨 小场 活寨坡

二轮 上学 东头 二圪塍 房后 后院 拐则 西院 新院 圪塔 碾坡磨房 上下南院 半坡 烧土

玉工 李忠义

大清同治十三年岁次甲戌桃月吉日合社勒石①

（碑存陌峪村清泉寺）

从乡约所规定的韩氏宗族与秦氏宗族的任期可以看出韩姓宗族在本乡村中享有较高的社会地位，其他杂姓小户则未提及。

在明清时期的潞安府有著名的仇氏东火乡约，上文中已提到，此乡约很明显地带有宗族的意味，而宗族势力一直是一个地区身份地位的象征，必然在该地保甲中也会有一定的话语权，所以宗族一旦成为乡约主事者，也就意味着乡约极有可能与保甲结合，致使宗族成为乡约与保甲联系的重要纽带。因此，宗族势力的发展对保甲与乡约关系的发展演变有着很大的作用。据《潞安府志》载："长治之东火有乡约，起于仇氏。……仇氏之家有家范，本于浦江郑氏，而亦参考于海内之名儒。……考其立约之人皆博雅尚论，力行古道，不言而躬

① 《合社重议贴约碑序》，同治十三年，《三晋石刻大全·长治市武乡县卷》，三晋出版社 2012 年版，第 257 页。

行。……今乡约家范虽亡而流风未远，敦请有德之士以为乡约。”①此中明确提出乡约原本是名儒所定，宗族控制意味浓重，而后由于名儒家范败亡，乡约主事又转向有品德之人担任，这也从一个侧面反映出宗族对乡约前期发展有很大的影响力。所以，要使乡约条规深入人心，起到约众自我教育、自我管理的目的，就必须选择乡里中能使众人信服的一个群体，或身份地位高，或德好资历深。

至清代，乡约的职能也渐趋扩大至催征钱粮和调处纠纷，并发展成为北方各地乡约之共有职能。“乡约以化民，古饮射、读法之遗意也。……然保甲与乡约相表里，乡约实行，则保甲亦实行矣。……保甲者，即吾乡约中人也。”② 由此可以看出，乡约与保甲的负责人有时是重合的，乡约与保甲甚至完全结合起来。这其实正是明中期以后，随着社会交往的扩大，烦琐的分工越来越不适应社会的需要，各基层社会组织的功能界限逐渐模糊，并且互相交叉。而基层社会组织的权力逐渐加重，对地方社会的控制力逐渐加强，这也是明清国家与社会关系的突出表现。乡约组织进一步与保甲制度、社制相结合，在史志中的“乡甲”称谓即是这一现象的明证，是乡约与保甲的合称。《潞安府志》载：“乡约以化民，保甲以卫民，此善政也。……然保甲与乡约相表里，乡约实行则保甲亦实行矣。……保甲者，即吾乡约中人也，血脉既通，呼吸自应。”③ 由此可知，晋东南区域乡约与保甲血脉相通、紧密相连。在各种社规碑中也体现出二者的结合：“一议，□□到里，立即协同乡约，送出境外，不许停留。如有隐藏者，一经查明，倾家尽产入社，出售其项入公。一议，遇过差时，里中照旧贴钱壹拾壹仟贰佰文。着乡约办理，不许过费其钱，养牲之家按畜均摊。……一议，境内凡有路死贫人，地主先明社首，协同乡约掩埋隙处。不许遗累地主，借端滋事。”④

---

① 顺治《潞安府志》卷九《政事五 · 乡约保甲》。

② 光绪《屯留县志》卷三《乡甲》。

③ 顺治《潞安府志》卷九《政事五 · 乡约保甲》。

④ 《十里河西里阖社公立规条碑记》，同治六年，《沁水历代文存》，山西人民出版社2005年版，第295页。

社、会与乡约是明清时期晋东南基层自治组织的重要组成部分，其职责是组织民众从事社会生产，维持基层社会风清俗正，维持良好的社会秩序。并且与里甲、宗族之间发生着关系，各种力量共同作用，互相角逐，构成了基层社会的多元风貌。这些负责人与士绅一起结成基层社会的领导集团，笔者将其统称为“地方社会力量”，他们频繁活动于民众生活的各个方面。在以下的章节中，我们将看到他们忙碌的身影。

第二章　社会教化与社会救济

社会教化与社会救济是社会管理的重要手段，社会教化是直接的、正面的引导，而社会救济则是从侧面进行助推。国家层面的救济，是通过国家行为，使民众增强国家意识，进而达到思想上的认同，逐步实现社会管理；民间层面的救济，是通过资助者的行为，在乡村社会推行一种助人为乐的思想，进而实现个人或群体的威望，树立典范，最终形成以地方社会力量为中心的社会管理。因此，在国家力量薄弱的情况下，民间层面的救济显得尤为重要。在各个时期，政府均号召地方层面积极施救，既为完善自身体系之不足，亦为加强社会控制之效果。

第一节　书院、社学与义学

明政权建立后，非常注重教育事业的发展，在中央建有国子监，地方各级都建有学校，除了官办的府（州）学、县学之外，在基层社会中广设书院、社学、义学。洪武二年（1369），明太祖朱元璋下诏说："治国以教化为先，教化以学校为本。京师虽有太学，而天下学校未兴，宜令郡县皆立学校，延师儒，授生徒，讲论圣道，使人日渐月化，以复先王之旧。"① 可见当时国家对办学的重视。到了清朝，统治者也积极推行社学政策，顺治九年（1652）明令"每乡置社学一区，择其文义通晓、行谊谨厚者，补充社师，免其差役，量给廪饩

① 《明史》卷六九《选举一》，中华书局1974年版，第1686页。

养赡”①。“国家之隆替系乎人才之盛衰，而人才之盛衰舍学校无以为也”②。清政府竭力扶持社学的发展，到康熙时期，社学逐渐被义学所取代，如：康熙五十二年（1713）议准“各省府州县，应令多立义学，延请名师，聚集孤寒生童，励志读书”③。并且此时家塾、私塾也得到发展，而书院也从官学不断向私学过渡，民间办学日渐兴盛。

明清时期社会生产力不断提高，商品经济进一步发展，商人力量壮大，此时富起来的商人开始注重教育的作用，许多商人捐资兴学、培养子弟入仕以促进宗族发展，这就在一定程度上推进了教育事业的发展。而此时由于人力、财力有限，公共事务种类繁多，州县官往往倾向于鼓励地方力量参与，尤其是公共工程与救济扶贫等，通过捐助个人的薪俸，运用官僚的权威与影响力劝奖鼓励，吸引社会支持参与，所以此时地方社会力量得以广泛参与到民间办学中。参与民间办学的地方社会力量除了商人外，还有士绅、宗族、隐士、儒生等。如：《屯留县志》所载：“王照，字春亭，顺天大兴人。捐俸三百金，创立义学，嘉惠文教。”④ 可见地方社会力量在民间办学中所起的作用越来越重要，也直接或间接地推动了地方教育事业的发展。

一 书院、社学、义学的时空分布

“治天下国家之事无不在于学校，治天下国家之才亦无不出于学校”⑤，书院是与县学并存的教育机构，是县学的重要补充，自唐末宋初开始创建。晋东南区域最早的书院是创建于宋治平年间的古书院，稍后是创建于靖康年间的雄山书院。在一千多年间，书院对中国

---

① 《钦定学政全书》卷七三《义学事例》，沈云龙主编《近代中国史料丛刊》第30辑，第1531页。

② （元）李聪：《阳城县尹赵侯兴学记》，乾隆《阳城县志》卷一二《艺文》。

③ 《钦定学政全书》卷七三《义学事例》，沈云龙主编《近代中国史料丛刊》第30辑，第1533页。

④ 光绪《屯留县志》卷二《学校》。

⑤ 光绪《长治县志》卷三《学校志》。

文化的保存和发扬具有重大的影响。明清时期尤其是乾隆时期，上党地区书院的建立达到高潮，但此时的书院官学化特征明显，创办者多为官吏，且教授内容也以科举所考科目为主。因此，书院的主要功能在于“长育人材，整齐风教”[①]。书院一般建在乡村，对乡村的社会秩序、民情风俗具有一定的引导作用，书院周围的乡村文化氛围较其他村落浓厚。从政治层面来说，它与县学互相依赖，互为补充，在统一思想、稳定社会方面扮演着重要的角色。

上党区域在各阶层的努力下，创建了许多书院，现根据明清方志，共列出43所书院，见表2—1[②]：

表2—1 **明清上党书院一览表**

所在地	名称	原名、亦名	创建年代	创建者	附注
潞州（潞安府）	上党书院	共学、文昌、起文	明万历四十七年	知府、知县	原潞安府属书院
	莲池书院	心水、五龙	清康熙五年	知府萧来鸾	原潞安府属书院
	勉学书院		明末	沈王府	藩王府书院
潞城县	卢山书院		清康熙十五年	知府李时谦	原潞城县属书院
长治县	雄山书院		宋靖康间	邑人	民建书院
	东山书院		明嘉靖间	邑人仇森等	民建书院
长子县	廉山书院		明天启六年	知县周维新	县属书院
屯留县	藕泽书院		元至正十八年	隐士宋思约	民建书院
	麟山书院	传经书院	清乾隆十八年	知县焦以敬	县属书院
襄垣县	古韩书院	泰晋书院	明成化元年	知县张晓	县属书院
	漳川书院		清道光二十七年	知县卓熙泰	县属书院
	独立书院		元代中期		实为私塾，以书院称之

① （清）高鸿：《长子县创修廉山书院碑记》，乾隆《潞安府志》卷三四《艺文续编七》。

② 王欣欣：《山西书院》，三晋出版社2009年版，第255—256页。

续表

所在地	名称	原名、亦名	创建年代	创建者	附注
平顺县	杜公书院		清康熙二十七年	知县杜之昂	县属书院
黎城县	沧溪书院		明正德间	隐士赵初	民建书院
	东阳书院		清乾隆五十三年	知县吕绳祖	县属书院
	尊经书院		清光绪十六年	知县马汝良	县属书院
壶关县	尚友书院		明万历间	知县方应明	县属书院
	壶林书院	原尚友书院	清乾隆二十一年	知县	县属，尚友遗址上重建
武乡县	鞞山书院		清康熙二十四年	知县高珙	县属书院
沁县	铜鞮书院		清乾隆十四年	知州雷畅	沁州属书院
	铜川书院	吴文端公书院	清康熙五十六年	州人	原在月岭山，为吴琠读书处
沁源县	琴泉书院		清乾隆十七年	知县刘鲲	县属书院
泽州	古书院		宋治平三年	知县程颢	在原泽州，官建书院
	体仁书院	张公文昌明道	明万历间	知州王所用	原泽州府属书院
凤台县（今泽州县）	怀仁书院		清乾隆四十七年	知府林荔	原泽州府属书院
	晋城书院		清光绪七年	知县张贻琯	原凤台县属书院
	回辙书院		清康熙间	孔氏	原凤台县民建书院
高平县	晋城书院		明嘉靖十四年	知县孙应奎	原高平县属书院
	宗程书院	易名崇正书院	清康熙三十五年	知州梅建	原泽州属书院
	崇正书院	南书院	清乾隆二十二年	邑人陈润太	民建书院
	函阳书院	石会堂	明万历十九年	邑人郭东	私立书院

续表

所在地	名称	原名、亦名	创建年代	创建者	附注
阳城县	泮宫书院		元至正十二年	县尹赵绳祖	县属书院
	映奎书院	易名聚奎书院	明万历四十二年	知县王良臣	县属书院
	同文书院		清乾隆七年	知县谢廷瑜	县属书院，仰山书院开办
	仰山书院	初名镜山书院	清乾隆三十五年	知县王正茂	县属书院
	止园书院		明崇祯十五年	陈氏	宗族书院
陵川县	陵邑书院	陵邑讲堂	清康熙十四年	知县孙必振	县属书院
	望洛书院		清乾隆十四年	知县陈封舜邑人	县属书院，官民同建
	陵川书院		清乾隆二十三年	知县王笃祜	县属，望洛书院迁建改名
	贞白书院		明嘉靖间	知县袁淮	官建书院
	文忠书院	亦称棣华堂书院	元至正间	达鲁花赤完普化	因郝氏棣华堂书院迁建改名
沁水县	风原书院		明万历年间	知县扈文魁	县属书院
	碧峰书院		清乾隆二十六年	知县金世麟	县属书院

由表2—1可知：从时间分布上而言，宋代建有长治县的雄山书院和晋城的古书院两所；元代建有屯留县藕泽书院、襄垣县独立书院、阳城县泮宫书院和陵川县文忠书院四所。明清两代共建书院37所，其中清乾隆时12所，乾隆时期是晋东南建立书院的高潮。这一方面同清朝统治者对书院采取先限制后提倡的政策有着直接的关系，清朝建立初期，由于害怕书院成为讽议朝政、传播反清复明思想的场所，对书院采取抑制政策。然而，书院制度历经宋、元、明三代，在知识分子中有广泛影响，因而禁而未绝，一些有声望的书院仍然保存下来，之后，清政府逐步改变了对书院的政策，由压抑、限制变为积极提倡。雍正十一年（1733）清世宗的“上谕”说：“建立书院，择

一省文行兼优之士，读书其中，使之朝夕讲诵，整躬励行，有所成就。”① 乾隆元年（1736）清高宗进一步指出：“书院之制，所以导进人才，广学校所不及，世宗宪皇帝命高之省会，发帑金以资膏火，恩意至渥也。”② 他把各省会驻地的书院比作古代“侯国之学”，作为“乡学之秀”进一步深造的教育机构，自此之后，从省到府州县，各级书院相继建立起来。另一方面也是社会经济发展的必然结果，清朝经过康熙、雍正之后，国家空前统一，社会秩序安定，人口和财富迅速增加，国力达到鼎盛。经济的繁荣，对“兴学育才”既提出需要，也提供了条件。

从地域分布上说，晋东南区域大多数州县都有 2—3 所书院，这说明本地官民普遍重视文化教育。但明显，晋城书院要多于长治书院。潞州、沁州共 12 州县，共有书院 22 所；泽州共 6 州县，建有书院 21 所，虽然在州县的数量上只有潞州（或潞安府）、沁州的一半，而书院的数量几乎相等。书院不同于官学，其建立的经费主要来源于官民的捐赠，如：壶林书院，“乡耆秦学珍，慷慨乐施，捐纹银一千两，又历年积利银六百四十两零，并交当商，按月一分五厘生息，每年得利银二百九十五两八钱一分四厘，四季支交”③。这也说明晋东南区域在明清时期的经济情况相对较富。

从创建人看，倡议者和主办者大多为在职官员，这标志着书院的官学化。宋代书院，都是民办的私人讲习处所，元代书院仍以民办为主，明代则大量转为官学，到清代，进一步加强了书院的官学化。表中所列书院，绝大部分是由地方官员筹建的。乾隆元年，清高宗在“上谕”中说：“凡书院之长，必选经明行修，足为多士模范者，以礼聘请。”嗣后书院教师，“令督抚学臣悉心采访。不拘本省邻省，亦不论已仕与未仕，但择品行方正，学问渊博，素为士林所推重者，以礼相延”④。

① 《钦定学政全书》卷七三《书院事例》，沈云龙主编《近代中国史料丛刊》第 30 辑，第 1520 页。

② 同上书，第 1521 页。

③ 道光《壶关县志》卷三《书院》。

④ 《钦定学政全书》卷七三《义学事例》，沈云龙主编《近代中国史料丛刊》第 30 辑，第 1522—1524 页。

乾隆九年作了进一步要求，从书院山长与讲习的聘请、学员的选送，到经费的审核，均由官府掌握，这都是为了加强对书院的控制。

然而，仅凭官学与书院，仍无法达到教育整个社会的目的，在很多乡镇村落仍需要对民众进一步教育，对社会风俗进行厘正，否则会影响国家的社会秩序与民间社会的稳定。于是，在民间力量的积极运筹下，在国家的号召与支持下，广大乡村社会设立了社学、义学，共同担负起教化民众、培养社会风气的职责。故而，社学、义学设立的目的，主要在于帮助乡里贫穷好学之人能够在科举考试中脱颖而出，为国家、基层社会治理提供人才。即“教育一乡之俊颖，而使之明伦砥行，善俗厚风”，使“闾阎子弟，高资秀质，无力延师，弗遑负笈”①者能够有受教育的机会，而不至于沦落自弃，泯灭人才，甚至成为社会的败类。在国家政策的号召下，明清两代对社学、义学的兴建都非常重视，各地乡绅、宗族、商人纷纷投身基层学校建设之中，晋东南约有60所社学、义学在此时出现（见表2—2）。

表2—2 **明清晋东南社学、义学兴建概况**

州县	创办者	身份	办学情况	资料来源
泽州府	黄国璨	县令	设义学，置义田百亩	雍正《泽州府志》卷三三《宦绩》
	梅建	县令	高平县，立义学	
	张茂生	乡绅（退职官员）	润城里人，设经蒙两学，延师	雍正《泽州府志》卷三六《节行》
	李儒	受国家褒奖人员	立家塾	雍正《泽州府志》卷三七《孝义》
	朱俊椩	乡绅（退职官员）	捐田赡宗学	
	裴爵椿	乡绅（退职官员）	建社学	
	卫正心	乡绅（退职官员）	于大箕村设义塾，建文华书院，历一乡成才之人腴田以赡给之	
	刘孝勗	受国家褒奖人员	在河东村，居傍余屋设义学，延师淑里中儿孙	
	王海	义士	阳城人，幼从父贾，立义塾	

① （清）章经：《壶关县修社学记》，乾隆《潞安府志》卷三四《艺文续编六》。

续表

州县	创办者	身份	办学情况	资料来源
潞安府	李养志	义民	黎城人，里中子弟可教者，纳于塾	乾隆《潞安府志》卷二三《人物·孝义》
	张皇政	受国家褒奖人员	长治人，设义塾，施田三十亩	
	孙宣哲	受国家褒奖	长治人，设义塾于乡	
	庾抡秀	附监	长治人，于村中建立义塾，延师训课，成就皆知名士	
	宋显异	附监	长治人，于本乡设义塾二处	
	翟九彩	受国家褒奖人员	长治人，晚年立义学	
	冯润身	义民	长治人，父欲设义塾于乡，润身为义塾师十有五载，受其教者三百余人	
	田希圣	受国家褒奖人员	设立义学	
	任翱	商人	长治人，建书舍，从士子读书其中	
	李呈秀	诸生，以子得封典	设科教士，游门下者多知名士	乾隆《潞安府志》卷二二《人物·文苑》
	仇氏宗族	宗族	兴建义学，教乡之子弟五十七家	顺治《潞安府志》卷一九《艺文四》
沁水县			义学在北街，有楼房一院，上下十七间	光绪《沁水县志》卷三《营建》
	李世昌	乡绅	设立义学，捐地二十亩为延师馆谷费	光绪《沁水县志》卷八《人物》
	秦学斌	受国家褒奖人员	道仁西里人，捐资设义学	
高平县	杨子器	知县	恢复旧有社学在县者四，在村者三十六	乾隆《高平县志》卷八《社学》
	梅建	知县	修举七处社学	
	傅德宜	知县	设义学于程子祠，捐俸延师，以教无力读书者子弟	
	朱先正	受国家褒奖人员	立义学，延师以训村蒙	乾隆《高平县志》卷一四《孝义》
	郜娖	义民	西阳村人，建文昌阁于村南水口，延师教乡之子弟	
	孙永祚	受国家褒奖人员	设义塾	

续表

州县	创办者	身份	办学情况	资料来源
壶关县			社学在县治北门	道光《壶关县志》卷三《社学》
武乡县	齐章	知县	建义学	乾隆《武乡县志》卷一《学宫》
	吴杨	知县	谋诸邑老李凤楼等，捐俸建	乾隆《武乡县志》卷四《艺文》
	李若超	受国家褒奖人员	立塾延名师，能读而贫者，发以膏火	乾隆《武乡县志》卷三《孝义》
	郝桂林	太学生	设家塾，延师督教子侄	民国《武乡新志》卷二《孝义传》
	郝公	乡绅	愿学者悉训诸家塾	民国《武乡新志》卷三《金石考》
黎城县	王三聘	诸生	王曲里人，建义学	光绪《黎城县续志》卷二《义行》
	刘道恭	乡绅	黎城偏城寨人，设义学，延名师	光绪《黎城县续志》卷三《墓志》
阳城县	朱绍濂	知县	康熙四十八年设	乾隆《阳城县志》卷三《学校》
	陈国轸	知县	立阳陵社学，以造多士	乾隆《阳城县志》卷八《宦绩》
	徐延飏	典史	捐濂设立义学	同治《阳城县志》卷六《学校》
屯留县	王照	知县	捐俸三百金，创立义学	光绪《屯留县志》卷四《政绩》
	冯沂	附贡生	起塾于家，贫不能读者，得卒业也	光绪《屯留县志》卷五《义士》
	段云龙	贡生	设立家塾，日与生徒讲习其中	
	李仙垣	贡生	多士之来学者，不较束脩	光绪《屯留县志》卷五《文苑》
	扬育山	贡生	设馆授徒，成就人才甚众	

续表

州县	创办者	身份	办学情况	资料来源
沁州县	孙梦麟	知县	立社学以诱后进	乾隆《沁州志》卷六《名宦》
	孟亚孔	乡绅（退职官员）	立社会文，鼓励后进	乾隆《沁州志》卷六《人物》
	赵延扑	博士弟子	开德星馆以授生徒	
	张孝掞	乡饮大宾	自弱冠后设馆至髦年不倦	
	吴时谏	贡生	建义塾于徐村，延师训单寒子弟	乾隆《沁州志》卷六《孝义》
	武彪	乡绅	建塾以便乡人	
	郭纪、郭缙	受国家褒奖	力农致富，立义学	
	李玉	长者	捐资倡众，立塾于麟山宣圣祠，延师以训村中子弟	乾隆《沁州志》卷一〇《艺文》
	朱三锡	县令	创建义学	雍正《沁源县志》卷一〇《艺文》
襄垣县	田子坚	县令	设请益馆课生徒，礼齿德	乾隆《重修襄垣县志》卷二《职官》
	冯殿魁	训导	创修西学二堂三间	
	武可则	知县	捐谷设义学三处	乾隆《重修襄垣县志》卷三《学校》
	李体中	知县	在夏店镇增建义学	
	解希尧	宗族	在解氏大士堂基础上建，得到里中好善者捐助	乾隆《重修襄垣县志》卷七《艺文中》
	孙福清	知县	改古韩书院为古韩义学	民国《襄垣县志》卷六《学校》
	连子俊	乡绅	世居襄垣，立家塾，延名师，以课读寒家子	民国《襄垣县志》卷七《古迹考》

由表2—2可知：从学校创办者来说，60余处社学、义学中，除18处是由地方官创办，其余都是由地方社会力量创办，从这里我们可以看出地方社会力量在民间办学中扮演着重要的角色，起着重要的作用。这些地方社会力量既包括乡绅阶层，也包括乡宾、儒生、商

人、义民等阶层，其中乡绅阶层人数最多。如：泽州府：张茂生、朱俊楩、裴爵椿、卫正心；沁水县：李世昌；武乡县：郝公；沁州县：武彪；襄垣县：连子俊；黎城县：刘道恭等。

与官学相似，社学、义学的规模也有一定限制，如长治县“城关设立义学六处，城内东龙华庵、西莲花池、东关壶口镇、西关萧公祠、南关三圣庵、北关华阳君庙，永为定所，不准随意更改。学生每处多至二十人为度，少则必须十人，方准成馆，不得蒙混凑数，希领学俸，尤须贫家子弟方准送入，有力者毋庸图此便宜。学师六位，无论城乡举贡生员，公举端正勤谨之士，每年单开十余人送县，禀府考验，牌示，年前由县关订。正月十六日起学，腊月十六日解馆，有能认真约束、教读勤严者即留，蝉联数载，亦不拘定，如怠惰卑污立即更换，断不准徇情，□而以老病恋栈误人子弟”①。

从地域分布上看，明清晋东南地区民间办学分布较为平均，大多数州县都有2—3所学校，其中高平县、沁水县、襄垣县分布最多。这与明清时期晋东南尊书重教的传统有直接的关系，因此，在明清时期，阳城县有“一门九进士”“十凤齐鸣”之说。

二　书院在实践中的运作

由于书院与社学、义学在性质上的不同、影响上的差异，因此在实践中的具体运作仍有较大差异。

（一）管理制度

明清时期的晋东南书院大部分是地方官创办的，书院的层次逐渐明显，形成了府、州、县不同层次等级的书院。如莲池书院是知府萧来鸾创建，是潞安府属书院；怀仁书院是知府林荔创建，是泽州府属书院；古韩书院是知县张晓创办，是县属书院。各级书院招收生员一般限于各自辖区。书院层次明显更方便于官府的管理。

书院山长是书院的组织者和学术带头人，更是书院的灵魂性人物，对书院的学术研究、学术传承起着决定性作用。对山长的聘任各

① 光绪《长治县志》卷三《学校》。

时期要求是不同的。宋代多由不愿出仕或弃官归田者建院充任；元代前期多由入元不仕的宋遗民担任，后期一些书院则以中第举人权充，由各省所属州县宣慰司任命，是为学官；明代的山长由地方官延聘或士绅公举，不是学官，是实行聘任制的一种职务；清代书院的主持人有山长、院长、掌院、掌教、主讲等称谓，书院的主持人一般不是学官，但在主持人的聘用方面，政府的权力却大大强化了。山长的待遇无定例，院各有差，如：上党书院，“送山长修金二百六十两，聘金、执敬各四两”①；陵川书院修金一百两，聘执节礼仪等十二两。其他书院职事还有：监院，主要负责对书院进行监察；主讲，为生童教授课程，解疑答惑；协讲，协助主讲进行教学活动；襄校，负责教学工作，监督生童每日的学习进度，并对他们所学知识进行考核；斋长，负责监督诸生童对书院学规制度的遵守情况；司课，掌管课卷并分给膏火银两及稽查院中家具什物一切琐碎事务；董事绅士，掌管经费，催当铺息银及发膏火、笔资等事。这些职事不是每院必设，也没有一个统一的设置章程。

（二）经费制度

书院经费主要包括基建经费和常年经费。基建经费指书院在创建时所需要的买地、建房等经费。明清时期书院多由地方官员创办，书院所需的房址、房屋等多由官府拨划或是由寺院、空屋等改建而来。

常年经费是书院赖以存在和发展的基础，书院与官学不同，要维持书院的正常运作就需要更多的筹集渠道补充常年经费。其来源有三：一是政府拨款；二是从银库借款，得息还本；三是依靠捐助，自筹经费。晋东南书院的筹建主要依赖于第三种方式，因为政府的拨款对象一般都选择省会书院或是像岳麓一样的有影响力的书院；银库借款则需要有大的钱庄，晋东南区域不像晋中一样有发达的汇兑交易，钱庄的实力多不雄厚；而本地民众则不吝投资教育，所以依靠捐助就成为该地区书院主要的筹款方式。对于筹来的款项，除一部分用于书院当时的需要外，剩下的大多分为两部分处理：一是存入当铺，按一

① 光绪《长治县志》卷三《学校志》。

定时期收取利息；二是置办学田，收取田租。两种方法同用，可以最大限度地降低书院的经费风险，确保书院经费安全、稳定。又如上党书院“原设学田一百一十八亩三分，内平地九十六亩零五厘，每亩征租谷五斗。坡地二十二亩二分五厘，每亩征租谷三斗。征租谷五十四石七斗。续增学田九十八亩一分七厘二毫，在大辛庄、史家庄”①。

（三）录取与教授制度

书院的学生主要有生员、童生两大类，二者习惯上合称生童。书院一般只招收本属区内的生童，对数量也有限制。如平顺的书院“清顺治四年，稽查原数，现存甚少，广收人才以示朝廷恩意。十三年，又因额数太广，奉旨汰革。大县每录止四十人，中县二十五人，下县十二人。十五年奉旨裁革定额，平顺下县止八人”②。根据是生员或童生、正课或副课、住院或不住院而区别待遇。贫困的考生书院亦资助其参加科举考试。

明代和清代的书院以教授理学为主，大部分书院专为应科举之用，朝廷要求：“书院肄业学子，令院长择其资禀优异者，将经学、史学、治术诸书，留心讲贯，以其余功兼及对偶、声律之学。其资质难强者，当先工八股，穷究专经，然后徐及余经，以及史学、治术、对偶、声律。至每月之课，仍以八股为主，或论、或策、或表、或判，听酌量兼试。”③ 当时，科举成为知识分子进入仕途的主要门路，因而科举制度必然直接影响到书院的教育方向和教学内容。书院的肄业生徒也必然要把主要精力甚至毕生精力用于科举制艺之学。书院原先教学的自由性被削弱，但也还保留了一些书院的传统，如倡导学生自学钻研，注重学习的交流。

三　社学、义学在实践中的运作

社学、义学在修建和管理方面与官学有较大差异，地方社会力量

① 光绪《长治县志》卷三《学校志》。

② 民国《平顺县志》卷八《学校表》。

③ 《钦定学政全书》卷七三《书院事例》，沈云龙主编《近代中国史料丛刊》第30辑，第1527—1528页。

在此过程中扮演了重要角色。他们长期在地方社会中享有一定的声望，主持地方事务，并且具有深深的乡梓之情，因此，对地方社会的文化、经济较为重视，而当国家力量不能及于此地之时，他们便自发地承担起对乡村社会的管理之责。在社学、义学方面的作用主要通过以下几点表现出来：

（一）主要由地方社会力量创办

民办学校中有很大一部分是由地方社会力量独立创办的。如在表2—2中所列民办学校中，有41处是由地方社会力量独立创办的。在学校的创建过程中，他们不仅是学校建设的申请者，而且还是学校建设的组织者和物质承担者。他们或是单独创办学校，或是联合起来共同创办学校，为乡村教育事业做出了很大的贡献。在这类学校创建过程中，政府虽不直接参与，但并没放松对学校的控制，而是用一种更加隐晦的方式，引导地方社会力量在官方允许的范围内办学，如通过奖励在办学中有突出贡献的个人或群体，为民办学校树立典范，从而使民办学校一直沿着官方期望的方向发展。

在地方社会力量大力创办民间学校的同时，地方官员也加大了对民办学校的控制。有许多学校都是首先由当地官员倡议，然后由乡绅捐钱并组织民众建设。长子县廉山书院的经费就是将原有田租五十亩的收入作为基础，然后地方官捐俸补充，其他士绅共同捐助而组成。[①] 这些由政府官员捐俸倡建的学校，也属于民办学校的范畴。晋东南地区许多学校的创建经费都是通过县令或知县倡导士绅捐赠得来的，大部分官员都是作为捐俸的倡议者，而捐赠的主体则是乡绅等地方社会力量，如陵川县“士多寒素，每逢乡会试，资斧维艰，道光间绅耆富民捐银一千三百两作本生息，为津贴士子乡会试之资，名曰三元堂”[②]。

（二）经费主要来源于民间

民间办学的经费来源是多途径的，除了地方政府拨学田或款项

① （清）王巨源：《书院经费记》，乾隆《潞安府志》卷三五《艺文续编七》。

② 光绪《凤台县志》卷一《学校》。

外，有相当一部分来自私人捐赠，还有用田产租税和所募捐的钱款交给当铺生息或清查义学田亩等。私人捐赠私有田产以为学田或捐赠一部分银两钱币作为学校的经费，是明清时期民间办学经费来源之一。[①] 一般而言，能够捐赠学田或钱款的人大多是一些地方官员和本地乡绅，他们既认识到了民众教育对社会风气的重要性，也要为乡里或本族培养一些人才，以求光宗耀祖，青史留名。这种行为通常被称为义举，捐赠者被立碑列传，广为人们所称道。大多数情况是在地方官绅的带头和号召下，地方民众集体捐赠土地或款项，以部分钱用来购置学田，作为永久性产业，将其地租收入作为学校的经费开支。如："嘉靖十七年，署知县王照捐俸三百金置买地亩，每年收取租谷为两义学延师经费……咸丰八年，长邑监生何魁耀捐钱二百串，合旧存钱一百串，并当生息，添助义学束修。"[②] 还有用田产租税收入和所捐得的钱款交给当铺生息获取商业利润，然后将利润作为办学的经费，这也是义学经费的筹措办法之一。另外也有清查学田作为办学经费的，学田主要用于出租，其地租收入是稳定而可靠的，这样学习经费有了基本保障。陵川县义学由县令黄国璨于顺治十三年（1656）建，"并置义田百亩余以赡学，邑人徐昆又捐助义田六十二亩零，□□日久，荒废不举者八十余载，乾隆四年邑令雷正复修，在县治东，前明冀南道王公祠为义学清出旧义田六十余亩，合前共一百六十八亩零，自捐田粮，详明敦请师儒教授生徒以兴学校"[③]。一般学校是原有经费生息来扩充经费的，或者设法使其经费来源稳定。这种做法使学校经费一经捐赠，就能够通过经营而得以生息，以息金作为办学经费，不用再向绅商募捐，以免东挪西凑，临时筹措，从而使办学经费有了长期稳定的保障，保证了民间办学教育的正常进行。

对家庭比较贫困的学生还要进行个别资助。如陵川县即规定："膏火笔资宜分别给赏也，查内肆业生童既在学舍、住宿，其膏火之资应量予帮给，现在经费无多，不得不稍为区别。如生童二十名内身

① 陈建国：《明清时期义学的经费管理》，《西安邮电学院学报》2008 年第 4 期。

② 光绪《屯留县志》卷二《学校》。

③ 乾隆《陵川县志》卷一四《学校》。

家殷实者，原无需于日给膏火，惟极贫之士应每名日给银三分，次贫者日给银二分，外业生童无庸并给，至考列优等生员及上卷童生亦量加奖励、给以笔资，每月朔课生员取在优等首名者，议给银三钱。其余列入伏等之内者量给纸笔，余但不给童生取在上卷首，给钱银三钱，余有列入上卷内者，亦给纸笔，次卷不给望课照朔课之数给赏，儒学月课一次，系诸生分应听考不在给奖之例等。因卑府查内肄业生童二十五名俱宜给予膏火，每名每日给银三分，不必分别极贫、次贫，其有身殷实自备膏火不欲领银者，自可无庸并给，至考课生童列入优等上卷者，各给纸笔奖励可也。所拟给银三钱之外似无庸议，仍于年底将用过银两照册查报等，因蒙此卑职遵照宪议永远遵行。”①

（三）各种力量共同参与管理

学校经费由于是集体通过多种方式捐助的，所以牵涉的范围较广，包括地租、利息、生童奖励等各个方面，管理难度较大。为使学校正常经营，许多学校在办成之后，一般都会选择一些在地方上有影响的人进行管理。学校的经费开销主要有修葺校舍、教师工资、学生膏火费纸笔费等。长治县原有城乡义学六处，光绪九年，知府林亨筹款创设章程，规定了义学经费的使用。“前由藩库领出，长治社谷银一千两，发交本城西盐号按月一分五厘行息，所得息银概作整修，上党书院及挑浚莲花池制备义学棹橙等费，现在长治社谷以劝办积有巨数，无需此款，购储又由府另筹银二百两并交该号行息，书立摺据。从癸未年正月初一日起，计每年共得息银二百一十六两，禀明立案，永作六处义学，逐年费资不得动用本银，无论地方何项公事，官绅不得挪用分厘。”②

师资是学校的主要构成部分，地方社会力量在办完学校之后，往往直接为学生聘请老师。如陵川“庠生赵克敬，与兄同居五十年未尝忤兄意。兄病，亲调药剂，不离枕席。兄殁，待从侄与子为一体，四世同居，不言分析。设义馆，延师聚村人俊秀肄业其中，先后入泮

① 乾隆《陵川县志》卷一四《学校》。

② 光绪《长治县志》卷三《学校志》。

者几四十人”[①]。明代阳城义士王海“水旱人饥则赈之，岁终亲旧不给则赈之，贫不能婚者婚之，病不能医者医之，死不能棺及葬者棺之、葬之，爰立义塚焉。士学而无资者资之，乡邻子弟宜学而未能者为延师教之，爰立义学焉”[②]。

古语云：“国运莫贵于升平，升平莫先于教养。”[③] 通过兴办书院、社学、义学等一系列行动，不仅为国家培养了后备官员，而且带动了乡村社会文化的发展，使广大民众在一定程度上了解了忠、孝、义等思想，促进了邻里和睦、家庭和谐，盗窃、赌博等不良风气得到了削弱，有利于基层社会秩序的安定。

第二节 社仓与义仓

历史上，中国社会灾患频仍，有关水旱灾害的记载充盈史籍。人们为了维持基本的生活以及进行简单再生产，历来就注重积谷备荒。社仓、义仓作为重要的民间仓储形式，其创设亦因此而起。到了明清时期，国家的荒政日臻完备，民间的社会救济也日渐兴盛，社仓、义仓作为具有民间自救性质的基层备荒仓储，共同担负着基层社会救济的重任，并对地方社会产生着重大影响。

一 社仓、义仓设立的背景

经过明初社会生产的恢复和发展，到仁宗、宣宗时出现了“仁宣之治”，是为明朝前期经济发展的第一个高峰时期，史载：宣宗“即位以后，吏称其职，政得其平，纲纪修明，仓庾充羡，闾阎乐业，岁不能灾。盖明兴至是历年六十，民气渐舒，蒸然有治平之象矣”[④]。至明代中叶，随着统治秩序的安定，明初的紧张气氛进一步缓和，为经济发展带来了另一契机，各种农作物、经济作物在种植技

① 乾隆《陵川县志》卷二三《人物》。
② （明）马理：《义士阳城王海表闾记》，同治《阳城县志》卷一四《艺文》。
③ （清）李中白：《重修文昌书院碑记》，乾隆《潞安府志》卷三四《艺文续编六》。
④ 《明史》卷九《宣宗纪》，中华书局1974年版，第125—126页。

术上的进步以及范围上的推广，使经济出现了欣欣向荣的景象，“宇内富庶，赋入盈羡，米粟自输京师数百万石外，府县仓廪蓄积甚丰，至红腐不可食”①。经济的发展为社仓、义仓的设立带来了物质上的条件，使其设立成为可能。

“未雨绸缪”“丰年储粮”的思想在中国社会由来久远，越是经济发展之时，越要为不幸而至的自然灾害做准备。明代中叶，经济发展的同时，自然灾害也日趋频繁，吏治日益腐败，仅仅靠预备仓、常平仓等官仓已难满足赈济灾民、安定社会的需要。于是，明统治者便想到了历史上曾出现过的社仓和义仓，希望利用民间力量建立另一防灾救灾基础。孝宗弘治年间，时任“江西巡抚林俊尝请建常平及社仓”② 得到朝廷允准，是为明代官方创建社仓之始。嘉靖八年（1529）三月，朝廷接受兵部侍郎王廷相将义仓贮于里社的建议，下令各地抚、按设置社仓，并规定：“令民二三十家为一社，择家殷实而有行义者一人为社首，处事公平者一人为社正，能书算者一人为社副，每朔望会集，别户上中下，出米四斗至一斗有差，斗加耗五合，上户主其事。年饥，上户不足者量贷，稔岁还仓。中下户酌量赈给，不还仓。有司造册送抚、按，岁一察核。仓虚，罚社首出一岁之米。”③ 嘉靖二十年十二月，御史沈越又请申饬社仓法，为朝廷所接受。此后便开始大规模营建社仓、义仓。

清顺治十年（1653），京畿大饥，官府拿不出足够的粮食储备救灾，一时手足无措，这件事引起了统治集团的警觉，到康熙十八年，正式下令建设社、义仓。史载：“其社义各仓，起于康熙十八年。户部题准乡村立社仓，市镇立义仓，公举本乡之人，出陈易新。春日借贷，秋收偿还，每石取息一斗，岁底州县将数目呈详上司报部。”④ 康熙二十八年（1689），又因直隶旱灾，民间几至室皆悬罄，糊口维艰。清圣祖以“前年岁收丰稔，何致一遇灾生，补救乏术？可见平

① 《明史》卷七八《食货二》，中华书局 1974 年版，第 1895 页。

② 《明史》卷七九《食货三》，中华书局 1974 年版，第 1926 页。

③ 同上。

④ 《清史稿》卷一二一《食货二》，中华书局 1977 年版，第 3559 页。

时积贮，仅存虚名。乃劝谕民间多积米粮，务令终岁所食，常有余储；爱惜物力，不可乐岁狠藉，只顾眼前；劝谕民间捐输常平、社、义诸仓米谷以备赈济，乃就直隶各村庄设立社仓，以察果否有益于民生，而定推行之当否，卒至终勘效果者”①。

雍正即位后，曾多次过问仓储之事，在他的多次诏谕中我们可看出他的重储思想。雍正三年（1725）九月二十三日的上谕中指出：“古者，视岁之上中为储蓄之节，盖官民经画久远，不为一时苟且之计，积之于丰年，用之于歉岁，所谓有备无患，法良而意美也。”②尔后，他又指出，“仓场、米石，乃国计民命所关！”③ 将仓储事业列为国家第一要务，可见清廷对仓储的重视。同时，雍正帝还推行了一系列惠民政策，其中社仓建设更是其中的重点。他颁布上谕：

> 社仓之设，原以备荒歉不时之需，奉行之道宜缓不宜急，劝输百姓听其自为，不当以官法绳之也。是在有司善为倡导于前，留心稽核于后，使地方有社仓之益，而无社仓之害……地方官劝输米石暂于公所寺院收存，俟息米既多建廒收贮，所捐之数立册查明，若有捐至十石三十石五十石以上者，给以八品顶戴。每社设正副社长二人，以司出纳。其收益之法：凡借本谷一石，收息二斗，小歉减半，大歉全免。至十年后息倍于本，只以加一行息。④

这份上谕充分体现出雍正皇帝建设社仓的主张，具体而详备地对社仓的管理、运作及奖励办法都进行了阐述，对有清一代的社仓建设有着重要的意义。

乾隆年间，对社、义仓不断进行改革，在选用人、管理制度、仓谷来源、发放等都有了更加详细的规定，并成为对社会控制的重要形

---

① 乾隆官修：《皇朝通典》卷一四《食货》，浙江古籍出版社 2000 年版，第2099 页。
② 道光《广西通志》卷一《训典》，广西人民出版社 1988 年版，第 34—35 页。
③ 雍正《畿辅通志》卷五《诏谕》，文渊阁《四库全书》本。
④ 乾隆官修：《皇朝通典》卷一四《食货》，浙江古籍出版社 1988 年版，第2097 页。

式。乾隆六年（1741），鼓励捐谷，继续充盈仓储，他说："捐监一事，既可积谷备荒，又广士子应试之路，不必停止。嗣后在户部可以折色（折银），各省仍收本色（谷米）。"① 乾隆十年（1745），又规定了社长任期及社长人选问题，丰富和发展了社仓制度的建设。皇帝对社仓、义仓的重视，刺激了社仓、义仓的设立，在晋东南区域也表现出来。

晋东南地方与京畿距离较近，历来作为统治的重点区域，因此在推行国家的政策时比较积极。而明清时期，晋东南经济的发展又为社仓、义仓的设立提供了基础。作为晋商重要组成部分的泽潞商人在明清时期兴起，便是这种时代背景的真实体现。代表国家统治的地方行政官员一方面将国家政策推向实处，另一方面鼓励地方社会力量参与到社仓、义仓的建设之中。乾隆《高平县志》记载道："乾隆五年，奉文添设社仓五处，劝输捐贮本邑绅士共捐谷壹千壹百贰拾七石玖斗叁升，分贮四乡社长经管。乾隆十二年，奉文添设义仓四处，劝输捐贮本邑绅士共捐谷壹千陆百壹石伍斗伍升，分贮四乡社长经管。"② 此外，沁水县、沁源县、凤台县等都是知县所建、乡绅捐贮，在各阶层的努力下，使得社仓、义仓逐渐兴起并发挥作用。

为了充分发挥社仓、义仓的作用，地方官员积极参与其经营、运作，选派有实力的正直户担当仓长，制定社、义仓的规则，严格登记仓谷收支情况，惩办监管不力者等。地方社会力量在明清时期参与地方公共事务的特点也表现得尤为明显，社仓、义仓作为地方公共事务的一种，其中即有各种地方社会力量的作用。前面提到的泽潞商人，便是其中重要的一支，他们为社仓、义仓捐款捐粮，资助了社仓、义仓的建设。

二 社仓、义仓的时空分布

明清时期，晋东南社仓、义仓发展迅速，其数量以及仓内储粮都

---

① 《大清高宗纯皇帝实录》（第二册），卷一三六，台湾华文书局1964年版，第2029页。

② 乾隆《高平县志》卷九《仓庾》。

有了新的发展，笔者从明清地方志中摘出有关晋东南社仓、义仓的建设情况，统计见表2—3、表2—4：

表2—3 **明清晋东南社仓设置情况表**

州县	社仓				资料出处
	仓数	设置时间	位置	创建者	
屯留	3	隆庆初年	城内、余吾、丰仪	不详	康熙《屯留县志》卷一
	7	雍正三年	城中关帝庙、常村镇土地庙、余吾镇关帝庙、张店镇观音堂、丰仪镇关帝庙、史村府君庙、酪峪村永泉寺	不详	雍正《屯留县志》卷二
高平	10	万历十四年	马村、周纂、米山、义庄、换马、建宁、河西、丁壁、范店、野川	知县杨应中	雍正《山西通志》卷三十八
	8	乾隆五年	本城崇矛院、米山镇、寺庄镇、马村镇、野川镇、河西镇、陈沤村、诗村	不详	乾隆《高平县志》卷七
沁水	5	不祥	县东关寺、郎壁镇、端氏镇德胜氏、武安镇、西乡中村镇	知县米大化	康熙《沁水县志》卷二
凤台	7	雍正年间	城西南、高都镇、河底镇、周村镇、东大阳、西大阳、苇町镇	知府刘毓岩	雍正《泽州府志》卷十八
	12	乾隆年间	城西南、高都镇、区头镇、三家店、西部村、东大阳、西大阳、苇町镇、周村镇、黎川镇、河底镇、天井关	不详	乾隆《凤台县志》卷三
阳城	4	雍正年间	润城、下交、王曲、北留	不详	雍正《泽州府志》卷一八
陵川	5	乾隆年间	城内、附城镇、平城镇、礼义镇、平城镇	不详	雍正《泽州府志》卷一八

续表

州县	社仓				资料出处
	仓数	设置时间	位置	创建者	
沁水	15	雍正八年	城内、王寨镇、端氏镇、郎壁镇、石堂村、中村镇、赛里村、蒲泓村、张村、郑庄、窦庄、武安村、玉溪村、东倪村、柿庄村	不详	雍正《泽州府志》卷一八
武乡	3	不详	城西义学东、故城镇、洪水镇	知县张宪龄	雍正《山西通志》卷三八
长子	4	明万历年间	城内、鲍店、璩村、石哲	知县武之大	康熙《长子县志》卷三
	10	嘉庆年间	城内、鲍店、南呈、璩村、布村、南陈、石哲、岳阳、碾张、大关	不详	嘉庆《长子县志》卷三
长治	19	雍正三年到六年	关村、高河镇、信义村、原家庄、北董村、东门外、西门外、苏店镇、南董镇、韩店镇、东韩村、东和镇、八义镇、桑梓镇、王坊镇、南王庆村、西池村、荫城镇、西火镇	不详	光绪《长治县志》卷三
沁源	15	不详	西街城隍庙、尚村、康公、段柳、小王、古城、松交、故县镇、桂林交、苏山、开村、郭村、端村、漳源镇、里庄	不详	《沁州志续》卷一
襄垣	6	乾隆年间	哓亭镇、下店镇、西营镇、下良镇、常隆镇、城寿圣寺	不详	乾隆《襄垣县志》卷二
合计	133				

表 2—4 **明清晋东南义仓设置情况表**

州县	义仓				资料出处
	仓数	设置时间	位置	创建者	
屯留	1	明弘治六年	县治西北隅	知县刘纲	康熙《屯留县志》卷一
高平	4	乾隆十二年	仙井村、北陈村、三报村、赤祥村	不详	乾隆《高平县志》卷七

续表

州县	义仓				资料出处
	仓数	设置时间	位置	创建者	
凤台	9	乾隆年间	城内、七巅店、泊里村、巴公村、四义村、辛壁村、道头村、北大社、大箕村	不详	乾隆《凤台县志》卷三
陵川	5	乾隆年间	城内、杨村、南马村、义井村、冶头村	不详	雍正《泽州府志》卷一八
长子	1	顺治初年	县治内	不详	康熙《长子县志》卷三
	5	嘉庆年间	城内、鲍店、南呈、石哲、布村	不详	嘉庆《长子县志》卷三
长治	3	乾隆十二年	安城镇、东火村、石炭峪	不详	光绪《长治县志》卷三
沁源	1	康熙三十八年	治县仪门外	知县陈正乐	民国《沁源县志》卷六
	4	不详	州治西、漳源镇、郭村、故县镇	不详	《沁州志续》卷一
襄垣	6	乾隆年间	哓亭镇、下店镇、西营镇、下良镇、常隆镇、城寿圣寺	不详	乾隆《襄垣县志》卷二
合计	39				

由表2—3、表2—4统计可知，明清时期晋东南社仓、义仓的发展具有时代特点，经历了历时性的变化（见表2—5）：

表2—5　**明清晋东南社仓、义仓历时性分布表**

弘治	隆庆	万历	顺治	康熙	雍正	乾隆	嘉庆	不详
1	3	14	1	1	52	58	15	27
		8.1%			40.9%	45.7%	8.7%	21.3%

从明代弘治年间开始，晋东南社、义仓在社会上逐渐发展，万历时期为第一兴盛时期，万历以后，由于政治腐败、农民起义、自然灾

害，使得刚立足的社、义仓的发展势头受阻，陷入低潮。明清鼎革，给社、义仓的发展带来了新的时机，于是雍正年间，进一步调整了关于社仓、义仓的有关规定。上谕说：

> 上谕户部、各省、州、县，设立社仓，原以便民济用，若遇应行借给之时，该州县一面申详上司，一面即速举行，方可以济闾阎之缓急，傥其中有假捏虚冒等弊，自难逃督抚之耳目。闻直隶百姓借领社谷，必待该督咨请部示而后准行，往返动经数月，小民悬待孔殷，仍不免重利告贷之苦，嗣后着该督李卫酌量定例，变通办理，咨报存案。①

社仓、义仓的规则得到了修订，也更加方便了百姓，使社、义仓能够起到真正的作用。在这样的政策指导下，兴起了社仓、义仓设立的高潮，乾隆年间社、义二仓数量的急剧增长便是一个例证，雍正、乾隆年间社、义仓占记载总数的近86%。

明清时期晋东南社仓、义仓发展速度不同，总的来说，社仓发展速度较快，义仓相对较慢，明清时期社仓为义仓的3.4倍。在具体地域来说，有些地方社仓、义仓设置齐全，如泽州府；有些地方，则只有社仓，或仅有义仓，其中设社仓处多于设义仓处，反映义仓在当时晋东南极不普遍；有些地方，甚至明清时期都未见有设立义仓、社仓之举。

从具体地域来讲，有些地方社仓、义仓数量较多，而部分地域较少。这不仅反映明清时期晋东南各地民间仓储设置的不统一，而且说明社仓、义仓的建立在晋东南并不是一件轻而易举的事。各地所设社仓、义仓数量也不尽相同。少者一县之地只有1至2仓，多者则有5至6仓，甚至十几、几十仓。如沁水县“社仓一十五所，俱雍正八年设”②。又如长治县“社仓十九所……自雍正三年至六年置……义

① 《世宗宪皇帝圣训》卷一六，文渊阁《四库全书》本。

② 雍正《泽州府志》卷一八《公署》。

仓三所，乾隆十二年置”①。显示各地设置社仓、义仓具有较大的随意性。

表 2—6 **人口与社、义仓分布表**

县名	长治县	长子县	襄垣县	屯留县
人丁	70974	31437	23821	17472
社、义仓数	22	15	12	7

说明：据乾隆《潞安府志》记载，雍正九年编审人丁数。

由表 2—6 可以看出，各地社、义仓的分布与人口成正比。人口越多，仓数越多。这与二仓的性质、功能有密切联系，二仓主要是民间在官方指导下自行设立，尽管有官方参与，但官方只起指导作用，真正的管理与用途大体与民间关系较大。二仓的作用主要是助民，与人口便有相当直接的联系。此外，各社、义仓大都设立在城镇，也与人口有一定关系，一方面城镇人口数量多，另一方面城镇为人口集中区，如果仓址设立较远，则不利于救助。正如明人毕自严所说，“但人烟辐辏去处，不拘公馆寺观，皆可贮顿，责令乡约董之”②。明清市镇大都有自己的辐射区，一般来说与市集有关，以市镇为中心，民众在固定或不固定的集期赴镇赶集，因此这些市镇也就形成了比较固定的服务村庄。施坚雅的市场区域理论③可以为社、义仓的设立提供一点理论支持，因为社、义仓的设立主要是从救灾的角度而考虑，距

---

① 光绪《长治县志》卷三《仓储》。

② （明）毕自严：《灾祲窾议》，李文海、夏明方主编《中国荒政全书》（第一辑），北京古籍出版社 2003 年版，第 528 页。

③ 施坚雅的市场区域理论认为，中国农村的市场分布大体遵循正六边形的规则，即一个基层市场其中心集镇服务于六个村庄，市场升高一个级别，其服务的村庄即增加六个，也仍然为正六边形。之所以这样分布，主要是中心点到周围各村距离相等，最便于村民交易，同时这种正六边形又是圆形的变体，也就是说在距离相等的情况下，可以服务于最大的面积。尽管施氏的理论是为了研究中国农村市场，但也为社、义仓的设立原则提供了思路。在救灾时如何能够将物资在最短的时间送到，距离上的问题应该是首要要求。关于施氏的理论，参见［美］施坚雅《中国农村的市场和社会结构》，中国社会科学出版社 1998 年版。

离周围村庄的路程相对合理。除市镇之外，还有一些村庄设立社、义仓，其目的也是保障在发生灾害时，能够在最短时间内将物资调剂过去。

三 社仓、义仓的社会功能

社仓、义仓作为重要的社会保障制度形式，对发展农业生产、救济灾贫、调节物价、军需补充以及乡村控制各方面都发挥了重要作用。评价其功能，主要从以下几方面来考察：

（一）助民耕种、与民实惠

由于常平仓是由政府管理的，政府往往为了管理上的便利，把仓廒设在大的州县，并且为数不多，以致能得到常平仓实惠的，大多都是州县里的居民。传统时代，交通往往不便利，广大的乡村贫苦农家无法获得它的好处。所以设立于众多市镇、乡村的社仓、义仓，是可以弥补常平仓惠及面不广的弱点。对支持农业生产、发展农业生产力、重建社会秩序起到了积极的历史作用。因为有近民的优点，能更好地在乡村、市镇发挥作用。如表 2—6 中各县所设社仓、义仓在乡村、市镇都有分布，这样就可以就近为老百姓服务。

清代通例，本年因灾歉收，次春缺少种子不能耕作或安种后无法再度栽插，由州县开仓出谷放贷。按秋收的好坏具体归还。如果上年灾重，初获丰收，准免息归还。可见政府对借贷事业之重视。在山西众多的地方志中，我们都可以看到人们从社仓、义仓之中春借秋还、息谷还仓的鲜活例子。如光绪《武乡县志》载：

> 义仓，原劝捐谷三千三百二十六石，历年积息谷六百九十石九斗，至乾隆五十四年，本息共谷四千一十六石九斗……社仓，原额无考，至乾隆五十四年，本息共积贮谷一千九百六十七石二斗六升一合四勺。①

① 光绪《武乡县志》卷一《贡赋·仓储》。

又如乾隆《陵川县志》载：

> 社仓……每岁春末照现存谷数存五借五，秋后收成八分以上加一息谷还仓，七分以下免加息谷……义仓……每岁亦于春末照现存谷数存五借五，秋后收成八分以上加一息谷还仓，七分以下免加息谷，向例息谷一石，准仓长开销杂费三斗，无定数，每年照息谷多寡销算。①

通过借贷这一行为，不仅使广大民众借到了种子，为春耕提供了保障，而且也有利于调节粮价，改善乡村民众的生活，支持农业发展，从而为缓解农村贫困和社会稳定做出贡献。乾隆八年（1743）六月十七日的上谕中就指出："即如地方米少价昂之际，或平粜以济民食，或借谷以济兵粮，均当斟酌其时而后行之，方于兵民有益。"②这对"贫民无计营生者"而言是有重要意义的。通过平粜，不仅可以推陈易新，更重要的是调节了价格，于民有利，结果使广大劳动人民得到了实惠。清雍正年间泽州府知府许日炽在任时，就通过设立社仓、招徕商贾的办法，调节了粮价，既稳定了市场，也方便了民众，商贾也从中大获其利，实现了多赢。③

由于社仓惠及面比较广，广大的偏远山区也同样受其影响，特别是一些边远社仓，仓谷存于头人之家，与保甲、乡约结合在一起，对维护本地区安定和发展有着一定的意义。由于这种借贷制度的长期性、稳定性，事实上形成了一种长期的生产借贷关系，由于其在很长时间里运行都良好，因而起到了直接的作用。总之，社仓对人们的生产、生活起到了"社仓以司乡之养事"④ 的积极作用。

（二）赈灾济贫、助民公益

传统社会中自给自足的小农经济是经受不住任何大的自然灾害打

---

① 乾隆《陵川县志》卷一三《仓储》。

② 道光《广西通志》卷二《训典》，广西人民出版社 1988 年版，第 73 页。

③ 事见乾隆《凤台县志》卷五《宦迹》。

④ （明）黄佐：《泰泉乡礼》文渊阁《四库全书》本。

击的。不仅如此，即使是在平常年月，一到青黄不接之时，大部分农民便觉觅食维艰，再加上贪官污吏不顾人民死活，极尽贪污之能事，由此导致一系列社会秩序的混乱。灾荒能够引起、加剧社会动乱。广大灾民无衣无食，饥寒交迫，是一种社会不安定因素。对于这一点，统治者是有比较清醒的认识的。积谷备荒、灾年平粜散赈是统治者用以稳定社会秩序的一项重要措施。

面对灾荒，清政府有着比较完备的救济对策。清代的救济措施集以往历代之大成，十分全面完备，凡古代赈饥济贫之术，靡不使用。社仓作为一种重要的备荒制度，其救济功能的发挥可以在某种程度上缓解灾害带来的破坏。明代万历年间，山西连年灾荒，全赖社仓获得救助，帮助百姓渡过难关，时户部尚书宋纁请将此法推行天下。[①] 清朝建立，进一步推广社仓、义仓，康熙十九年下令，“社仓留本村镇备赈”[②]。雍正《屯留县志》载：

> 万历时，本仓储粟九千三百石，其后或以饷兵、或以赈饥，耗散无考……康熙十八年，本仓储粟六十六石有奇，又三十一年，特颁重农积粟之令，专以备荒。……除于六十一年，奉文拨赈平阳府粟八千八百五十石外，实贮……[③]

又如光绪初年，华北地区大旱，山西是重灾区，具体组织赈灾的山西巡抚曾国荃在事后总结的一段话，对常平仓、社仓的功能作了比较贴切的论述：“查晋省九郡十州所设常平、社仓谷一百余万石，自光绪三年遭遇奇荒，外省转运之米一时骤难入境……当赈务初兴之始，则以本省仓谷为灾黎救命之所。”[④] 在山西地方志中，这种社仓参与救济受灾民众的例子还有很多。

社仓、义仓还对特殊贫困人群给予救助，二仓谷石还用于举办社

---

① 事见《明史》卷二二四《宋纁传》，中华书局 1974 年版，第 5889 页。
② 《清史稿》卷一二一《食货二》，中华书局 1977 年版，第 3555 页。
③ 雍正《屯留县志》卷二《田赋》。
④ （清）刚毅、安颐等纂修：《晋政辑要》卷一六《仓庾下》。

会福利事业和社会公益事业。社会福利事业包括恤养孤贫、救济丧葬无资之人等。如民国《襄垣县志》载："自光绪初年至三十年底止，累次支给孤贫军流等犯口粮谷……光绪三十一年至三十四年支给过孤贫民口粮谷。"① 这种社会福利事业的主要对象是丧失劳动能力的孤寡老人和还没具备劳动能力的孤儿等，这对稳定民心，加强社会安定，提倡一种良好的社会风气具有重要意义。

二仓储谷也用于地方公益事业，如农田水利、筹建学校等投资。清制，各省社仓积谷都有定额，如存贮额足，其出借息谷达到一定数量，即需出粜，用以兴办地方农田水利等。乾隆三十八年，"安徽各属社仓谷石，定以四十万石为额，其余谷石于青黄不接之时，尽数出粜，粜价解存司库，遇有民间必需工作，奏明动用。如息谷复充，过十万石以上，随时照此办理"②。此后，山西、福建、江西等省都奏准如是办理。江西省德化县于乾隆四十四年春，奉文将乾隆四年起至四十四年止所收息谷7000多石，尽数照时价发出，兴办农田水利之事。此外，二仓仓谷还用于兴办学校。光绪末年，任江宁藩司的樊增祥在批阅句容县知县的察单时，允许其挪用积谷兴办学堂，"学堂要政也，积谷亦要政也。因学费维艰，乃于积谷项下拨六留四，以济学堂之不足，移缓就急，未尝不可"③。

（三）军需补充

二仓储谷也用于军事方面，作为军饷、军需等开支。这是政府在镇压突然爆发的农民起义过程中的应急措施，同时也是政府倡设仓储的目的之一，"仓中多存一石粮……可避兵资之患"④。对于突然爆发的农民起义，政府进行军事镇压的费用往往无从筹措，这时，二仓储谷便成为方便、迅速的军费来源。这方面的史料，我们在地方志中可以大量地看到：光绪《黎城县志》载："社仓、义仓，知县张遵约

① 民国《襄垣县志》卷二《赋税略·附记》。
② 《钦定大清会典则例》卷一六二《积贮》，乾隆朝。
③ 樊增祥：《樊山政书》卷二〇《批句容县察贡张长令等察词》，宣统刊。
④ 光绪《普安直隶厅志》，光绪十五年刊。

建，道光年间知县陈金鉴重修，咸丰十一年因团练乡勇发作口粮。”①民国《沁源县志》亦说：“查本县仓谷，清光绪五年，采买额数无卷可稽，嗣因辛亥会匪之乱，呈奉省令以仓谷抚恤被灾之家。”②

举办社会福利事业、社会公益事业及动支军需等，是二仓的辅助功能，可以说它们是借贷、平粜功能的延续。

四 社仓、义仓在基层社会的削弱

虽然各地仓数不一，但各地对仓址的选择还是有一定之规的。一般城镇设义仓，乡村置社仓。若县有数仓，则分散于四方，以方便灾年就近赈济百姓。如雍正《泽州府志》载：“凤台县，社仓七所，知府刘毓岩建，城西南、高都镇、河底镇、周村镇、东大阳、西大阳、常町镇；高平县，社仓十所，马村、周纂、米山、义庄、换马、建宁、河西、丁壁、范店、野川；阳城县，社仓四所，闰城、下交、王曲、北留；陵川县，社仓四所，城内、附城镇、平城镇、礼义镇；沁水县，社仓一十五所，城内、王寨镇、端氏镇、郎壁镇、石堂村、中村镇、赛里村、蒲泓村、张村、郑庄、窦庄、武安村、玉溪村、东倪村、柿庄村。”③ 其他地方亦多如此。

而且各处社仓、义仓仓址选择，多“择其村落适中之处，建社仓”④。储谷规模，一般在百石至千石左右。如嘉庆年间，长子县共“社仓十处，雍正二年至乾隆五年，陆续设……共贮捐谷一万五百五十九石六斗一升七合。义仓五处……共贮捐谷一千一百五十石”⑤。其他地方亦多如此。

社仓、义仓积谷均取自民间，官方规定，“每朔望会集，别户上中下，出米四斗到一斗有差，斗加耗一合”⑥。明清时期晋东南社仓、

① 光绪《黎城县志》卷一《公署》。

② 民国《沁源县志》卷二《田赋·仓储》。

③ 雍正《泽州府志》卷一八《公署》。

④ 《革命文献》第51辑，台北“中国”国民党中央党史史料编纂委员会1970年版，第504、507—509页。

⑤ 嘉庆《长子县志》卷三《仓储》。

⑥ 《明史》卷七九《食货三》，中华书局1974年版，第1926页。

义仓的仓谷来源主要是官民捐助而成。建立社仓时，清政府非常重视地方的捐输，对捐输社仓者制定了各种奖励措施："有司劝捐，不得苛派，所捐之数，立册登注，不拘升斗，如有捐至十石以上者，给以花红，三十石以上者，给以匾额，五十石以上者递加奖励，其有年久不倦，捐至三四百石者给以八品顶带。"①

古人建立社仓、义仓的目的，"一以活民，一以弭盗"②。明清时期晋东南社仓、义仓的大量出现，无疑在这方面发挥了一定的作用。似乎确是适应时代需要的备荒良法，理应历久不衰。但就实际情况来看，至迟在光绪年间，上表中所列社仓已大都废弛。如光绪《长治县志》载，"社仓十九所……自雍正三年至六年置，嗣废，今县属各起社仓自行存储。义仓三所……乾隆十二年置，今废"③。光绪《凤台县续志》载，"旧志载社仓一十二处、义仓九处，今俱废"④。其他地方义仓、社仓，志书记载亦多为"久废"。为什么清代的社仓、义仓呈现出旋兴旋废的局面？其背后有着深刻的历史原因。

一是借还难。一种情况是借谷，"春放秋敛，什一而息"⑤，须加息偿还。因此，有力之家多不愿借谷，而贫苦之家虽愿借谷，但往往无力偿还，造成"能还者多不愿意借，愿借者又率不能还"的局面。⑥ 另一种情况是"年丰谷贱，民不愿贷，恐其久而陈腐，于是勒令借领以易新。若一遇歉收，其思称贷。小州县陆万户，均计贫民二万余户，户贷五斗，需米万石。人多票少，既不能遍给，又不可意为核减，一夫不获，哗然而起"⑦。即丰年时，仓谷无人愿借；而灾荒年份，仓谷却又不敷所需。

---

① 《大清世宗宪皇帝实录》卷一五二，台湾华文书局1964年版，第391页。

② （明）俞森：《社仓考》，李文海、夏明方主编《中国荒政全书》（第二辑），北京古籍出版社2003年版，第87页。

③ 光绪《长治县志》卷三《仓储》。

④ 光绪《凤台县续志》卷一《仓廒》。

⑤ 黄鸿山、王卫平：《清代社仓的兴废及其原因——以江南地区为中心的考察》，《学海》2004年第1期。

⑥ 道光《乍浦备志》卷八《积贮》。

⑦ （清）万枫江：《幕学举要·社仓》，引自张廷骧编《入幕须知五种》，载文海出版社编《近代中国史料丛刊》第二十七辑。

同时，作为民间管理的仓储，社长、义长本身并无任何强制手段可以保证借谷的及时收还，所谓“乡官社首非有势分可以排压，又不便责比”。虽然有时出借谷物须有担保还谷的“保人”，但“欠产不完，保人岂真能逐一赔偿？本年不能如数还仓，次年即无项可借。民间依然缺乏，而赔累无所底止”①。久而久之，仓谷即无从收还。借还仓谷的困难直接导致了社仓的衰落。

二是管理难，仓谷被地方官吏和主管社长、义长贪污挪用。清代社仓多采用“守掌在民，稽查在官”② 的方式进行管理，本意是使地方官和社正社副（通常由乡绅担任）互相协作，又互相制约，“绅有弊官得而考察之，官有弊绅得而举发之”③，从而避免管理松懈、营私舞弊等现象发生，确保仓谷正常流转。但行之日久，仍出现仓谷被私自挪用、官绅双方相互勾结、贪污中饱等问题，尤其是地方主管官员侵蚀挪移、中饱私囊最为突出，致使一些地方仓谷亏空，二仓徒有其名。

三是任人难。清代社仓的管理者为由民间选出的社长，“每社择立品端方，家道殷实者设立正副社长”④。社长须具备两个条件，“立品端方”才能保证公正无私，“家道殷实”方不致为图小利侵渔仓谷，且又有其家产作为赔偿亏空的保证。但问题在于“公正者未必殷实，而殷实者不皆公正”，品行与财产往往不能一致，以致人选难定，而“不得其人则弊生”⑤。更何况社长一职，不仅要负责仓谷借还这一难度极大的工作，而且也要负责仓谷的保全，如果发生仓谷亏欠，社长必须照数赔偿，甚或“照侵欺钱粮例处分”⑥。社长责任重大，但其所得极为微薄。虽然朝廷诱以官职、并给予一定的实惠，但

---

① （清）万枫江：《幕学举要·社仓》，引自张廷骧编《入幕须知五种》，载文海出版社编《近代中国史料丛刊》第二十七辑。

② 黄鸿山、王卫平：《清代社仓的兴废及其原因——以江南地区为中心的考察》，《学海》2004 年第 1 期。

③ 同上。

④ 《清朝通志》卷八八《食货略八》。

⑤ （清）万枫江：《幕学举要·社仓》，引自张廷骧编《入幕须知五种》，载文海出版社编《近代中国史料丛刊》第二十七辑。

⑥ 《清朝通志》卷八八《食货略八》。

也无人充任。清雍正二年规定：“（社长）果能出纳有法，十年无过者，亦题请给以八品顶带。”另外，“乾隆三年议定，每息十升以七升归仓，三升给社长作收仓折耗之费”①。但这些利益和管理社仓的难度相比，实为事繁利薄。人人视为畏途，成为社仓、义仓衰落的重要原因。

四是劝捐难。正如前文所述，积谷除来自官府以外，相当一部分来自民间捐助。清代“民日加多，地不加广，贫民甚众，而温饱者仅足自给”②。而且“富民无藉乎仓，则输纳不前，而贫者又无余粟可纳”③。如全凭自愿，捐数必少。因此清代捐输多为官府劝捐，带有半强制性质，以致有时完全成为强制摊派，如同有人所说“今欲劝捐，名为乐输，势同派累”④。这进一步加重了人民的负担，必然导致民间的抵制。这就使得一旦仓谷亏空，不能得到及时补充。这也是二仓衰落的原因之一。

此外，社会动荡引起仓谷被掠、仓廒毁灭，加上灾害来临，百姓生活贫困，根本无余力捐输，所借仓谷也无力偿还。一些殷实富户眼见仓谷有借难还，日益赔补，又管理混乱，弊窦丛生，也不愿捐谷或插手经管，致使二仓反被不良之人把持，中饱私囊，加剧了衰亡。

社仓、义仓建设思想是我国古代制度文明建设中宝贵的精神财富，作为重要的民间仓储形式，丰年敛、凶年散，取之于民，用之于民，对社会良性运行、缩小贫富差距、缓解社会矛盾有着重要的作用。这在一定程度上是有利于稳定农村社会秩序的。同时它又是一种重要的社会保障制度，在农村民众的生产、生活，以及灾贫群体的救助方面都有着重要的意义。特别是在我国小农经济社会里，在某种意义上，社仓、义仓的确起到了“司乡之养事”的作用。对于统治阶级而言，它也是一种十分重要的控制手段，通过这个载

① 《清朝通志》卷八八《食货略八》。

② （清）万枫江：《幕学举要·社仓》，引自张廷骧编《入幕须知五种》，载文海出版社编《近代中国史料丛刊》第二十七辑。

③ 《清史稿》卷一二一《食货二》，中华书局1977年版，第3560页。

④ （清）万维翰：《幕学举要·社仓》。

体，国家权力可以渗透到乡村社会之中，从而在便民、为民的同时，更有利于治民。

社首、乡绅、老人、乡约约长以及商人等社会阶层，他们通过设立社仓、义仓参与地方事务，实现乡村自主管理，并积极响应朝廷倡议，抓住机会，出资、出谷经营社仓、义仓，得到了民众的认可，树立了自己的权威。同时也得到了国家的认可，为自己赢得了名利，在地方社会的管理中逐渐披上“合法”外衣。乾隆年间，陵川县选择仓长办法可为此方面的一点证明，“仓长一年一换，系各该处绅士乡保并旧仓长秉公选举老成殷寔者报名，本县核实，当堂点验充应”①。这些乡绅保长都是地方社会力量的代表，也是社会控制的主要势力，由他们担任仓长，既是国家赋予的权力，也是他们争取政治资本的一次机会，这些政治资本，包括声望地位、经济实力、政治影响等。因此，每次捐谷这些人总是会起到榜样作用。对国家来说，他们也认识到仓长地位的重要，于是“择里中公正者膺仓正、仓副经理”②。因为如果被豪强占去，则会损害民众的利益，失去社会控制的机会，对国家也十分不利。因此，仓长作为地方社会力量在“国家与社会”关系中起到了积极的作用，同时，也是他们发展自身阶层的重要机会。进而，由地方乡绅募捐为主的社仓、义仓，在运营中与保甲、乡约、社学、宗族等相互渗透，相互整合，在社区赈济和基层社会控制中发挥着重要作用。

第三节 尊老养老

尊老敬老是中华民族的传统美德，明清两代的养老政策堪称完备，国家、地方政府以及民间社会三个责任主体都介入其中并发挥了重要作用，基本做到了“尊老”与“养老”的有机结合。在晋东南的尊老养老实践中，有许多政策措施具有强烈的现实性，既提出了传

① 乾隆《陵川县志》卷一三《仓储》。

② 道光《壶关县志》卷四《食货志·仓储》。

统的解决办法，亦为当今社会提出了有价值的借鉴。

一 明清时期的国家养老政策

国家政策是养老问题总的指导思想，对整个社会风气的变化与发展起着引导作用，也是区域社会养老政策的总纲。

（一）免除老年人及部分家庭成员的赋役

老年人随着年龄的增长，基本上都会丧失部分甚至全部的劳动能力，因而明清两代制定了免除老年人赋役负担的政策："民始生，籍其名曰不成丁，年十六曰成丁，成丁而役，六十而免。"① 这样就减轻了老年人的负担，为老年人安享晚年提供了制度保障，也充分体现了政府对老年人的优待。

不仅如此，政府还制定了免除部分家庭成员差役负担的政策。老年人随着年龄的增长，大多已无法从事繁重的体力劳动，甚至其中很多人需要家人悉心的照料，与此同时，老年人在精神上也更加依赖于家人。但问题在于：传统社会中，成年男子必须按时为国家服劳役，这对于那些本就需要终日为生计而奔波的平民百姓而言，无疑是沉重的负担，又何来时间侍奉双亲呢？针对这种情况，明朝统治者在开国之初便给出了优惠政策。洪武元年诏："民年七十之上者许一丁侍养，与免杂泛差役。"② 这样一来，就使得老年人的生活起居能够得到家人充分的照顾。同时，老人与子孙在一起生活，心理上也能得到家人的关心，心情自然愉悦。而对于广大的乡村庶民而言，这样的政策也使得家中有了劳动人手，可以有充足的时间来从事生产劳动，也就使老人的晚年生活有了物质保障。这样看来，免除部分家庭成员的差役负担这一政策是十分人性化的，它使得"老有所养、老有所依"落到了实处。也正是由于这一政策所带来的双重效应，清代将其延续了下来：

---

① 《明史》卷七七《食货》，中华书局1974年版，第1893页。

② （明）申时行等：《明会典》卷八〇《养老》，中华书局1989年版，第459页。

> 雍正元年钦奉：恩诏七十以上张禄等一百七十名每名许一丁侍养，免其杂派差役。[①]
>
> 乾隆元年钦奉：恩诏事[②]七十以上傅兰等二百三十四名每名许一丁侍养，免其杂派差役。[③]

清代诸帝对于此政策的多次重申，其重视程度可见一斑。

（二）对老年人给予物质补助

这种形式的国家养老在历代都较为普遍，它不仅可以解生活窘困之老人的燃眉之急，又可以表达国家的尊老、敬老之意。明朝在建国之初就制定了有关政策："明初养老，令贫者给米肉，富者赐爵。"[④]此后，明代诸帝又多次予以重申："建文元年二月，赐民高年米肉絮帛……天顺二年，诏军民年八十以上者，不分男妇，有司给绢一匹、絮一斤、米一石、肉一斤；九十以上者，倍之……嘉靖十五年三月，帝如天寿山谒陵，赐高年粟帛。"[⑤] 清代在前代基础上，将这一政策进一步完善：

> 雍正元年钦奉，恩诏赏给七十以上程以仁等共二千二百三十二名、八十以上老民徐崑等一百八十一名，每名给绢一匹，折银八钱；棉一斤，折银八分；肉十斤，折银二钱五分；米一石，折银五钱四分；九十以上老民晋理等，年九十四岁共二名，棉肉等各加倍。[⑥]
>
> 乾隆十六年钦奉，恩诏事赏给八十以上老妇都王氏等二百六十八名，每名给绢一匹，价银八钱；米一石，价银七钱；每名给银一两五钱。[⑦]

---

① 乾隆《陵川县志》卷一一《赋役》。

② 对此处"事"字存疑：可能是衍文，亦可能是"年"被误写为"事"。

③ 乾隆《陵川县志》卷一一《赋役》。

④ （清）龙文彬：《明会要》卷五一《民政二》，中华书局 1998 年版，第 956 页。

⑤ 同上书，第 958 页。

⑥ 雍正《泽州府志》卷二五《蠲免》。

⑦ 乾隆《陵川县志》卷一一《赋役》。

> 乾隆二十七年钦奉，恩诏事七十以上老民冯陧翼等七十二名，每名许一丁侍养，免其杂派差役；八十以上老民王德俊等八名，每名赏给绢一匹，折银八钱；棉一斤，折银八分；肉十斤，折银二钱五分；米一石，折银七钱；每名共折银一两八钱三分。①

从这些被列举出来的赏赐物品的数量及其价值来看，历朝都根据当时的消费水平制定了相应的物质补助方案，这既体现了历朝政府对老年人的关心，又可以基本保障老年人的生活水平在物价上涨时不会大幅下降。

同时我们也应该看到：从这些诏敕颁布的时间来看，间隔时间是比较长的，这在一定程度上也反映了明清时期对老年人的物质补助一直没有形成一种定期定量发放的社会福利。它或是由最高统治者的意志所决定，或是视国家财力而定，具有很大的随意性，这自然不能从根本上保障老年人的物质生活。

（三）给予老年人一些政治荣誉

政治荣誉是社会地位的一种象征。一般来讲，拥有了一定的政治荣誉，即可以拥有较高的社会地位，并可享受与之相伴随的政治特权。因此，明清两代政府给予老年人一定的政治荣誉，也是其优抚老人的一种重要方式。

其一，赐予爵位。爵位是一种重要的政治荣誉，在传统社会中一般只有皇亲国戚以及立有特殊功勋的人才能有此殊荣。而明代在建国之初就将这一殊荣赐予了物质条件较为充裕的老人："应天、凤阳富民，年八十以上，赐爵社士；九十以上，乡士；天下富民，年八十以上，里士；九十以上，社士，皆与县官均礼。"② 此后，历朝又将这一殊荣赐予了为数更多的老年人，也使更多的老年人获得了与之相对应的政治权利（如：与县官平礼），这就在无形当中提高了老年人的

① 乾隆《陵川县志》卷一一《赋役》。

② （清）龙文彬：《明会要》卷五一《民政二》，中华书局1998年版，第956页。

社会地位。

其二，给予冠带。冠带与爵位一样，也是一种政治性的优待，拥有了它，与之相伴随的也就是社会地位的提高。明代政府给予高年老人以冠带的政策也经历了一个逐渐放宽年龄限制的过程。英宗天顺二年诏："男子百岁者，加与冠带，以荣终身。"[①] 这一规定，将给予冠带的年龄限制为百岁以上。到了天顺八年则改为"年九十以上者，给予冠带"[②]。孝宗即位后，于成化二十三年下令："民年八十以上，乡里敬服者，加予冠带。"[③] 最终将给予老年人冠带的年龄限制放宽至八十岁以上。这一做法是有重大意义的：众所周知，在古代社会中，由于自然灾害频繁、生产力水平低下、医疗卫生条件落后等原因，人们的平均寿命是比较低的，七十岁以上的老人已属稀少，八十、九十更是罕见，百岁老人更是少之又少的"稀世珍宝"。因而将受惠老人的年龄限制予以放宽，不仅加大了政策的合理性，也能使更多的老人享受到这一殊荣。

（四）为百岁老人建坊

这是清代盛行的一种尊老、敬老方式。在传统社会甚至于今天，百岁老人都是十分稀少的。高寿不仅是个人之福，在古代社会中它还常被视为是国泰民安的祥瑞之兆，因此，政府为百岁老人建坊，一方面可以为尊老、敬老做出表率，另一方面也可以向它的子民们展示出欣欣向荣、百姓安居乐业的一派繁荣景象，从而为自己的统治歌功颂德。清代诸帝都曾颁布敕令，为百岁老人建坊：

> 康熙四十二年五月奉诏，款内七十以上老民免其杂派……百岁者题请建坊。[④]

---

① 《明英宗实录》卷二八六"天顺二年春正月条"，"中央"研究院历史语言研究所校印1962年版，第6128页。

② 《明宪宗实录》卷一"天顺八年正月条"，"中央"研究院历史语言研究所校印1962年版，第22页。

③ 嘉靖《尉氏县志》卷三《人物》，《天一阁藏明代方志选刊》，上海古籍书店1982年版。

④ 乾隆《高平县志》卷九《蠲免》。

> 雍正十三年十二月奉文，恩诏内开妇女年七十以上者给予布一匹、米五斗……百岁者题请建坊。[①]
>
> 乾隆十七年二月奉文，恩诏内开军民年八十九十以上者，赏给绢棉米肉，百岁者题请建坊。[②]

如此频繁地重申这一政策，足见清代诸帝对老年人的尊崇。

（五）优待犯罪老人

怜悯体恤老者一直被历代统治者奉为伦理道德准则，这一点在量刑标准上即有明显的反映："洪武元年，令禁击囚徒，年七十以上、十五以下及废疾，必散收，轻重不许混杂。"[③] 也就是说，在同样的犯罪事实面前，对于老年人在量刑处罚时给予适当的照顾。此外，对于老年人犯罪的处理办法也有明确规定。"弘治六年十二月令，若年八十以上及笃疾，有犯应永戍者，以子孙发遣；应充军以下者，免之。凡年七十以上、十五以下及废疾，犯流以下收赎。八十以上、十岁以下及笃疾，盗及伤人者亦收赎。或八十九犯死罪，九十事发，得勿论，不在收赎之例。"[④] 从中可以看出：明代对于老年人犯罪，或免于处罚，或予以减轻，或以子孙代替老人服刑。这是在充分考虑到老年人身体状况的基础上作出的人性化的决策，体现了政府对老年人的体恤与优抚。

二　地方社会的养老措施

由国家所颁行的各项优老养老措施固然体现了政府对于老年人的关怀，但这些政策在实施过程中难免会打折扣，因而也需要更接近基层社会的地方政府颁行一些更富有实效的措施以补国家养老政策之不足。

---

① 乾隆《高平县志》卷九《蠲免》。

② 同上。

③ （清）龙文彬：《明会要》卷六六《刑三》，中华书局1998年版，第1277页。

④ 同上书，第1278页。

（一）设置收养贫病孤老的机构

明清两代为收养社会上无人奉养的贫病老人，设置了一些官办或官民合办的收养机构，其中，以养济院和普济堂最为典型。

养济院是由官方设立的，以收养鳏寡孤独、老疾病残为主的社会慈善机构。明代在建国初期，就下令在全国各地遍设养济院："洪武五年五月，诏天下郡县置养济院。"① 此后，明代诸帝不断重申，养济院的设立也就渐趋普及。但是，明代的养济院奉行本籍主义的原则，即所收养的对象一般都是具有本地户籍的贫病之人，外地流民无法进入。这种将流民与地方贫民区分开来的做法，虽有利于将流民遣返回原籍，却也不尽合理。因而到了清代，这一政策也得到了一些改进："乾隆十二年奉文，于县属通衢以及镇集设立，每年十一月初一日开局，遇外来以及本地无告穷民收入局内留养，春间资送回籍。"② 这种暂时收留外地流民以待春暖后再遣返回籍的做法，显然更为人性化。

清代的养济院制度在前代的基础上进一步得以发展，首先表现为救济标准的提高：相对于明代养济院中"日给二餐""岁给米三石"③ 的救助标准，清代养济院中老人的待遇明显有所提高。"每名日给米一仓升，盐菜钱二文，冬给棉衣一身。自立冬日起至立春日止，每名日给煤炭钱二文。"④ 其次是收养名额的增加：明代中后期由于财政困难，对财政支出采取"量入为出"的原则，因而对养济院收养的人数作出了限制。到了清代，随着待收养人数的增加以及清初财力的增强，政府开始在原有收养定数的基础上额外收养孤贫老人。"乾隆二十五年，知县关九龄将本谷变价增置地四十四亩零……又增收贫民十名，通计收养共四十名。遵奉规条，按名给发。"⑤ 对定额收养制度的打破，自然会使更多的孤贫老人得以蒙受政府的惠泽，不至流落

---

① （清）龙文彬：《明会要》卷五一《民政二》，中华书局 1998 年版，第 959 页。

② 乾隆《高平县志》卷七《属廨》。

③ （清）龙文彬：《明会要》卷五一《民政二》，中华书局 1998 年版，第 959—960 页。

④ 光绪《长治县志》卷三《建置》。

⑤ 同上。

街头。

普济堂是为了弥补养济院的不足而设立的一种民间慈善机构，它最初由民间社会自发创立，直至雍正二年才发布诏谕予以倡导。此后，其官营色彩渐趋浓厚，不管是经费来源还是日常管理都开始较多地受到官方的影响。其中的主要原因在于：尊老养老事关地方教化，是朝廷对地方官政绩进行考察的重要依据之一，因而地方官对于普济堂的建设注入了极大的热情，不仅带头捐献、大力提倡，并且常以地方政府的资金资助普济堂的建设、改造工作。长治县普济堂“乾隆十八年，知县丁琰捐建，大门一间，房屋二十间。原捐买地一百亩三分四厘，收租谷七十九石六斗零，捐本谷一百六十一石，又捐本银三百两，发当行生息，收养无依贫民三十口，按民给粮”①。“锅盆炕席药饵棺木，随时拨给，除收租谷利银支销外，如有不敷，俱系本县捐俸给发。”②

值得注意的是，虽然普济堂最初是为弥补养济院在收养孤贫老人的不足而出现的，但它作为一种补充性的慈善收养机构依然遍布全国大部分县级城市。陵川县“普济堂在县治西，后废。乾隆三十七年，知县程德炯移南关外，造房八间”③。分布范围如此之广，再加上地方官员的大力扶持，其所发挥的作用自是不可小觑的。因此，明清两代养济院、普济堂的设置基本已遍及县级城市，其修建、改修工作也多由地方官员负责。此外，政府对于这些慈善收养机构的关注还集中表现为频繁的改修，这些都在一定程度上反映了地方政府对于收养孤贫老人的重视。

此外还有留养局，其主要目的为“收养老幼无依贫病流民”。长治县原设留养局四处，“一在城三嵕庙，一在漳泽村，一在韩店镇，一在西火镇”，是由乾隆年间知县田樟奉宪设立，每年隆冬，收养五十至七八十名老人，每名按日给发仓升米八合，煤炭钱五

---

① 光绪《长治县志》卷三《建置》。

② 同上。

③ 乾隆《陵川县志》卷九《衙署》。

文，甚至发给棉衣，直到来年春暖，他们能够自行谋食。[①] 长子县留养局，在小西街道南[②]，这些措施，一定程度上体现了尊老养老的风气。

（二）在地方推行尊老、敬老风尚

养老是与尊老、敬老一脉相承的，政府只有通过一系列的努力，才能在社会中营造出良好的尊老、敬老风气，从而使家庭养老的贯彻实施更有保障。其主要措施是通过举办一些礼节性的尊老活动，以期在全社会培育良好的敬老风尚。

乡饮酒礼是中国传统社会中一种由政府倡导、盛行于民间的尊老之礼，明清两代尤为提倡:“洪武初，诏中书省详定乡饮酒礼。使民岁时宴会，习礼读律，期于申明朝廷之法，敦叙长幼之节，遂为定制。”[③] 从中明显可以看出，之所以极力推崇乡饮酒礼，目的在于教化百姓尊老敬老，进而稳定社会秩序。此礼虽由民间社会负责筹办以及安排具体实施等事宜，但由于事关地方教化，政府亦十分关注。首先，地方政府对于其举办的时间、次数都作了明确规定:“每岁于正月望日、十月朔日举行。”[④] 其次，对于与会宾客的德行审核亦由地方政府负责。“请嗣后各属于每岁举行之前，将所举宾耆查明事实，如果品行端方、齿德兼茂，详司批允，方准遵行，如品行不端、齿德乏人，即将原额银两解司充饷，如此则宾耆不致滥举而钱粮亦无虚冒之弊。”[⑤] 再次，对于此礼实施的结果，政府也十分关注：“雍正八年二月奉文，查得乡饮典礼乃尊贤养老。”[⑥] 此外，从地方志中所列举出来的与会宾客的名单来看，“耆宾”在人数上显然占了“上风”，加上在礼节设置中处处渗透的对老年人的尊崇:“年最长者为正宾，余以齿序……择年高有德者为宾，其次为介，又其次为三宾，又其次为众宾……其座席间，高年有德者居于上，

① 光绪《长治县志》卷三《建置·城池》。
② 嘉庆《长子县志》卷三《仓储》。
③ （清）龙文彬:《明会要》卷一四《礼九》，中华书局 1998 年版，第 238 页。
④ 雍正《沁源县志》卷四《典礼》。
⑤ 雍正《泽州府志》卷三二《乡饮》。
⑥ 光绪《沁水县志》卷六《选举》。

高年纯笃者居于次，余以齿序。”[①] 无疑都使人们在潜移默化之中就强化了尊老敬长的观念。

为进一步在全社会中营造出尊老、敬老的风气，明清时期的统治阶级还常通过对一些在家庭养老中作出表率的个人予以褒奖的方式，以期引导人们纷纷效仿，从而实现“老有所养、老有所终”的社会蓝图。具体到这一时期的晋东南地区，对于孝子贤孙给予旌表是十分普遍的，其产生的效果也是较为明显的。可想而知，在孔孟之道深刻影响下的古人心目中，“光耀门楣”似乎已成为其一生的使命，而通过这种侍奉双亲的方式即可以实现这一目标，自然会有很多人效仿。当然，给予褒奖的方式也是多种多样的，最为普遍的就是建坊旌表和给匾旌表。

对于在家庭养老中做出突出贡献的个人给予建坊旌表的优待，在晋东南地区常见于节妇克尽孝道、侍奉公婆的范例中：“张贞女，贫民，张崇女也，幼字苗咨，未婚咨卒，女闻讣奔丧成服，誓以身殉，姑慰而止。姑老且贫，翁素就食于外，女养姑以十指，比姑殁，终葬，女七日不食，死。当事闻于朝，雍正九年建坊旌表。”[②]

而用给匾旌表的方式对于孝子贤孙予以嘉奖在明清时期的晋东南地区也是较为普遍的：“董缉先妻郭氏，年二十而夫亡，苦志守贞，上事翁姑，生事死葬，胥以礼……前县沈荣昌以匾旌之。”[③] 旌表范围如此之广，自然能起到引导民众尊老、敬老的作用。

三　民间的养老风气与实践

国家或地方所颁行的各种尊老养老政策从很大程度上讲都只能起到引导民众更为积极、主动地去尊养家中老人的作用，毕竟这些老年政策的受益者只是极少数人。因而，对于绝大多数的老年人来讲，其赡养问题还是要依赖于来自家庭的支持。

晋东南地区素来民风淳厚，民间养老事业开展得井井有条。据史

① （清）龙文彬：《明会要》卷一四《礼九》，中华书局1998年版，第238—239页。
② 乾隆《凤台县志》卷一〇《列女》。
③ 同上。

籍记载，此地有五种美德："一曰养老。陵俗：名亲其亲，由近及远，绝少乞焉。老者无近族则戚里以此供养，足征醇厚。"[①] 从中可以看出：晋东南地区人民深受"孝道"思想影响，视奉侍老人为义不容辞的责任。对于孤寡老人，则由邻里之间共同赡养，基本上做到了"老吾老以及人之老"，实现了家庭养老与社会养老的有机结合。具体实施情况如下：

（一）家庭养老责任承担者的多元化

家庭养老的主要特点就是承担养老责任的人员主要是与被赡养老人有血缘关系的亲属。在明清两代的晋东南地区，子女等晚辈亲属基本都能履行赡养长辈的义务。其中，以子女对父母的赡养为主，兼有侄、孙、媳、甥等晚辈对老人的奉养，承担家庭养老责任的家庭成员十分广泛。

在传统社会中，儿子被认为是家中奉养老人的第一责任人，"养儿防老"的观念在古代人们的心目中早已深深地扎下了根。自然，父母对子女有生育、抚养之恩，子女在父母年高时自当孝敬、赡养父母，即使是身居要职的官员，也要履行为人子应尽的义务。在这一点上，政府也给予了鼓励："洪武二十六年定：凡官员父母年七十之上，许令移亲就禄侍养。"[②] 也就是说，在职官员可将父母接到就职地来赡养。但由于路途可能过远、老人身体不适，不宜长途跋涉等原因，一些官吏只能上疏辞去官职，回家侍奉双亲："马如龙，字乘六，顺治壬辰科进士……任略四载……以母年老告归奉养。"[③] 当然，这些官员请求解职，可能有其他方面的原因，但他们以赡养父母为由并得到了应允，可见政府是提倡这种行为的。对于普通百姓而言，奉养双亲则要方便很多。为人子的他们，往往会竭尽所能以供养父母：除了要保障家中老人的衣、食、住、行，还要经常奉侍在父母左右，以便照顾他们的饮食起居。

除了儿子以外，孙辈亲属赡养老人的情况也很常见："高钟麟，

① 乾隆《陵川县志》卷一五《风俗》。

② （明）申时行等：《明会典》卷一一《侍养》，中华书局 1989 年版，第 69 页。

③ 乾隆《凤台县志》卷八《人物》。

增生，四岁失怙，祖母垂老，钟麟朝夕不离侧。祖母病，祷于灶神，愿以身代，病即愈。”① 当然，这种情况一般出现在残破家庭中，也就是说，一般只有在家中老人没有儿女侍养或儿女无力侍养双亲时，孙辈才会担负起奉养家中老人的责任。

未婚在家的女子，与家中男性成员一样，负有赡养家中长辈的义务。而对于大部分已经出嫁的女子而言，首要的责任就已演变为孝事公婆。当然，已出嫁的女性在自己家中父母需要侍奉时，回家侍奉父母也是被允许的。“郭氏，韩秉仁妻，家贫，以女工奉姑，竟成废疾，不能仰视。姑与生母同时病，氏更迭省侍，不以贫病惮烦。既而姑病笃，氏寻奉姑顷跪伏，更床褥不令秽溺及体。未几，母卒，氏奔哭尽哀即返，以姑病，易衣而入。”② 从中可以看出：在古代社会中，已出嫁的女性虽可以回家侍奉亲生父母，但是以奉养公婆为前提条件的，这也是儿子成为家庭养老第一责任人的原因之一。

而当一个家庭中男性壮年劳力因各种原因过世时，女性在家庭养老中所扮演的角色也就愈发重要。如前所述，“儿子”是家庭养老中的第一责任人，但当这个“第一责任人”不幸身亡时，“儿媳”也就理所应当地接下了奉养双亲的重担，这种例子在地方志中十分常见：“王洪妻尚氏，年二十六而寡，氏上奉翁姑，抚育二子，家贫，以纺绩为生计，卒能教子有成，守节四十余年，前令沈荣昌表其门曰‘风高黄鹄’。”③ 此类记载不绝于书，归纳起来无非是节妇克尽孝道、赡养老人的佳话。

在一些家庭中，年迈的老人没有子女或子女无力供养老人是比较常见的现象。这时，对老人生养死葬的重任也可由其他亲属承担。“原一诚，字百源，自曾祖以来六世同居。父天祐早逝，一诚生甫五月，叔天相视同己子，教之成人。天相卒，悲痛如丧父，服斩衰三年

① 乾隆《凤台县志》卷八《人物》。

② 同上。

③ 乾隆《凤台县志》卷一一《列女》。

报之。”[①]“苏荣生，处士以友著……族伯母寡而无子，生养死葬咸于二子。”[②] 正如上述文献资料所载：侄、甥、族内亲属等应承担起生养死葬家中老人的义务，这样才符合古代社会的伦理道德以及行为准则。

总之，明清时期的家庭养老，以子女赡养父母为主，若家中无子女则可由其他家庭成员承担赡养老人的义务。不言而喻的是，众多晚辈亲属都有赡养老人的义务，从而相互补充、互相交织，出现了子、女、侄、媳、孙等共同承担养老责任的现象。

（二）家庭养老方式的多样化

赡养老人不仅要使他们衣食无忧，还要做到细心地照料他们的生活，更重要的是要给予他们更多的精神慰藉，以使老年人能够愉悦地享受晚年生活。

对于富裕家庭而言，经济条件较宽裕，为家中老人提供充分的物质保障是十分容易的。但对于大多数处在社会底层的平民家庭而言，农业生产是家庭中最主要的收入来源，生活本就普遍拮据，再加上频繁的自然灾害、政府的苛捐杂税以及地主阶级的剥削，很可能沦落到朝不保夕的地步。因而，对这些家庭而言，时刻为家中老人提供充足的物质条件是十分困难的。尽管如此，广大庶民阶层还是竭尽所能，通过自己的辛勤劳动，基本达到了供养老人的物质要求。“张廷谏，母早亡，育于继母，依依膝下，不异所生。先是，父存日故贫，及父殁，益困乏。廷谏樵采山中，或中田力作，稍得微资，竭蹷以供老母，如是者五十年。廷谏贸易日方，家业饶裕，事母愈恭谨。”[③] 这种靠辛勤劳动、省吃俭用来赡养老人的方式是大部分底层家庭所能选择的一种养老途径。而在一些本就贫困的家庭中，一旦遭遇天灾人祸，为人子女的甚至不惜典当衣物以供养父母。“孝妇樊氏，梁永光妻也……梁服贾远方，无耗。上有迈姑，贫难自养，氏依母家以十指度活，每食必另具饼饵以博姑欢。姑病，尽典衣钗以易药饵，朝夕侍

① 乾隆《凤台县志》卷九《孝义》。

② 同上。

③ 同上。

养，衣不解带。”①

此外，还要照顾老年人的起居饮食。如前所述，老年人由于身体机能衰退，需要子女奉侍左右，关心他们、照顾他们的饮食起居，使之享受到亲情的温暖。“李礼门，县民也，七岁失母，号泣不食者三日，父天培鳏居三十载，眠食未尝少离。”② 这种子女常年陪伴在父母左右以照料老人生活起居的方式，不仅便利，而且能使老人的生活得到更为全面的照顾，所以比较盛行，故而有“父母在，不远游”的习语。而对于那些生活不能自理的老人而言，就更需要子女不离左右、劳心劳力地照顾了。“李芳，贫未读书，性至孝，母武病瘫痪，扶起卧，除秽溺，不委妻孥，三年如一日，竭力菽水，一本诚敬，生养死葬，贫能尽礼，邑人称之。”③ 此类记载数不胜数。显然，对于老年人的生活予以照料已经演变为一种行为规范。

除了这些日常的照料以外，对老年人生活起居的照料还突出地表现在老年人生病时子女对其无微不至的照顾。“李永祺，性至孝，父重华，年老多疾，永祺日夜在侧，饮食汤药必亲尝食。”④ 更有甚者，竟采用割股的方法以期能治愈父母的病症，抑或是向天祷告，以求代替父母承受病痛的折磨。“李学易，农家子也，母病笃，割股和药以进，母服而愈，门有匾曰‘割股痊亲’。”⑤“李氏，郭庄里杨升书妻，姑病在床，奉事汤药惟谨，夜不解衣者八越月，常焚香默祷，愿以身代。”⑥ 这些方法固然缺乏科学依据，但确实反映了时人对父母的孝养已达到了很高的程度。

对老人的精神慰藉也是家庭养老的一个重要内容。所谓精神慰藉，就是要充分考虑到老人心理、精神上的需要，尊敬长辈、顺从他们的意愿、满足他们的要求，以求让他们能够身心愉快地安享晚年。对于老年人来讲，这是十分必要的。具体而言，身为晚辈，不出言顶

① 光绪《凤台县续志》卷三《列女》。
② 光绪《长治县志》卷五《集传》。
③ 乾隆《高平县志》卷一四《孝义》。
④ 乾隆《凤台县志》卷九《孝义》。
⑤ 光绪《凤台县续志》卷三《文苑》。
⑥ 光绪《沁水县志》卷八《人物》。

撞、忤逆父母是孝敬父母的基本要求。“路旬，善事父母……自少至老未尝一语忤亲意”①。即使父母过于严苛，也要不厌其烦地默默承受：“崔沆，字鉴涵，郡城人，举人……继母性严切，求索颇苛，不如意则谴呵，不少贷。沆先意承志，奉养悉备，虽遭怒詈，毫无怨尤，母感其意，亦慈爱。”② 同时，还要尽自己所能满足父母的意愿：“崔仲和，廪生，天性至孝。母疾，思饮河水，适大旱，绝流和露，祷之，漳绝复通，取以献母，饮之遂愈。”③ 同时，只有这样，才能给予家中老人充分的精神慰藉，使他们心情舒畅地度过晚年。

纵观传统社会，家庭养老一直是占主导地位的养老模式，明清时期也不例外。而与此同时，政府作为养老事业的责任主体之一，也较早地介入到其中并发挥了一定的引导作用。耐人寻味的是，家庭养老的主导地位并未因政府的介入而有丝毫动摇，反而在政府政策的倡导下日益发展，它与国家养老长期并存、互相补充，共同构成了古代社会的养老保障体系。历代都有较完善的优老养老政策出台，而明清时期作为历史上重大的转型期，政治、经济、文化等诸多领域都发生了许多重大变化，这些变化不可避免地会对各项政策的制定产生影响，这在养老政策中也有明显反映。例如：由于尊老养老的教化功能不断减弱，一些政策的出台更讲求实用性。这样的转变固然有维护统治根基的初衷，但不可否认的是，明清两代政府在历史发展的洪流中，开始真正地关注民生问题。在诸多措施的背后，更是国家对基层社会的控制意识，但是由于传统社会的特点，致使这些环节多为基层社会势力所把握，并最终成为控制基层社会的手段。

---

① 光绪《长治县志》卷六《列传》。

② 光绪《凤台县续志》卷三《孝义》。

③ 乾隆《重修襄垣县志》卷六《人物》。

第三章　民间信仰与社会控制

民间信仰是中国传统社会基层文化系统的重要构成，主要是由下层民众及其信仰风尚孕育而成，它影响着下层民众的生活方式、思维方式，在民间的宗教生活、政治生活、民俗生活中发挥着重大作用。以民间信仰为基础，形成了一系列的民俗、风尚，至今仍存在于民众的思想意识与社会活动之中。民间信仰的产生与当地的地理环境、历史传统、思想倾向、文化导向有很大关系。因此，不同区域民间信仰除具有普遍的特性之外，还带有很大的地域性。晋东南区域在历史上，形成了一些独特的民间信仰，例如：三嵕信仰、二仙信仰、三教信仰、商汤信仰、崔府君信仰、炎帝信仰，本书主要以前三者为中心，对晋东南区域民间信仰作简要探讨。

民间故事之所以能在一定区域内流传，主要是由于其特定的社会背景、故事记述之内容及当地居民祈祷之要求均反映了该区域社会的情形。对民间故事的分析有助于我们进一步认识区域社会，有助于理解民间信仰与区域社会之间的关系。“自从博厄斯（Boas）的《钦西安人神话》出版以来，民族学家往往认为，一个特定社会的文化及其神话之间存在着常规性的关联是不言而喻的”①。尽管博厄斯本人并没有走得这么远，但如果隔断神话故事与文化的关系却是行不通的。如果缺失了这里的土壤，它就不可能茁壮地成长，不可能具有顽强的生命力。

---

① ［法］列维－斯特劳斯：《结构人类学》(2)，张祖建译，中国人民大学出版社2006年版，第693页。

关于上党的信仰与祭祀，史籍中记载颇多。“上党之俗，质直好礼，勤俭力穑，民勇于公役，怯于私斗，自昔称为易治。然独丰于事神。凡井邑、聚落之间，皆有神祀，岁时致享其神。非伏羲、神农、尧、舜、禹、汤，则山川之望也。以雩以禜，先穑陲□皆于是奔走焉。岁正月始和，农事作，父老率男女数百人会于里中祠下，丰牲洁盛大，作乐，置酒，三日乃罢，香火相望，比邑皆然。至十月农时毕乃止，岁以为常。”① 三嵕、二仙的崇奉与祭祀只是其中较为突出者。

国家对民间信仰的重视，正是基于其社会控制功能。民间信仰的产生与神道设教思想相联，体现着神圣社会对世俗社会的重要补充作用。正如古人所言：“国之大事，在祀与戎，祀典不正则神人渎乱，妖诞所由兴，人心所由不正也，故祭必有义。”② 故而历代统治者都非常重视对民间信仰的整顿。如果神圣的秩序不清，势必造成世俗社会的混乱，引发社会矛盾。加之国家的力量难以达到各个村落家庭，这些权力的真空地带必须通过无形的力量加以弥补。民间信仰的社会控制功能在区域社会中是不言而喻的。在民间社会，由于民众对国家的印象模糊，或者说根本没有，因而无形中将神圣的力量当作国家的影子，并且在一定程度上超过了对世俗权力的认识，反而对神圣力量的神秘性产生了膜拜，导致其在社会生活中噤若寒蝉，行为有所约束。这样，在实际的运作中起到了维护地方社会安定、维护社会秩序的作用。

第一节 混合信仰的典范：三教信仰

由儒、佛、道而成的三教信仰，构成了晋东南区域社会民间信仰的重要组成部分。该地区广泛分布的三教堂建筑，呈现出三教融合的文化风貌，更突显出晋东南社会独特的信仰形态与明显的区域特色。在这些数量众多的三教堂建筑中，最早的创建于金元时期，展现着三

① （元）宋渤：《重修真泽二真人序》，《壶关县志》卷九《艺文志》。

② （明）倪岳：《正祀典疏》，文渊阁《四库全书》本。

教信仰在晋东南基层社会早期的具体实践，金元以后的三教堂更是遍及晋东南各地。从金元时期看三教信仰的形成和发展，与晋东南社会在这一时期所呈现出来的地域文化与风俗传统、国家政权与社会环境、基层社会与民众情感这些因素的影响是密切相关的，而这些恰恰正是晋东南区域社会的特色所在。

儒、佛、道三教是中华传统文化的重要内容。从魏晋到隋唐，三教均从各自的立场倡导三教合一的思想观念。经过唐末、五代、北宋的思想转型与发展，理学逐渐形成，三教思想渗透其间。明清时期，三教合一思想已成为社会思潮主流，影响到社会各个层面。这一点已引起学界关注，出现了许多观点。然而，这些研究大都停留在理论层面①，罕有从实践层面予以探讨的。晋东南区域至今仍保留着100余座三教堂建筑，无疑为我们研究三教信仰与晋东南社会打开了一扇窗户。同时，众多三教堂建筑的出现，不仅昭示着三教信仰在晋东南社会有着独特的信仰魅力，而且也象征着三教合一思想在晋东南基层社会民间信仰层面的一种具体实践。

一 国家力量的推动：三教融合

从理论层面上来讲，三教合一的形成路径在晋东南社会所表现出来的是一种自上而下的、分时段性的且渐进融合的一系列特征。晋东南自古以来便深受儒家文化的浸淫，“崇儒重道，立学校遍海内，以甄陶士类，俾之讲道，以端治本，以移易风化，殆今百五十年余，仁薰义蒸，盖深且久也”②。到了宋代，大儒程颢担任晋城县令，大力推行儒家思想以教化民众，“首重教学于其邑，设乡校四十处，亲为

① 在目前的成果中，对三教合一理论的研究，主要是从各个时期展开，大致分为魏晋、唐、宋元、明清四个阶段，主要探讨三教合一的理论源起、类型、原因、三教关系等。他们认为，三教合一是因为三教在教人向善方面具有相通之处，都具有调整社会秩序、解决社会问题的能力。三教合流也是中国古代社会协调宗教的重要模式。（刘立夫：《唐代宫廷的三教论议》，《宗教学研究》2010年第1期；李四龙：《论儒释道“三教合流”的类型》，《北京大学学报》2011年第2期；杨军：《宋元时期“三教合一”原因探析》，《江西社会科学》2006年第2期等）

② （明）李逊学：《重修儒学记》，雍正《泽州府志》卷四五《艺文》。

儿童正句读。已，复择子弟之秀者聚而教之。其时，教之所及渐于高平、陵川，溉于平阳，而泽之士人承风响化、被儒服者四野相望”①。由上述记载可以看出，在儒家文化较为浓厚的氛围里，晋东南地区的民众已经把儒家思想内化为一种行为引导与习俗风尚，这种基于官方主导之下的自上而下的教化方式，使儒家思想在本地蔓延既久。故此，以儒家思想为主导的社会意识形态很容易被本地民众接受。且以儒家文化为代表的祭祀主体文庙也多分布于本地，这正是官方化民成俗的结果。也正如县志所载：“上党地居韩赵，化习唐虞，土瘠水深，风醇俗厚，由来远矣。”②

佛道二教虽不是历代统治者的主导意识形态，但其思想中的教化作用却为历代统治者所重视，他们利用二教引导民俗，从而将佛道思想传入基层社会。唐朝统治者力推道教，抬高道教的社会地位，晋东南受其影响更深，道观寺庙渐被建立。宋代，晋东南利用国家崇道之机，将许多寺庙纳入正祀范畴，此地广为流传的二仙信仰③便是一个极好的佐证。二仙在官方的认可下被纳入国家祀典，同时统治者利用二仙在民众中原有的信仰基础，在国家政权的主导下借以敷导民俗，加强对民众的控制，这在一定程度上也加速了以二仙为代表的道家文化在晋东南地区的传播和发展。

佛教自初传入中土，上党即被其影响。十六国时期，上党为石勒后赵的龙兴之地，在僧人佛图澄的影响下，石赵大兴建造佛寺，泽、潞二州境内建立了不少寺庙，隋唐以后的泽、潞长官与本籍名宦率多崇佛，他们在任或家居期间在境内大建佛寺，大做佛事。④ 在这种带有官方色彩的推崇下，佛教在晋东南地区的传播有了可靠的保障，这在不同程度上促进了上党地区佛教的普及。

由以上论述可以知道：在宋元以前儒、佛、道三教在晋东南地区

---

① （清）朱樟：《郝文忠公陵川集序》，乾隆《陵川县志》卷二七《艺文》。

② 道光《壶关县志》卷二《风俗》。

③ 有关二仙信仰与道教关系的论述请参见段建宏《民间信仰与地域社会：对晋东南二仙故事的解读》，《前沿》2008 年第 11 期。

④ 张君梅：《从民间祭祀的变迁看三教融合的文化影响》，《文化遗产》2011 年第 3 期。

都有着不同程度的发展，三教化民成俗的意义在这里表现得具体而又鲜明，官方对促进三教在晋东南地区传播与发展的作用表现得也更加突出与强烈，这就为三教在晋东南今后的融合之路拉开了序幕。笔者认为晋东南三教合一及三教信仰的真正形成是在金元时期，明清以后三教合一思想更是广泛深入到当地的基层社会并被广大基层民众的实践所证明。三教信仰是建立在三教合一思想上的一种民间信仰，而这种民间信仰的具体表现形态则体现为三教堂建筑的出现。在我们对晋东南地区进行田野考察的过程中，发现了晋东南地区广泛分布着大量的三教堂建筑，泽州地区尤为众多，而且我们还发现这些三教堂建筑创建最早的是在金元时期（如表 3—1），明清时期创建或重建的更是遍及晋东南地区。

表 3—1　　**晋东南三教堂分布表（部分）**

名称	所处位置	创建时间
三教堂	晋城市陵川县杨村镇寺润村	金代
三教堂	长治市长子县大堡头镇义合村	金代（后殿）
三教堂	晋城市高平市石末乡翁庄村	元代
三教宫	晋城市泽州县金村镇湛家村	元代
三教堂	晋城市泽州县李寨乡陟椒村	嘉靖年间
三教庙	晋城市泽州县金村镇孟匠村	康熙壬寅年
三教庙	陵川县秦家庄镇后圪道村	康熙二十年
三教堂	晋城市泽州县金村镇吴村	雍正年间
三教庙	长治市潞城市微子镇冯村	乾隆年间

三教堂建筑最早出现于金元时期，是在儒家思想为核心体系的官方教化下而形成的，且与晋东南地区深厚的儒家文化积淀密不可分，元人郝经对此颇为赞叹："金有天下百余年，泽潞号为多士……故泽州之晋城、陵川、高平往往以经学名家，虽事科举而六经传注皆能成诵，耕夫饭妇亦耻谣诼而道文理，遂与齐鲁共为礼仪之俗而加厚

焉。”① 足以体现儒家文化对该地区影响之深远。

从晋东南区域社会的背景来看，三教合一这种文化现象大致经历了这样一个过程：金元时期，官方大力扶持佛道二教，使其不断向基层社会渗透，尤其对晋东南地区产生了广泛而深远的影响。金元之际，随着全真教的传入，出现了三位全真教的代表人物，即秦志安、申志贞、姬志真，甚至包括稍晚的苗道一，他们为道教的传播做出了贡献。逮及元代，世祖忽必烈大力推崇佛教，“而帝师之盛，尤不可与古昔同语”②，在这样的政策扶持下佛教发展迅速，寺宇相望，僧尼众多。随着元政权对晋东南地区的控制，他们崇尚的佛教文化也进一步向该地渗透。而且当时元朝统治者实行了较为宽容的宗教政策，对各种宗教兼收并蓄，在极力推崇佛教的同时，也在一定程度上扶持着道教，“维道家方士之流，假祷祠之说，乘时以起”③，虽难以与佛教企及，但还是对道教进行了一定的认可与推动。在这种情况下，佛道二教在向晋东南基层社会渗透的过程中其力度与效果，比处在上层社会的知识分子所宣扬的各教汇通思想及各教布道者们所作出的三教融合的努力来得更直接具体、更有威信力与穿透力，也更易于被基层民众所接受。因此，在晋东南这个儒家文化深厚的地域，佛道二教与儒家思想在这里交汇融合，最终促成三教合一及三教信仰。

二 民间社会的具体实践：三教信仰

然而，从实践层面而言，基层社会对此又是如何回应的呢？就基层社会而言，三教堂建筑的广泛存在即是对此最好的印证，三教堂不仅诠释了三教合一思想的具体实践，而且还承载了民众对三教信仰的崇奉与追求。从某种意义上讲，它又是基层社会意识形态与具体实践相结合的产物。就特定范围来讲，它更是晋东南社会特质的一种外在象征。因此，有必要对三教信仰的具体形态作一个具体的认知。

---

① （元）郝经：《先曾叔大父东轩老人墓铭》，乾隆《陵川县志》卷二五《艺文》。
② （明）宋濂：《元史》卷二〇二《释老传》，中华书局1974年版，第4517页。
③ 同上。

（一）对三教并祀现象的认知

三教并祀现象的出现，一方面来自于官方宗教政策的主导与意识形态的教化；另一方面则是来自于社会底层民众在官方的引导下基于现实生活的需要而作出的一种自觉努力。具体到晋东南社会的实际而言，三教合一的基层实践或三教并祀现象的出现，并不是理想中的“政策—效果”模式的再现，而是底层民众在实践层面上对三教思想认知的一个具体过程。在这个过程中，民众可能会囿于自己的现实利益从另一个角度去解释三教思想，因而就有可能做出一些背离官方意识形态的、自我创造或自我改变的行为举动，进而落实到基层社会的实践当中。晋东南区域三教并祀现象，一是它迎合了基层民众信奉的口味，二是它与晋东南地区官方化民成俗这个传统的积淀密切相关。

元代以前，儒道二教作为本土教派，对晋东南社会有着广泛而深入的影响，因此在官方的倡导下很容易被基层社会接受。佛教当时也在传播，但并未像儒道二教那样对晋东南社会产生深刻的影响。自元代，统治者力倡佛教，佛教地位被极力抬高，于是佛教便在元政权的辅助下向基层社会渗透，这无形之中又对儒教地位形成了一种新的挑战，“自昔孔氏立教如日月中天，而释氏老氏者流，彼此角胜，欲与吾儒鼎峙”①。三教在基层社会的认知与解读过程中不断走向融合与共存，“佛法设教，在使世道人心之趋善，考诸佛典奥旨，在明心见性，住真降妄，使人人各全真性，与吾儒克己复礼、存心养性之学相发明，虽各立教坛而理趋一也”②。此外，在民间也有如此认识，“陵川农村的三教堂就是这种历史时代的产物。一则陵川的农村在封建社会乐意接受佛、道、儒三教文化的教育，又没有钱来修佛、道、儒三家的专业寺、观、庙来供奉这些圣贤；二则农村中文人学士经过接触学习认识到三教文化同属一理，并不矛盾，他们和睦共处，能更好地教育人，所以就想出了修建一座庙供三样神。这就形成了陵川农村众多的三教堂，从供奉佛、道、

---

① 光绪《屯留县志》卷五《仙释》。

② （民国）邓耀宇：《慈云寺补塑佛像整理寺产碑记》，民国《沁源县志》卷七《碑碣考》。

儒，一个庙门拜三尊圣”①。据此观之，在长期受官方意识形态的渗透及儒家文化的主导下，晋东南地区的基层社会对三教之间的关系认识逐步向三教趋同这一方面转变，基于这种认识，基层民众按照自己的构想才做出了与之相符的具体实践活动。

在很大程度上，晋东南区域的三教堂建筑是基层民众受官方和本地儒家文化影响下，按照自己的构想和意愿设计出的这样一种与其对三教文化具体认知和思想理念相对应的建筑形态或信仰形态。民众修建庙宇祭祀神灵，主要目的是祈求神灵保佑、赐福，三教堂的祭祀特点与民众的信仰要求更加接近，在不扩大祭祀场所、不增多献祭物品的基础上就能得到更多的诉求，因此，得到了广大民众的厚爱。在笔者的实地考察走访中，也有地方人士指出：“三教之间是相通互补的，儒家注重仁义礼智信，给民众传授文化知识；佛家注重生老病死苦，帮民众降妖除魔、摆脱苦海；道教注重金木水火土，教人明白世间万物的变化规律。他们就像人身体上的各大主要器官，缺一不可，只有这几大器官都具备且正常运转了，人才能成为一个健康的人。”②总而言之，三教信仰满足了当地不同阶层人们的共同需求，本质上体现了民众对自我美好发展的一种精神寄托与信仰追求，带有现实性与功利性的色彩，这亦是民间信仰所共有的、普遍存在的特征。因此，三教信仰才会在元以后的明清社会表现得极为兴盛，它已经内化为基层民众的一种自觉意识与行为引导，并深深地熔铸于晋东南区域的文化之中。

（二）三教圣像的排位次序

在晋东南众多的三教堂正殿里，几乎都可以看到这样的一种情形：儒佛道三教圣像并排而坐，释迦牟尼居中，老子居左，孔子居右。可以看出释迦牟尼地位最尊，老子次之，孔子为最末。为何会呈现出这样一种布局？这样的布局背后又隐藏着一种怎样的历史情形或思想观念呢？

---

① 陵川县平城镇南坡村三教堂关于三教的介绍。

② 崔××讲述，采访时间：2014 年 3 月 15 日，晋城市泽州县孟匠村三教庙。

三教圣像如此排放，从基层社会民间信仰层面讲，在基层民众信仰的情感世界里，佛道二教是一种有着强烈宗教情感的民间信仰，它们可以满足人们对生命健康幸福以及生老病死的终极人文关怀。佛教的“因果报应说”可以为民众在现实中所遭受的灾难和痛苦给予心灵的安慰，帮助他们摆脱苦海，“三世轮回说”可以消除民众对生命死亡之后的恐惧，给人以生命灵魂的慰藉。道教则追求的是现实人生的长生不老，即成仙永生，寄托着人们对生命长生不老的追求。而儒教历来为统治者所重视，被视为治国之道，具有教化百姓、稳定社会秩序的功能，但无法为乱世苍生提供有效的人文关怀，且民间社会对儒教的供奉大多是以修建文庙这种方式来呈现。可见，儒教在基层社会并不像佛道二教那样带有强烈的宗教情感或者说它无法满足所有人的宗教需求。因此，基层民众信仰的情感世界里，儒教的地位是低于佛道二教的。

从国家层面上讲，三教座次的排放与当时三教所处的社会环境尤其是在国家政权视角下三教地位的变化是密切相关的。金元少数民族政权不重视儒家思想，尤其是元朝政权，废除了长期以来以儒家文化为主导的科举取士制度且在政治上排挤汉人官僚，这无疑给了当时信奉儒家文化的士人一记重创，“传统士人们自豪的以儒学为核心的价值体系遭到了毁灭性的打击，尤其是蒙古统治者对于唐代以来科举制度的破坏，斩断了传统士大夫的诉求，书中自有黄金屋的时代一去不复返，随之而来的是士人所面临的经济困顿和社会地位的沦丧”①。

然而，在儒教及士大夫地位渐趋衰落的同时，佛教受官方的影响发展却方兴未艾。“今浮屠之道大行于世，金碧焜耀弥天下，贝叶之书家畜而人诵之，不必走四方以施教……今之为士者，欲游四方，行李之往来，丰则患于盗贼，约则患于资粮之乏、裘马之敝，当何所取给哉？独浮屠以其徒为一体，所至则如归焉。穷山际海，何往而不可也？”② 面对佛儒二教在现实中这种强烈的反差，士人们对儒家文化

① 钱穆：《中国历代政治得失》，生活·读书·新知三联书店2001年版，第111页。

② （明）刘基：《诚意伯刘先生文集》卷一一《送柯上人远游诗序》，中国文史出版社2011年版，第226页。

核心体系的认同感渐渐趋弱，并逐渐开始同当时的佛道士人相互交游，学习佛道二教的文化。在元末，儒家之士谈佛者十之八九，其目的便是“期望能够在释道的交游中摄取精神养料和清净寡欲之旨，以弥补在道德理想难以实现时内心所产生的空虚、无奈和不安”①。从以上情形可以得知：在元代，儒教在社会中的地位确实低于佛道二教，并处在一个不被重视、较低的地位。在元以后的晋东南地区，由于之前战争破坏对儒家文化的影响，从民间社会看来，儒教在晋东南的影响力大不如从前，地位也有所下降。因此，三教圣像的排列中并没有体现出儒教尊崇的地位。

三 混合信仰的意义

从功能上来讲，民间信仰不是为信仰而信仰，功利性是其主要目的，祈福禳灾、慰藉心灵是民间信仰功能的具体体现。因此，在对民众的采访中，经常听到的就是某某神灵如何灵验。只有灵验的神灵才会得到民众进一步的祭祀与信仰，这些灵验故事会被民众一代一代传承下去，无论是牵强附会的，还是仅仅听到的。并且在传播过程中，添枝加叶，增加细节，为神灵故事赋予了更多的神秘色彩。

要达到这些目的，最有效的方式就是将各种神灵安放于同一庙宇进行集体祭祀，在民间看到的大量的庙宇基本上属于这一类型，在民间，很少有单独信奉一个神灵的庙宇。还有很多庙宇即冠以“全神庙”“诸神观”之名，顾名思义就是将各种不同的神灵请入同一庙宇，希冀得到更多神灵的保佑。其中体现出来的就是民间信仰的功利性。但是在全神庙中，无论多少神灵，都为道教神灵。比全神庙更胜一筹的是三教信仰。

三教信仰奉祀着儒、佛、道三教祖先，其主要目的是为了得到更多神灵的福佑，这是民间信仰混合性的集中体现，符合中国传统民间信仰的特点。

---

① 展龙：《元末士人的佛道情缘与文化意蕴》，《华夏文化论坛》第九辑，吉林文史出版社 2013 年版。

从三教庙的圣像排列位次来看，无论在哪座三教堂中，都是以佛教为尊，居于正中，道、儒分别居于左右，大部分儒教居于末位。这样一种情况，在传统社会中，应该是不争的事实。但是为什么能够长期存在呢？笔者认为，三教信仰在民间的实践，正是补儒学在民间信仰之不足，是得到国家默认的。虽然，国家重视儒学，并且在县级以上驻地建有先师庙或孔庙，但并未深入民间，仅能得到士子的祭拜，对于数量广大的民众而言，并未起到实质性效果。面对遍布全国各地、大小村落的佛、道庙宇，国家也无办法深加管制，最好的办法就是使得儒与佛、道并祀。因此，三教信仰才得以形成。

由此看来，三教信仰主要是为补儒教之不足，为了彰显儒家的重要性。可以肯定，至迟在宋代，佛教、道教在民间的发展已非常普及，然而在理学大盛之时，儒家却没有在基层显现，因此要求儒家也能像道教、佛教那样在民间得到根基。因此，在民间开始祭祀儒家。加之宋代，晋东南又得名儒程颢之治理，便在各地推广设立学校、崇奉儒教。但是以儒为教并非国家政策，因此，以一种试着看的态度将儒家与道、佛并祀。似乎既解决了国家两难境地，亦可以得到基层社会的广阔基础。于是这种信仰便油然而生。

崇信三教，与民间利益相合，不仅不违背国家政策，而且能得到更多神灵保佑，是一举多得之事。况且，在科举事业为重的时代，能够在科举考试中获胜，也是光宗耀祖之事，崇奉儒教更具有一定的现实意义。于是三教信仰具有广阔而深厚的社会基础与社会认可。

由此可以看出，三教并祀是为了使儒学向儒教演化，也是为了加强儒学的教化功能，是儒学深入社会、深入民间、产生作用的重要手段。之所以居于末位，说明了国家对佛、道的宗教性质已经认可，在这样的情况下，如果以国家的力量将儒置于佛、道之上，似乎行不通。故而采取了一种折中的态度，虽列入庙宇，但并不介意其位置。即三教中的位置排放次序并不能说明重要程度，反而更凸显的是儒学走上儒教，开始具有宗教功能，是儒学民众化、社会化的一种重要形式。也可以说是国家与民间在一定程度上的调和，表面看起来，佛、道占上风，事实上从儒学走向儒教，正是国家意志下移与渗透的表现，是国家力量、统治意识上升的效果。

从三教信仰的演进历史看，大约在宋金时期三教信仰基本定型，在乡间社会广为传播。而此时，正是儒学式微时期，此前儒学独尊的局面不再出现，儒学不被统治者重视，因而儒生只能求诸民间，使儒学在民间层面发展，将其列入民间信仰似乎未为不尊。进入元代，儒学不尊的局面进一步加深，三教信仰发展的势头进一步加快，佛、道、儒之间的融合似乎自始至终并未停止，顺应这种步伐，三教信仰也成水到渠成之势，在民间迅速发展。明清以来，尽管儒学独尊重新抬头，但民间的状况已然形成，无法改变。面对这种现实，统治者尽可能利用其中的有效成分，而对一些无关统治基础的事实也听之任之了。

这种状态在清乾隆年间经过了一次较大的整顿。乾隆九年（1744）六月，礼部上奏了一道由河南省学政右通政林枝春递上来的折子，说“豫省标立三教名目，立堂设像，至五百九十余处，使万世之师，屈居释道之下，举事不经，诬民实甚，竞施耗产，以蔑典常，请敕该抚严行禁止”。同时礼部在上奏时，又进一步指出：各省“书院、义学宜于安奉圣像处，渐次奉迎安设，僧道酌令迁于别寺观居住，其佛老诸像，亦即听其移奉，并移知各省一体禁止”。乾隆皇帝闻奏，下令准许林枝春的折子，并向各省下发了谕令。[①]

但事实上，这次整顿效果微弱。没过多久，三教堂又重新恢复了原貌。其实，这正是对三教信仰的误读，是仅从圣像位次上辨别三教尊崇，如果从三教的内涵上进行分析，这一次整顿实属多此一举。

将儒教置于与佛、道二教同等位置进行祭祀，儒学进一步影响到广大乡间村落、普通民众，可以使更多的人了解、熟悉孔子及其学说，使圣人的形象开始与民间融合，是对儒学扩散的助推，使更多的民众可以时时谨记圣言、圣行，圣人与民众之间的距离越来越近，圣人的故事、传说、圣迹也逐渐家喻户晓，并可以直

---

① 《清高宗实录》（三）卷二一八“乾隆九年六月上条”，《清实录》第11册，中华书局1985年版，第810页。

观地对乡童进行教育，引导他们崇拜，对乡间的道德教育具有直接的作用。

民间的混合信仰，从形式上看，是民间信仰混沌性、功利性的表现，从其发展历程、信仰实质上看，则是国家力量强化、权力渗透的过程，是统治者加强社会控制的重要手段，儒学独尊与儒教居末这样一种悖离的现象，在古代社会能够传承一千余年，正是这种思想的具体体现。其中也反映了民间与国家的角力，事实上，作为一种习惯、习俗，国家力量也是无法改变的。最佳办法就是另辟蹊径，取得一种折中调和的态势，让各方都能满意。因此，三教信仰是以调和折中的办法实现了国家与民间利益的最大化。

第二节 “刻划”与塑造：以二仙信仰为中心的分析

中国民间信仰种类繁多，各地域都有大量民间信仰，不同的庙宇遍及各个村落社区，在传统的神灵体系中，亦没有形成统一的成法将其完全容纳。正祀和淫祀是国家严格区分的，但是在民间社会却并非如此清晰，得到国家的重视，促进神灵在地域社会中的影响是不同区域地方社会力量热衷的事情。因此，他们往往将各地域神灵进行塑造，运用各种力量提升其影响，希望得到国家的认可，进而使神灵在地域社会的控制中起到作用。在晋东南的各种民间信仰中，二仙信仰①是影响最大、分布最广的地域神灵之一，对其“刻划”以及推动是地方社会力量最成功的一次实践。

---

① 对二仙信仰的研究，成果较多。张薇薇通过对政治环境和社会环境的研究，探讨二仙信仰产生的原因及其在社会发展过程中社会职能和信奉阶层的变化（《文物世界》2008 年第 3 期）；段友文、刘金蕾从社会文化背景出发，以爬梳历史文献与解读口传故事相结合的方式对二仙的原型进行分析，挖掘二仙信仰内涵转变的深层原因（《中国文化研究》2014 年夏之卷）；宋燕鹏通过对大量二仙碑刻的解读，从中探求其来源及发展脉络（《社会科学战线》2014 年第 11 期）；易素梅重在探讨以二仙信仰为中心的国家与地方社会之间的角力（《道教与民间宗教的角力与融合：宋元时期晋东南地区二仙信仰之研究》，《学术研究》2011 年第 7 期）。

一 二仙故事及其流传

位于壶关县城东南40公里的树掌镇，有一座当地人祭祀二仙的庙宇——真泽宫。真泽宫俗称奶奶庙、二仙庙，位于神郊河北岸，南临翠微山，山上有翠微洞、升仙台，西傍北魏长城遗址，是难得的旅游胜地。整个庙宇占地6900平方米，为三进院落，中轴线上分布着山门、舞楼（三连台）、正殿、寝殿、圣公母殿，两侧有配房240余间，供奉着九天玄女、十殿阎罗、圣婴、送子娘娘等神，院内共存宋、元、明、清碑碣36通，所有建筑均为沙石基础，雕梁画栋、飞檐斗拱，由低到高错落有致地排列在海拔1557米的轿顶山下，建筑结构严密，布局合理，雕石画坊、规模宏大，蔚为壮观，里面供奉着独有的地方神祇冲惠、冲淑二位真人，每年夏历四月十三至十五日的真泽宫庙会，香客、游人络绎不绝。

规格如此之高的庙宇在上党是不多见的，那么庙内的二仙为什么如此受到人们的尊敬和认可呢？随着对二仙的了解与研究，这一问题的答案逐渐浮出水面。首先是竖立在真泽宫内宋朝赐额加封的石碑，奠定了真泽二仙的在神灵中的地位，由于得到了皇帝的赐封，因此较一般庙宇更加正规，更受尊崇。

> 敕赐真泽庙额诰词碑
>
> 尚书省□隆德府壶关县
>
> 礼部状承都省府下河东路转运司奏，隆德府壶关县乐女二仙庙祈求感应乞特赐封加敕额爵号，寻下太常寺勘会，今据本末状验准，令节杖诣神祠襄旌□者，先赐额合取自朝廷□□
>
> 崇宁四年八月□牒[①]

其次是其灵验程度之高得到了众人的赞誉，这一点下文再叙。最后，二仙之事迹对社会教化具有巨大的促进作用。正因如此，二仙的

① 《敕赐真泽庙额诰词碑》（拓片），崇宁四年，现存于壶关县神郊村真泽宫。

故事在山西东南部广为流传，各地都建有二仙行祠，历代修葺不绝。那么二仙的故事是怎样的呢？从碑刻、史籍的记载中可以大体了解一下（见表3—2）：

表3—2 **不同资料中的二仙故事概况**

记载内容	资料出处
晋乐氏二女，先陵川人，始娠，感神光而生。	光绪《陵川县志》卷二三《方外》
自晋至赵宋盖百有千祀久矣。	光绪《陵川县志》卷二六《艺文二》
唐二仙，乐氏二仙女，本县李村人，商之后，母感神□□诞幼有奇□□孝于家，移居壶关紫团□□□□□□□风而升，土人立祠祈祷，悉□，宋崇宁四年赐号真人，正和初，赐封冲惠、冲淑二真人。	康熙《屯留县志》卷三《仙释》
邑东紫团山，有两女仙祠，居人传，仙人姓乐，学道此山，得不死而去。相与率而奉祀之。灵应如响。宋大观中旱，守臣祷之而雨，请之有司，得庙额曰真泽，仙人号曰冲惠、冲淑，大建祠宇。	道光《壶关县志》卷九《艺文志》
真人，屯留人，先世家陵川，商微子之后，姓乐氏，父山宝，母杨氏，感宝光而娠育。继母吕氏，虐使二女，严冬令采茹。单衣跣足，而二女益孝谨，泣血沾土，苦苣皆生血斑。移家于壶之紫团山益阳里，母又令拾麦，无所得，至罗神山庙，仰天号诉，倏有黄龙垂引之上升，仙乐缭空，天香散路。土人感其孝而得仙，群立庙祀。……北宋崇宁间，显灵于边戍。大观三年，县令李元儒祷雨立沛，遂以上闻。政和元年，赐号冲惠、冲淑。	杨宸:《真泽二真人庙记》，《晋城金石志》，海潮出版社1995年版（以下同），第623页
屯留县：二仙庙，在北二十里，神头村，有圣泉，金大定二年建，祀乐氏二仙女。按二仙，县李村人，母感神光而诞，幼有奇德，克孝于家，后徙壶关紫团乡，因采灵芝遇风轻举，土人立祠，祈祷辄验。宋崇宁四年（1105）赐号真人，宣和（1119—1125）初赐号冲惠、冲淑二真人。	乾隆《潞安府志》卷七《庙学》

续表

记载内容	资料出处
真泽二仙显圣迹于上党郡之东南陵川县之界北，地号赤壤，山名紫团，洞出紫气，团团如盖，故谓之紫团，所居任村，俗姓乐氏，父讳山宝，母亲杨氏，诞降二女，大娘同释迦下降，月日二娘诞太子将门时数生俱颖异不类凡庶，静默不言，七岁方语，出言有章，动合规矩，方寸明了，触事警悟，有识知其仙流道侣，母李氏酷虐，害妒单衣跣足冬使采茹，泣血浸土，化生苦苣，共得一筐，母犹发怒，热令拾麦，外氏弗与遗穗，无得，畏母捶楚，踖地凌竞，仰天号诉，忽感黄云，二娘腾举，次降黄龙，大娘乘去，俱换仙服，绛衣金缕，绘以鸾凤宝冠绣屦，又闻仙乐响空，天香馥路超凌三界直朝帝所，大娘仙时年方笄副，二娘同昇，少三岁许，贞元元年六月十五田野见之……予至宋崇宁年间，曾显灵于边戍。西夏弗靖，久屯军□□于粮食转输艰阻，忽二女人鬻饭救度钱无多寡，皆令餍饫，饭甕虽小不竭，所取军将欣跃，二仙遭遇验实，帅司经略奏举于时，取旨丝纶褒誉遂加封冲惠冲淑真人，庙号真泽，岁时官为奉祀。	赵安时：《重修真泽二仙庙碑》（拓片），现存于陵川西溪二仙庙
异哉！二女同居，若遭继母之虐，顾能孝敬不衰，其至诚必有感动天地者及采药紫团山，各升仙而去，得无有异人接引之乎，自晋至赵宋，盖百有千祀久矣，方用兵西夏，粮饷告绝，三军馁甚几败，乃事二女，乃化为两妇卖饭以济之，何其异哉！	《真泽行宫感应碑记》（拓片），现存于陵川西溪二仙庙
世传二仙，唐时陵川乐氏二女，母始娠，感神光而生。继母吕遇之酷，冬月单衣见胫，责采茹，号于野，泣血渍土，产苦曲，赤叶斑如，持以奉母。虐愈甚。移家壶关紫团山，使拾麦田遗穗，无所得，呼天以诉。黄龙忽从空下，御之以升。代有灵迹。国朝崇宁壬午，王师讨西夏，乏饷，二女显化饭军，赐号冲惠、冲淑真人，敕有司所在立庙，岁时奉祀。	荀显忠：《鼎建二仙庙记》，《晋城金石志》，第367页
於戏！是为二仙真人之庙，真人姓乐氏，商微子后也，屯留人。先世家陵川，寻移居于壶之紫团山，父讳山宝，生母杨氏，继母吕氏，二女性至孝，俗传一母双诞，乘风而化……宋大观三年秋旱，守令李元儒祷之而应，遂上其事，丐奏仙号。政和辛卯夏四月，加封真人之号，长曰冲惠，次曰冲淑，大建祠宇，庙额真泽。	《重修二仙真人庙碑记》（拓片），现存于壶关县辛村乡东旺庄村二仙庙

续表

记载内容	资料出处
高平县南二仙庙者，在张庄李门之间。唐曰真泽，宋曰冲惠冲淑真人。为居民祈祷之所，无称不应，一方之休戚系焉。贞祐甲戌岁，国家以征赋不给，道士李处静德方纳粟于官，敕赐二仙庙作悟真观，俾其徒司见真主之额，之后有慊于心，为其名位之乖也。	李俊民:《重修悟真观记》，《晋城金石志》，第401页
宋崇宁加封冲惠、冲淑二真人，号其庙曰真泽。	李俊民:《重修真泽庙记》，《晋城金石志》，第347页
真泽二真人庙，在县东南八十里神郊村。按二真人，乐氏女，微子之后，本屯留李村人，后徙紫团乡益阳里。因采灵芝，遇风而升……宋大观三年秋旱，守臣祷之而雨，丐奏仙号，以旌嘉应。政和辛卯夏四月丙辰，敕封真人之号。长曰冲惠，次曰冲淑，庙额曰真泽。	道光《壶关县志》卷三《建置》

克洛德·列维－斯特劳斯（Claude lévi-Strarss）在对神话进行研究的过程中，认为："所谓仅有一个版本才是唯一'真实'的，其他不过是翻版或变了形的回声，其实没有这么一回事。每个版本都是神话的一部分。"① 每个故事都反映着神话的一个方面，透过各个片段，大体上可以看出二仙的故事。斯特劳斯在另一篇文章中又指出："（民间故事）语句都有可变要素和不可变要素。角色及其特征有所变化，行为和功能却不变。民间故事的特征就在于让不同的角色从事相同的行为。"② 在二仙的故事中，抛去那些可变因素，就剩下了故事的骨架，如果添上内容，就可以繁殖出丰富多彩的二仙故事。现将其故事架构叙述如下：

> 二仙为商朝微子启之后人，其祖居陵川，后徙居屯留，父亲叫乐三宝，母亲杨氏，感神光而生姐妹二人。二人聪明颖异，与

---

① ［法］列维－斯特劳斯：《结构人类学》（1），张祖建译，人民大学出版社2006年版，第234页。

② ［法］列维－斯特劳斯：《结构人类学》（2），张祖建译，人民大学出版社2006年版，第595页。

众不同。言行举止皆合乎大体。后母亲早逝，父亲娶吕氏，继母吕氏残酷虐待姐妹二人，无论冬夏都要出去找寻食物，后移家壶关紫团山，在田间拾麦，因无所得，呼天以诉。有黄龙忽从空下，御之以升。乡民祀之，祷则必应。宋时因有功于民，赐号真人，长曰冲惠，次曰冲淑，庙额真泽。

二仙飞升之后，在上党不断显灵，帮助人们——甚至是朝廷——渡过难关，得到了人们普遍的敬重与祭祀，其灵应事迹主要有：

①宋崇宁年间（1102—1106），曾显灵于边戍。西夏弗靖，久屯军□□于粮食转输艰阻，忽二女人鬻饭救度钱无多寡，皆令餍饫，饭甕虽小不竭，所取军将欣跃。

②北宋大观三年（1109）秋旱，守令李元儒祷之而应，遂上其事，丐奏仙号。

③国朝至元五年，魏人郅朗来守邑，雩□之请，应不逾夕。

④洪武二年（1369），自春徂夏，亢阳不雨，苗将焦槁，民□无以乃明心洁体，躬致祷于祠下，雨即应时而降，但未及饶洽，越宿又与主簿贾涣、典史邵审道暨务使获大雨，深□群望，不啻拯命于水火之中。及秋，黍稷方秀，雨复不续，县丞又躬自恳祷，祝币大熟，及产嘉禾若干。

二仙对百姓的眷顾与灵验，致使上党百姓为之建庙，历代祷祀，从表3—3（不完全统计）可以看出：

表3—3 **晋东南二仙庙分布表**

县	位置	备注
长治县	贾掌乡曹家堰村南	实地调查
	东火乡南大掌村南	实地调查
	西池乡南仙泉村	实地调查
襄垣县	下良乡水碾村北	有损坏
	县城北白石梯西	现名二仙祠，始建年代不详，有轻微损坏＊（第1206页）

续表

县	位置	备注
长子县	高家洼村	保存较好
	南漳镇东旺村	
壶关县	辛村乡东旺庄村	《壶关县志》上记为“九天圣母庙”，笔者在调查中发现庙内碑文上写《重修二仙真人庙碑记》
	神郊镇树掌村	本庙
平顺县	五马里	始建年代不详，遗址尚存＊（第 1175 页）
沁县	万安山	始建年代不详，有所毁坏＊（第 1179 页）
黎城县	彭庄	始建年代不详，现已坍塌＊（第 1198 页）
潞城县	县城东五马村	始建年代不详，现已坍塌＊（第 1202 页）
泽州县	范山堂村	现名二仙观，清代修葺＊（第 1550 页）
	石店村	现名二仙下庙，北宋熙宁年间始建，现废＊（第 1551 页）
	小南村	宋大观元年始建，现存＊（第 1552 页）
	城东三十里山头里南	庙废碑存＊（第 1552 页）
	中村	清建单进院＊（第 1561 页）
	晋城市（具体地址不详）	始建于清咸丰三年，现名二仙堂＊（第 1565 页）
	高都镇湖里村	创建年代不详，现存正殿为金代风格。实地调查
	巴公镇乐部村	创建年代不详，现存建筑为清代风格。实地调查
	金村镇管院村	创建年代不详，嘉庆七年重修。
陵川县	附城镇小会村	＊（第 1579 页）
	西溪	保存较好，现已重修
	岭西庄	始建于北宋，残破＊（第 1579 页）
	杨村东高岗	现存＊（第 1580 页）
	西头村	现存＊（第 1584 页）
	西伞头村	
	桥蒋村	
	石圪峦村东南	现存＊（第 1585 页）
	圪台河村中	
	北马村北	
	李庄村中	
	岭常村	始建于唐乾宁年间，现存＊（第 1586 页）

续表

县	位置	备注
陵川县	县西南六十里处	始建于后晋天福年间，残破＊（第1586页）
	侯家岭村中	清建单进院＊（第1587页）
	附城镇小会村	创建年代不详，道光十三年重修。＊（第1579页）
	崇文镇西沟村东沟自然村	创建年代不详，现存建筑为清代风格
	崇文镇大泊池村小泊池村	创建年代不详，现存建筑为清代风格
	崇文镇李庄村	创建年代不详，现存建筑为清代风格，实地调查
	崇文镇西龙门村青山底自然村	创建年代不详，元代重修。
	秦家庄乡桥蒋村	现存（第1584页）
	附城镇北马村	创建年代不详，现存建筑为清代风格，实地调查
	附城镇毕家掌村	创建年代不详，乾隆四十年重修。
	秦家庄乡柳义村	创建年代不详，现存建筑为清代风格，实地调查
	潞城镇苇水村	创建于明万历三十九年
	潞城镇东八渠村	创建年代不详，现存建筑为清代风格
	潞城镇侯家岭村	实地调查
	杨村镇太和村	创建年代不详，现存建筑为清代风格，实地调查
	杨村镇	实地调查
	附城镇小会村	实地调查
	夺火乡圪台河村	创建年代不详，光绪三十四年重修，实地调查
	夺火乡勒泉村石板掌村	创建年代不详，光绪三年重修。
	古郊乡马五寨村	光绪五年创建
	古效乡锡崖沟村锡崖自然村	创建年代不详，道光十九年重修
	西河底镇庙掌村	实地调查
	西河底镇圪坨村	创建年代不详，现存建筑为清代风格
高平市	牛庄乡西李门村南岭上	＊（第1568页）
	南赵庄村北	始建于北宋乾德年间，现存＊（第1567页）
	邢村内	现存＊（第1569页）
	米东村中	
	中坪村	现存＊（第1570页）
	李门村北	现存＊（第1572页）

续表

县	位置	备注
高平市	米西村北	现存＊（第 1573 页）
	炉家峪村北	
	回山北	悬壶真人庙，现毁＊（第 1574 页）
	丹水村	现名真泽宫，存＊（第 1575 页）
	回明山	真泽宫，毁＊（第 1575 页）
	北诗镇北诗午村	创建年代不详，现存建筑为清代风格
	北诗镇北诗午村	创建年代不详，现存建筑为清代风格
	北诗镇东韩村	创建年代不详，嘉庆七年维修
	米山镇北朱庄村	创建年代不详，现存建筑为清代风格
	米山镇朱庄南	
	米山镇下冯庄村	创建年代不详，嘉庆八年维修
	米山镇东南庄村	创建年代不详，现存建筑为清代风格
	石末乡侯庄村	创建年代不详，道光二十年重修
	三甲镇南河村	创建年代不详，万历重修。
	南城街道办事处南赵庄村	始建于乾德年间，现存。＊（第 1567 页）实地调查
	石末乡石末村	创建年代不详
	石末乡三槐庄村	创建年代不详，现存建筑为清代风格
	永录乡三军村	创建年代不详，现存建筑为清代风格
	北城街道办事处石门村	创建年代不详
	北城街道办王何北村	创建年代不详，2007 年维修
	北城街道办王降村	创建年代不详，乾隆三十一年重修。

说明：上表中带＊者，来源于白清才主编《山西寺庙大全》，山西经济出版社 1994 年版。

二　地方社会力量对二仙信仰的“刻划”及运用

从故事中可以看到，二仙的故事与中国传统故事一样，都是先溯其家世，因为古人认为凡能建立大功者必定出身与众不同，在血缘上强调这些伟人的超凡脱俗之处。司马迁在作《史记》时大量使用这种做法，凡是成功人都要上溯到一个显赫的祖先。其次是出生时的状况非同一般，就是说伟人之所以伟大，除了家世以外，还有一个重要之处，就是它得到了有关神灵的帮助，或者说他本来就不是凡人，而是天上神仙下凡。因此在二十四史中，我们看到的是大量的帝王出生都是红光满天、层云突现，总之与常人不同。二仙的传说也大体不出此途。首先是给了她们一个显赫的家世——商微子之后。其次是她们在出生时，“感神光而生”。这样就注定了故事后来的发展，她们必定有过人之处，因而才可以得到神仙的帮助而做出超乎凡人之事。这只是为故事的开展做下铺垫。

二仙之家并没有定居在一个地方，而是几经迁转。原为陵川人，大概是其祖上定居陵川，至其父或祖时迁于屯留李村。其母逝后，又迁于壶关紫团乡益阳里。其实从前面我们已经看到，上党由于地理环境所致，农业仰赖于天，很难获得较好的收成，冬吃野菜，夏捡剩麦，百姓生活艰苦，正如碑文中所说：“陵川县据太行绝顶，崇冈涸堑多而平畴鲜。自鸿荒之世，水注于下。兹地高亢硗确，水势难潴。故居民耕稼，恒以雨泽愆期为忧，或遇水旱，官民无聊。”① 因而不得不转徙流移，加之上党近于中原，为历代兵家必争之地，几乎每次战争都在劫难逃，这些战争弄得民不聊生，不得不四处流移。史籍中比比皆是，众所周知的明初“洪洞大槐树移民”也有大量的上党居民迁移，只不过由民间流移转为官方主导，规模扩大而已。但是迁移流转的风气却是早已有之。

二仙的传说还反映着一个更为重要的现象，即上党地区的道教信仰。二仙升仙之处，位于“上党郡之东南陵川县之界北，地号赤壤，山名紫团，洞出紫气，团团如盖，故谓之紫团”②，紫团山又名翠微山、抱犊山，海拔1500米，面积约150平方公里，是道教洞天福地之一。对抱犊山记载较多的是《大清一统志》：

> 抱犊山，在壶关县东南。《隋书·地理志》：“上党县有抱犊山。”《寰宇记》引《道书福地记》云：“抱犊山高七十丈，有

① （明）吴善：《二仙感应碑记》，洪武二年，《晋城金石志》，海潮出版社1995年版，第473页。

② （金）赵安时：《重修真泽二仙庙碑》（拓片），大定五年，现存于陵川县西溪二仙庙。

> 石城，高十丈，方一里，南有草名玉枝，冬生花，高五六尺，味颇甘，取其叶末服之，二三日不饥。”《玉匮》云：“抱犊山南有穴，行三百里，出美阳县西石洞口。”《县志》：“在县东南一百十里，四围陡绝，山顶有二泉。”①

葛洪在《神仙传》中也记载了王烈入抱犊山得仙书之事，认为“按神仙经云，神山五百年□开，其中石髓出，得而服之，寿与天相毕”②。由此可看出抱犊山实为凝聚了仙气之山，使它在道教人士眼中具有重要的意义，故而将抱犊山作为道教修炼的一个神山就不足为怪了。

当然道教人士及其传说中的神仙隐士入山大多为采药治病，所需草药植物皆长在深山老林中，按道家的学说，只有深山老林才可以吸取天地之精华，增加药效，达到治病之目的。上引《大清一统志》中关于“玉枝”的记载，也应是道教炼丹药之重要原料。二仙传说中的采茹就应为道教采药治病的变体，而在有些传说中将二仙采茹作采灵芝，似乎“茹”和“灵芝”之间存在着差异，但这种差异正好证明了二仙与道教的关系。葛洪在其《抱朴子》中也提到了道教人士入山采药的事情：“是以古之道士，合作神药，必入名山，不止凡山之中，正为此也。又按《仙经》，可以精思合作仙药者，有华山、泰山、霍山、恒山、嵩山、少室山、长山、太白山、终南山、女几山、地肺山、王屋山、抱犊山、安丘山、潜山、青城山、峨眉山、绥山、云台山、罗浮山、阳驾山、黄金山、鳖祖山、大小天台山、四望山、盖竹山、括苍山，此皆是正神在其山中，其中或有地仙之人。上皆生芝草，可以避大兵大难，不但于中以合药也。”③

二仙封赐之事与道教势力的发展有很大关系。唐宋时期是道教的大发展时期，统治者极为重视，大力支持，给道教以极高的待遇，促

---

① 乾隆《大清一统志》卷一〇三《潞安府·山川》。

② （东晋）葛洪：《神仙传》卷六。

③ （东晋）葛洪：《抱朴子内篇》卷四《金丹》。

进了道教的发展。宋真宗、徽宗时期尤甚，二仙庙得以封赐之事正是在此时期内，因此可以说上党地方势力——既包括地方士绅，也包括地方官——正是利用这个大好时机，将流传于上党的二仙故事变为官方正统神灵。至于传说中的宋军兵困粮绝，可能属实，至于二仙显灵救助之事，只是事情变化的一个借喻。我们可以认为宋军在当时得到了当地百姓——或者是在绅士率领下的百姓——的资助，使宋军渡过了危机。二仙显灵故事的描述是中央与地方加强联系的中介，即地方——包括官员和绅士——想通过神灵信仰加强对地方的控制，便借助于助军事件，利用朝廷重视道教之契机达到了目的。而朝廷也通过二仙显灵强化了自己在地方的影响，宣扬了道教，回报了地方，加强了对地方的控制。对双方来说都能起到一举数得之效，封赐二仙便成为顺理成章之事。

在故事中还有一个常为人们忽视的细节，即二仙乘黄龙升天，其实黄龙也是上党地区的一个神，在上党地区可见到许多山以黄龙而命名。关于黄龙的传说在此地区很多①，黄龙也是道教传说里的神仙，故事这样结尾恰好证明了二仙传说与道教的密切关系。在某些版本中，说二仙“学道此山，得不死而去”，又更加验证了我们的分析。

通过以上分析，可以得出这样的结论，二仙故事很早就流传于上党一带，在唐朝重视道教的环境下，逐渐地竖立起了二仙的信仰与庙宇，至宋朝再次出现了重视道教的势头，于是地方势力又借助于助军事件，乘机使朝廷封赐了二仙，既树立了自己的威信，加强了对地方的控制，又使得朝廷与地方之间的关系更加和谐。在二仙的故事中，尽管有神话与构想之词，但其中反映的本地道教信仰却是一个不争的事实。

三 “刻划”的目的与作用

刻划，是杜赞奇在研究关帝神崇拜时发明的术语，也就是指各阶

① 张金海：《游黄龙庙》，阳城县政协文史资料研究委员会编印：《濩泽揽胜》，1998年版，第83页；赵世瑜：《小历史与大历史：区域社会史的理念、方法与实践》，生活·读书·新知三联书店2006年版，第338—339页。

层的人对自己所需要的文化象征进行利用时的阐释。[1] 那么，二仙在后来的历史中进行了如何的阐释与变化呢？

二娘仙升，后人对此记道：“贞元元年六月十五田野见之惊叹瞻顾，远近闻之，骇异歆慕，声播三京，名传九府，岂比夫为云巫山、凌波洛甫，两妃企舜于湘川，二女解佩于交甫，虽姮娥月奔弄玉口翥，皆不足以俪遐踪雨蹑高步也。”人们将二仙与巫山神女、舜之两妃[2]并列，并认为她们有过之而无不及，可见在本地人眼中，二仙已经不是作为一般意义上之神仙，而是成了象征，成了地域信仰的一个标志。在任何记载中，我们都不可能听见民众之声，但文化具有二重身份，他一方面代表上层的统治者，另一方面代表了下层百姓，因此，这样的表述从某种意义上说也反映出民众的心声。

但是，并不是所有的人都如此认为，清代便有学者对此提出了异议：

> 而真泽二仙，以室女飞升，乃祷求孕育，等于郊禖之祀。相沿成俗，匪今斯今。举肃肃明禋，几同淫祀之无福，可胜叹哉！余自早岁，即目击二祀而疑之。及考邑乘坛庙、艺文各类“济渎庙”，向无碑碣，而志真泽者，大都铺张圣迹，杂以俗谭。如“求男生智慧之男，求女得端正之女”云云。虽赵殿撰犹不免焉，其他则又何说？夫乃叹习俗移人，讹以传讹。[3]

诚然，二女仙升之时，年纪尚幼，大娘笄副，二娘又小三岁，既未婚嫁，更未生子，如何“求男者生智慧之男，求女者得端正之女？”对此，有人回答说：“中国民间宗教的社会功能基本上表现在

---

① ［美］杜赞奇：《刻划标志：中国战神关帝的神话》，见［美］韦思谛编：《中国大众宗教》，陈仲丹译，江苏人民出版社 2006 年版，第 95 页。

② 参见张利《上党神灵》，三晋出版社 2015 年版。

③ （清）杨乾初：《重修池下镇济渎庙真泽宫碑记》，嘉庆年间，《晋城金石志》，海潮出版社 1995 年版，第 797 页。

两个方面，即精神层次上的慰藉功能和行为层次上的实用功能。对执着于务实求存这一价值标准的乡里民众而言，他们固然希望从‘诸神救劫’的说教中获得精神支撑，借以消解由于社会压力而引起的心灵焦灼，但他们更希望这种精神慰藉能够落实到社会行为领域，以解决人生的实际需要为归宿。”[①] 这与功能论者的观点是一致的，马林诺夫斯基（B. Malinowski）认为任何一种文化的产生都因其特定的功能而致。宗教的功能就在于它“与人以强大的团结力，使人能支配命运，并克服人生的苦恼”[②]，或者说它给人以精神安慰。

这种状况的出现涉及到神仙功能扩大化问题。在中国古代的信仰当中，多神崇拜与一神多拜的现象是很多的，极少有一神崇拜与一神一拜。其一，民众信仰的模糊性。民众对神的职责的认定是不同的，并且也没有一个固定的要求，各种神在他们心中的地位是一样的，既没有等级上的差别，也没有职责上的差别。总而言之，都是神。其二，民众是最现实的，或者说是很功利的。他们认为只要能给以保佑，就可以信奉、祭祀。他们不需要对神的职责与权力作出明确的区分，只要虔诚祭拜即可。他们注重的是解决现实问题，但究竟由谁来解决无关紧要，因此在选择上是任意的，结果什么神都可以信仰，因此出现了多神信仰与一神多拜。也即杨庆堃先生所提出的中国宗教本身的“多元性或混合性”[③]。

而对神的职责、权力的区分在统治者看来却不是任意的。他们按照世俗社会给神以一定的等级，给神以一定的职责，也通过赐予封号来确定所祀神灵的级别与尊重程度。其实就是想把整个社会纳入王权之中，也是要通过神灵祭祀的方式扩大权力所辖范围。这样便可以弥补权力之缺。将民众的信仰纳入国家统治体系当中的是地方士绅[④]，

① 程啸：《晚清乡土意识》，中国人民大学出版社 1990 年版，第 254 页。

② ［英］马林诺夫斯基：《文化论》，费孝通译，华夏出版社 2002 年版，第 86 页。

③ ［美］杨庆堃：《中国社会中的宗教：宗教的现代社会功能与其历史因素之研究》，范丽珠译，上海人民出版社 2007 年版，第十二章。

④ 赵世瑜：《狂欢与日常：明清以来的庙会与民间社会》，生活·读书·新知三联书店 2002 年版，第 31—35 页。

他们使地方信仰最终得到了最高层的认可，并予以大力推广，这就使其逐渐发生演变，演变的过程与政治统治意识是分不开的。杜赞奇（P. Duara）在研究中国的民间信仰中说：

> 不同的历史群体通过其他文化活动书写或描述他们自己对一个现成故事或神话的看法，这一过程融合进了他们的利益或是建立了马林诺夫斯基所说的他们的“社会个性”。在这个过程中，尚存的看法不会完全被抹杀去。相反对大多数神话的看法中常见的形象和次序都保存着，但通过增加或“重新发现”新的因素，或者是给现有的因素一个特定的倾向，这样就又确立了新的解释。即使是新的解释能占据主导地位，以前的看法也不会消失，而是与之建立新的关系，它们自身在我们可称之为神话的“阐释领域”的地位和作用都会被解释并重新确定。①

神灵信仰的社会功能在于道德教化，在于通过祈祷和仪式向民众传播正统思想，古人对此论述颇多，“况夫祈福者未必尽善，亦或有向善心；禳祸者未必尽无恶，亦或有不敢为恶意，天使人向善，而不敢为恶，则于先王神道设教之本怀，不无小补云尔”②。正如杜赞奇所说“社会神祇与国家神祇、官方宗教间接相关，它是传播正统思想的一条重要途径”③。从各个神灵神话的产生到传播，这个现象是非常明显的。斯特劳斯说：“没有比政治意识形态更接近神话思维的了。在我们的现代社会里，也许神话思维只不过是被政治意识所取代了。……神话的本质不在于文体风格，不在于叙事手法，也不在于句法，而在于它所讲述的故事。神话就是语言行为，然而是一种在极高层面上发挥作用的语言行为；不妨说，神话的意义此时能够从它最初

---

① ［美］杜赞奇：《刻划标志：中国战神关帝的神话》，［美］韦思谛编：《中国大众宗教》，陈仲丹译，江苏人民出版社 2006 年版，第 95 页。

② （清）李范：《重修圣母庙碑记》，乾隆《武乡县志》卷五《艺文》。

③ ［美］杜赞奇：《文化、权力与国家：1900—1942 年的华北农村》，王福明译，江苏人民出版社 2004 年版，第 98 页。

赖以启动的语言跑道上起飞。”① 被统治者所看重的正是故事的内容，二仙故事中的内容正是其对父母的孝顺，这与国家意识形态的指导是一致的，所以自然可以得到他们的提倡，最终双方找到了各自的契合点，神话故事与神灵信仰便逐渐在各个阶层中进行刻划，都使神灵或神话成为自己的心中所需。

第三节 地方文化资源的整合与利用：阳城“商汤信仰”

民间信仰不仅反映了民众的心态，而且还作为文化资源被地方社会力量加以整合、利用，形成与国家相抗衡的资源。“商汤信仰”是传承于晋东南区域的重要信仰，尤以阳城县为典型，至今在阳城保存下来的商汤庙宇仍达 50 余座，碑刻 100 余通。明清时期，由于国家与地方社会之间对权力的争夺，阳城的地方社老、士绅以及一些从事宗教事务的群体都通过集资修庙、刻石立碑等方式，不同程度地推动了“商汤信仰”的传承与发展，因而长期以来，在阳城地区形成了以风格独特的汤庙建筑群、内容丰富的雩祭仪式以及大量的碑刻、书法资料等为特色的商汤文化现象。一直以来，“商汤祷雨桑林”的传说在民间广为流传，至宋朝商汤被官方敕封析城山神，商汤崇拜的现象逐渐趋于广泛，直到明清时期，“商汤信仰”的区域特色更加明显。在此过程中，地方社会力量通过捐资修庙、传承故事、祈祷雩祭、演剧献戏等方式，为“商汤信仰”的传承发挥了重要的作用。

一 阳城“商汤信仰”概况

阳城，古称濩泽，位于山西省东南部，沁河中游，地处太行、太岳、中条三大山脉交汇处，地形以山地和丘陵为主。阳城县山川秀美，历史悠久，孕育和传承着黄河中游的古代文明，故事传说俯拾皆

---

① ［法］列维－斯特劳斯：《结构人类学》(1)，张祖建译，中国人民大学出版社 2006 年版，第 223—224 页。

是。“成汤祷雨于桑林，著于《纪年》，其名亦见《穆天子传》。”① “汤祷桑林”的传说在我国古代社会的多部典籍中均有记载，《墨子·七患》云：“殷书曰：汤五年旱。此其离（罹）凶饿甚矣。”《尸子》云商汤“救旱也，乘素车白马，著布衣，身婴白茅，以身为牲，祷于桑林之野”。《淮南子·主术训》云：“汤之时，七年旱，以身祷于桑林之际，而四海之云凑，千里之雨至。”《吕氏春秋·顺民》有所谓汤祷旱文云：“昔者汤克夏而正天下，天大旱，五年不收，汤以身祷于桑林，曰：余一人有罪，无及万夫，万夫有罪在余一人，无以一人之不敏，使上帝鬼神伤民之命。于是剪其发，磨其手，以身为牺牲，用祈福于上帝，……雨乃大至。”又载见《墨子·兼爱下》《国语·周语上》《尚书大传》等，这些记载大同小异，讲商汤时大旱，他以身为牺牲或象征性的剪发断爪祷雨。②

“汤尝有祷从古立庙”③，立汤庙祈雨，至少可以追溯到唐代，据清代胡聘之《山右石刻丛编》收录的宋太平兴国四年张待问撰《大宋国解州闻喜县姜阳乡南五保重建汤王庙碑铭》云：“当州顷因岁旱，是建行宫逾八十年。”④ 这里提及的太平兴国四年为公元979年，前溯八十载即公元899年，也就是唐昭宗乾宁五年。由此可见，至迟在唐末山西已开始构建汤庙祈祷雨泽。

到了宋代，宋神宗封析城山神为“诚应侯”。宋徽宗特赐析城山商汤庙“广渊之庙”匾额并加封析城山神“诚应侯”为“嘉润公”。宋朝两代皇帝派人到析城山商汤庙祷雨并敕封的史事在金代状元李俊民《析城山重修成汤庙记》中也有记载：

> 按《图经》，阳城，盖汉之濩泽县也。殷汤庙在县七十五里析城山上。宋熙宁九年，河东路旱。委通判王丕亲诣析城山祈

① （清）赖昌期：《新修阳城县志序》，同治《阳城县志》。

② 宋镇豪：《由商汤祷雨桑林祈雨说到甲骨文中所见求雨行事》，三晋出版社2010年版，第12页。

③ 光绪《山西通志》卷一六五《祠庙》。

④ （宋）张待问：《大宋国解州闻喜县姜阳乡南五保重建汤王庙碑铭》，（清）胡聘之：《山右石刻丛编》，山西人民出版社1988年版，第243页。

> 祷，即获休应。十年五月□日，牒封析城山神为诚应侯。政和六年三月二十九日，析城山殷汤庙可特赐广渊之庙为额，诚应侯可特封嘉润公。①

王演《重修成汤庙记》则提到：

> 延祐四年，达鲁花赤古燕木八剌沙公、县尹铜台韩公廷杰仲英、主簿天党王公琮德明、典史覃怀贾公楚彦元卿，同寅协恭，宰制斯邑，事神恤民，爱敬兼尽，凡奠谒必躬焉。②

可见，元代统治者对于此民间信仰也是相当支持的。官方委派各级官吏亲自到成汤庙祈雨祭祀，不仅直接加强了政府对地方社会的控制，使地方社会力量服从于官方统治思想，按照朝廷的旨意管理地方，而且，也直接影响到基层民众的宗教思想和生活方式。另外，今存析城山汤庙里的元至元十七年（1280）《汤帝行宫碑记》，记录了阳城及其周围各地区的汤王庙花名：阳城 17 座，沁水 4 座，高平 2 座，翼城 6 座，闻喜 1 座，河中府虞乡 1 座，沁南府在城 6 座，等等。③ 这些足以表明，到了元朝，以析城山广渊庙为中心辐射周围的太行汤庙群已经初步形成。

由此可见，宋元时期由于官方的大力支持，通过派遣官员主持祭祀仪式，广修汤庙、刻碑立传等方式，赋予“商汤信仰”以更大的合理性，从而使商汤崇拜在阳城地区广泛流传开来，庙祠建立与祭祀活动大为盛行。这不仅有效地稳定了地方社会的秩序，显示了官方力量的正统性和权威性，更是国家与地方进行交流和沟通的重要手段。正逢旱灾，国家派遣官员亲自到汤庙祈雨，而且灵验了，这不仅仅是汤王显灵，更多的是皇恩浩荡！在整个过程中，官员躬身祈雨首先显示了中央政权对百姓生活的关心与体恤，这无疑是传统儒家思想的体

① （金）李俊民：《析城山重修成汤庙记》，雍正《泽州府志》卷四五《文》。

② （元）王演《重修成汤庙记》，同治《阳城县志》卷四四《艺文》。

③ 《阳城汤庙碑拓文选》，文物出版社 2012 年版，第 103 页。

现，同时也显示了中央的权威与控制力，当然要采取措施让这种“皇恩”的影响力更加深远、长久。于是，皇帝不仅对汤庙进行了敕封、赐额，还要派官员适时维修，在重修碑文中不断地体现“皇恩浩荡”，以期“遗泽千百年”，借此来巩固中央权力的威严，使中央权力直接而有效地影响到地方社会。直至明清以后，由于国家的支持，以及当时阳城地区地方社会力量发挥了越来越大的作用，从而保持了“商汤信仰”在民间的地位，而且逐渐与百姓的生活愈加贴近。

二　地方社会力量与“商汤信仰”的传承

目前，阳城县境内尚保存着百余座规模宏大，建筑精美的汤庙，其中至今还保留着大量的碑帖、门额、楹联、诗词，不少都出自历代名人之手。尤其是这些宝贵的碑刻资料，就内容而言，大多记载汤庙的修葺过程及乡人的行动、态度，其中也有涉及时政思想。由于现存汤庙大多为明清时期的建筑，庙中所存碑刻也大多为明清时期所刻，这就为我们了解此时期“商汤信仰”的发展状况提供了有利的条件。在“商汤信仰”的传播过程中，地方社会力量积极利用本地文化资源，不断改造着“商汤信仰”，使其在地方社会中的影响越来越大。

（一）社首组织乡民修建汤庙，并对其进行管理

因所存碑刻大多为汤庙重修碑，记载的内容大概包括汤庙重修的缘由、修建汤庙的主要倡导者、执行者、具体的修建过程，等等。在这些现存碑文中我们可以很容易地找到出现频率较高的一个词：社首或者是社老。他们在村民心目中威望较高，负责管理村中大小事务，同时也是修建庙宇的主要负责人。据史料记载，社是农村基本的生产、生活单位，在基层社会中起着直接而重要的作用，元朝设立，明清沿用，因而在这些重修碑文中频频出现。由于风易蚀、雨易剥，以致倾圮之患发生，或者由于意外火灾、兵燹大作等其他原因导致汤庙受损，变得破旧不堪甚至被毁。而往往在这时，村中社老就会相与谋之，倡导并主持修庙事宜，可见修建汤庙是社老们管理地方事务经常使用而有效的手段之一。

从现有的重修碑记中可以看出，对于明清时期的大多数汤庙来

说，并不是依靠政府施资修建，而是要靠地方社会力量的支持和号召，且很大一部分就是社首。比如，刻于康熙二十八年（1689）的《成汤庙化源里增修什物碑记》中所记：

> 里之有社，本古人蜡飨遗意，后世踵事增华相沿成例……曷思帝之泽在民，昧其为泽者，适以病民，民之思在帝侈，其为报者，殊难格帝，惟度力而行，量能而至，无忝帝得，无滋民累，庶不失歌，豳击壤之庥，是在留心风教者，有因时维救之思焉。今岁成汤庙例应化源里迎神换水，适上台及邑大夫有禁其事，暂寝二三。社老相与谋曰，取水之举事关祈报，应在雨泽，何可废而不举，迩来仪仗残缺，缘旧相仍，岁耗民财，究于社典之需，一无所补。令虽罢迎飨之举，何若以其所费之资制为什物，使后之迎飨者壮美观瞻，可经数十年之用，不犹愈于耗而无成者乎？①

可见，由于“适上台及邑大夫有禁其事，暂寝二三”，故村社不能遵照惯例进行取水祈雨仪式，而此时村中社老就相互商量着要把民众缴纳的钱用来增置祭祀用的什物，而不是就此废止，这自然是对“商汤信仰”的一种延续与传承。这里不仅体现了官方和地方力量对这种民间信仰的不同态度，同时也突出了村中社老在继承“商汤信仰”中的重要作用，以及地方力量在沟通官方与民众中极大的自主性。

同时，在民间流传的一些神话故事中也能找到他们的身影，如“罚油三斤”的传说：

> 传说每逢天旱，村民们都要在社首的带领下到庙里祈雨。但有一次祈雨之后，天仍未下雨，道士在神坛旁念念有词，说道：“来心不整，罚油三斤。”次日，老社不敢怠慢，拿着三斤油到

① 《阳城汤庙碑拓文选》，文物出版社 2012 年版，第 109 页。

庙里谢罪。从此以后，每逢祈雨不应，无人敢责怪神灵，只怪求雨之人心不诚。①

上述传说中提到，社老不仅得带领村民们到庙里祈雨，在求雨不灵的情况下，还要担负起一定的责任，引咎自责，代表村民亲自到庙里谢罪，或者寻求其他有效措施进行补救。这里用“罚油三斤”来代表社首所应承担的罪责，这一行为不仅是对商汤祷雨所蕴含的自我牺牲精神的传承（虽然没有像汤王那样自焚祈雨，但也显示出了他们在村社中的带头作用），同时也为以后的社老们做出了榜样。这些无疑对“商汤信仰”所蕴含的文化内涵的传承起到了重要的作用。

（二）乡绅尽己所能推动“商汤信仰”的传承

乡绅的成分主要包括在职或致仕官员、生员等，他们靠自己的知识、钱财、社会关系、威望等结成自己的势力，无人能够视他们于不顾。他们在地方社会中具有较高的影响力，在基层社会的各个方面都起到了一定的作用。所以，在分析明清时期阳城地区“商汤信仰”的传承问题时不能忽视这一重要的群体。

这里说的乡绅主要包括明清时期阳城地区乡社中有学识的人，或者是有一定经济实力的宗族。从现存资料中可以看到，很多相关的重修碑文都是当时的乡中社老诚邀地方文人修撰的。他们期望借文人之手来扩大汤庙的影响力，利用这些文人起到榜样作用来达到教化的目的。比如，下交村《重修大殿碑记》就是由原赐进士出身通议大夫都察院左副都御史田从典撰写的，期望后人能够铭记发起和重修此庙的人。② 中国古代社会是学而优则仕的社会，由于科举制的盛行和儒家思想治国理念的推行，文人在社会中地位相对较高。尤其是在地方社会中，民众出于一定的地域认同感和归属感，自然会对这些文人名士敬仰备至，这样地方社会力量对基层社会的管理也就更加容易些。

除了地方的文化名人，还有一些是在当地有声望的宗族，以阳城

---

① 张星社主编：《阳城商汤文化》，三晋出版社2010年版，第230页。

② 《阳城汤庙碑拓文选》，文物出版社2012年版，第115页。

下交村的原氏宗族最具代表性。他们拥有足够的经济实力，百姓也为之信服，所以，传承信仰除了靠社老的号召，还有的要靠这些地方乡绅的鼎力支持。如刻于大明嘉靖十五年（1536）的下交村《重修正殿廊庑碑记》中所记：

> 久而必敝，势也。原氏世居其乡，为大姓，科缔缙绅辈出。神山性刚方便介，风度庄肃，所在人咸畏服，尤好整饰，不苟简……念曰：人赖神以庇，神依人以礼，礼假庙以行，庙且颓敝，乃尔果所以为礼神哉！于是耿耿不释，乃协缵族叔宗志、族兄应瑞，以修葺之……无何而厥叔兄辈相继捐馆……庙辞……越九载致其政而还。抵家未旬月，前日之念即萌乡之故事。月朔望，相率而祀于庙，神山因祀乃举爵长跪而谋诸众，众喧然许诺……先自出白金十两，以鸠工经始其事……今年乙未冬，厥功成。呜呼！厥费不资，厥功不浅。①

上述碑文明确地记载了下交村原氏宗族尽力修建汤庙一事。由此可见，地方士绅在维修汤庙方面确实出力不少，不仅贡献自己宗族的力量，而且还团结乡亲，即使过程曲折，但终究还是完成了汤庙的修葺，在时人看来可谓是大功一件！原氏宗族依靠崇高的威望和一定的经济实力帮助修建了下交村的成汤庙，贡献了乡里，反过来也扩大了这一宗族在本村的影响力。同时，他们在修庙成功之后，不仅保存和完善了“商汤信仰”的物化表现形式，即汤庙，而且他们的崇神理念也更加影响到乡民，起到一定的榜样作用。原氏宗族修庙的事迹通过立传刻碑流传后代，影响深远，这些势必会增强“商汤信仰”在阳城地区的生命力。

此外，明清时期当地所修众多汤庙中保留下来的大量碑帖、门额、楹联、诗词，也都成为传承“商汤信仰”的重要方式。泽州府知府朱樟在其编写的《泽州府志》中收录了他赞美析城山的一首七

---

① 《阳城汤庙碑拓文选》，文物出版社2012年版，第113页。

律《圣王坪》[①]：

箫鼓祈年及万家，滤泉新汲古城洼。
仙人待雨呼龙草，少女留香弄粉花。
未买春田培百药，难搜灵气孕三桠。
何时许访烟萝子，移屐重寻菴画沙。

这首诗用文人的笔法描述了商汤祷雨的有关传说和圣王坪的美丽景色。诗中提到的“龙须草”“脂粉花”也都被后人赋予了传奇色彩，与之相关的传说故事在民间广为流传。在析城山上生长着两种罕见的植物：娇柔翠绿的龙须草；粉红欲滴的胭粉花。当地就流传着人们所熟知的“龙须落地为草，泪洗胭粉成花”的动人故事：

传说在商汤登基不久，天下大旱，一片荒凉。爱民如子的商汤见黎民遭殃，可谓是寝食难安。于是在召集群臣商议之后决定到析城山上祈雨，可一连拜了七天七夜依然红日高照。汤帝见祈雨不成，想来是自己得罪了老天爷，连累了百姓，于是吩咐众人堆起柴火准备焚身祭天。此举终于感动了上天，降下甘霖，众人欢喜。可汤王焚身祷雨的消息传到宫中，娘娘心急如焚，昼夜不停地赶往析城山，只见火堆却不见汤王，不觉泪流满面，脸上的胭脂被泪水冲得满山都是。后来，山上长满了像胡须一样的草和粉红色的花儿，人们说那草是汤王被火烧掉的胡须变的，那花是娘娘的脂粉变的。所以取名为龙须草、脂粉花。[②]

这些相关的诗词、传说生动地表现了析城山的灵性，使商汤祷雨的故事更加有趣且传奇。如此，不仅给当时的“商汤信仰”增加了更多的文化内涵，扩大了它的影响力和知名度。更重要的是，这些留

---

① （清）朱樟：《圣王坪》，雍正《泽州府志》卷八四《诗》。

② 中国先秦史学会《析城山文化丛书》编委会：《商汤在阳城的传说》，文物出版社2012年版，第1页。

下来的文字资料和传说故事都具有特殊的史学、文学等价值，因而形成了阳城独特的商汤文化现象。

（三）道士与“商汤信仰”的特殊关系

除了上述提及的社老和地方乡绅，还有一些道士、羽士也出现在了碑文中。如在《析城山新庙碑记》中就记载了“会有道士自上党军人来”，念及庙宇破旧，于是竭力修缮汤庙。① 还有刻于明嘉靖三十九年（1560）的《重修汤帝殿关王殿碑记》中记载了明嘉靖二十五年至三十七年（1546—1558）道士王和顺联合社老倡议并出资补助重修寨上村汤帝庙、关王殿的事情。② 这些道士出于对神灵的独特感情，不忍看庙宇殿庭败落，为与神通而竭力补修庙宇，也同样为“商汤信仰”的传承起到了一定的作用。

在前文提到的《析城山新庙碑记》中就有提及：

> 顺治十三年丙申夏，关西道副使石公适于山谒神瞻顾咨嗟，爰集二三耆庶倡谋资募。会有道士某本自上党军人来，矢愿事神。单身胼趾荒良虫兽之区，诚与神通，辄能驱丐远迩裹糇。负畚升木山之四，高陶土，锤石震怪不沮。既其勤苦用，编日缉月卒践厥绪，乃因庙旧址改立正殿五楹，东西陪殿各五楹。③

道士们大多由于个人宗教信仰和对神灵的独特感情，或贡献自己的钱财，或亲身投入到修建工作中，又或者以自己的宗教身份鼓励村民们投入修庙。在此有必要提到商汤崇拜与道教的关系，宋神宗崇尚道教并将其贯彻到其治国理念中，从而使道教流行。元朝统治者为更好地控制中原，对道教和民间信仰同时采取了支持的态度，这种宽松的统治政策也就促进了本土道教与地方民间信仰之间的融合。因此，

---

① （清）白胤谦：《析城山新庙碑记》，《阳城汤庙碑拓文选》，文物出版社 2012 年版，第 107 页。。

② （明）王淑陵：《重修汤帝殿关王殿碑记》，同上书，第 127—128 页。

③ （清）白胤谦：《析城山新庙碑记》，《阳城汤庙碑拓文选》，文物出版社 2012 年版，第 107 页。。

汤庙中奉徒大多为道士，这也成为道士不遗余力地传承“商汤信仰”的一个原因。相比之下，他们的威望不及社老和乡绅，在基层社会中的地位也不及他们，刻碑立传的目的也就少了些教化民风的含义，只是客观上有利于信仰的传承与延续。

道士们除了对修建汤庙做出了贡献，他们在丰富“商汤信仰”的内涵方面也起到了一定的作用。比如，在一些传说故事中道士的角色往往就被赋予了传奇色彩。关于析城山上的汤庙曾流传着“道士点羊运铁瓦”的故事：

> 传说析城山成汤庙因常遭火灾而被毁，附近的村民们决定重新选址修建汤庙。可是由于路途遥远，一人背两块铁瓦，翻山越岭，三天才可运一趟，民夫们都叫苦连天。这时，附近山洞里一个修仙的神道看见民夫们确实累的够苦，很不忍心，就摇身一变，变成了一个放羊的小羊倌，赶着一群山羊把铁瓦运上山。①

这样的故事无疑是对“商汤信仰”内涵的丰富，以这种带有传奇色彩的方式传播信仰，更能使老百姓信服。而这里提到的道士就被人们赋予了神力，人们把他们看作是不一样的群体，相比之下他们似乎更容易与神沟通，而这里恰恰就把他们与祈雨的神灵汤王联系在了一起，足见二者的关系特殊。这样，在民众心目中就会对居住在汤庙里的道士们赋予其特定的地位和功能。当然，这也就说明了道士在“商汤信仰”流传过程中是有着特殊作用的。

综上所述，我们可以看到地方社会力量一般会通过集资、募捐或自己出资等方式对汤庙进行修建，这样不仅能够有效地筹得资金，而且可以增强村社内部的向心力与凝聚力。社老们号召民众参与进来，把修建汤庙当作自己的事情来做，这就使他们更容易服从村社的领导，并认同这一共同的信仰，无疑对“商汤信仰”在基层

---

① 中国先秦史学会《析城山文化丛书》编委会：《商汤在阳城的传说》，文物出版社2012年版，第10页。

社会的广泛传播提供了有利条件。这一点不仅体现在响应号召集体修庙这一方面，更明显地表现在村民在社老们的带领下举行祭祀祈雨的仪式上。有些实力较强的村庄会定期举行规模宏大的仪式，全部村民都参与进来，这一集体活动不仅大大增进了村民之间的联系，有效地增强了社首们对民众的管理，更重要的是显示了本村雄厚的实力和浓厚的文化氛围，赋予村民们以自豪感和满足感。而此时，地方士绅也会响应社老们的号召，积极地参与进来，不仅显示了自己与社老们有着共同的利益取向，希望共同维护本村的社会秩序，更重要的是在这一过程中提高了自家的威望，使百姓更加信服，从而维护宗族的名望和声誉，这也许是他们更加看重的吧！也就是说，此时期地方力量竭力修建汤庙，组织祭祀活动，也已经不单单是为了祭神祈雨，而多了一些别的目的，使千百年来在阳城地区传承下来的这一信仰成为他们管理地方事务的有效手段之一了。那么，对于明清时期阳城地区“商汤信仰”出现的一些变化也就不难解释了。

三 地方社会力量影响下的“商汤信仰”

在阳城地区“商汤信仰”的长时间演变与发展的过程中，自然是少不了这些地方社会力量的作用。从碑文中我们能清楚地看到，他们不仅是通过修建庙宇、镌刻碑文，还会定期组织民众举行祭祀等活动，从而对百姓施行教化，进行地方事务的管理。自然，这也就在一定程度上保证了“商汤信仰”在阳城地区的持久传承。

首先，由于上述地方社会力量的重要作用，使明清时期的汤庙数量急剧增多，且空间分布相对集中。到了清朝中期，阳城修建汤庙进入鼎盛时期，直至清朝末年，阳城汤庙的数量远远超过了七八十个，除了原有的汤庙外，许多人口较多的村庄都开始修建自己的汤庙。从现有的《阳城县现存汤庙及祀有汤王庙宇分布示意图》① 来看，明清时期建有汤庙的村庄数量和范围都在扩大，可谓分布于县城的各个角

① 张星社：《阳城商汤文化》，三晋出版社 2010 年版。

落，如县城附近的水村、卧庄等村庄。而且也逐渐扩散到县城周边距离较远的一些村镇，如润城镇、北留镇、东冶镇、蟒河镇、芹池镇、横河镇等。仅润城一个镇就有上伏村、下伏村、中庄村、王村村、刘善天坛山、大安头村等村的多座成汤庙，当时汤庙的集中程度，可见一斑。除此之外，祀有汤王庙的数量更多，分布范围更为广泛，而阳城境内现存的众多汤王庙中，绝大多数也均为明清遗物。上文提到，为了有效地管理地方事务，村中社老会组织民众一起修建汤庙、刻碑立传、参与祈雨祭祀等活动。除了是由于恰逢旱灾，或者是汤庙年久失修、庙貌有损等原因要对汤庙进行扩建、重修，更多的还是把它作为一种有效的手段，不仅加强了对地方事务的管理，而且彰显了村中实力。毕竟修建庙宇、组织活动都是要靠经济来支撑的，所以汤庙越大，也就说明本村实力越强，村民对其重视程度也就越高。后来，几乎村村有汤庙的现象也就不难理解了。

其次，明清时期阳城地区的地方社会力量是修建汤庙的主要力量，由于他们对商汤庙宇的重视，因而竭力捐资，认真组织，所以此时期所修汤庙大多规模宏大。从现存于下交村汤庙的重修碑文来看（包括《重修下交神祠记》《重修乐楼记》《重修正殿廊庑记》《重修大殿碑记》《重修拜殿碑记》），[①] 时人就先后对汤庙的大殿、拜殿、乐楼、廊庑等部分都做了增修，并且立碑记事以敦促后人，达到神灵欢喜、百姓喜悦的目的。而这座规模宏大的下交汤庙正是得到了村中原姓大族的鼎力支持才得以建成的。这种对一村的汤庙进行长时间且规模较大的修建，在前代都是很少见的。正是由于当时的地方社会力量对修建汤庙一事尽心尽力，才使得“商汤信仰”在当地得以延续，并且保存了规模较大的商汤庙宇建筑群，为后世子孙了解和学习商汤文化积淀了宝贵的史料。

再次，随着汤庙数量的增多，那些有关商汤祈雨的祭祀形式也开始得到推广甚至普及。很久以前，人们遇到旱灾还会如前面碑文中所记，长途跋涉到析城山汤王庙去取水祭祀。但随着汤庙分布范围的扩

---

① 《阳城汤庙碑拓文选》，文物出版社 2012 年版，第 105—117 页。

大，很多偏远地区的人们可能就会就近取水，甚至发展成到龙王庙取水祈雨，而官员的角色也被社老们代替了。

在润城镇上伏村，除了“取水”，还有“祈雨”“送龙王”“贺雨”等环节。具体来说，就是由值年社首到白龙殿祈雨，如果还不下雨就由村民将龙王像抬出去暴晒，下雨之后再将其送回，秋收之后一般要连唱三天大戏来贺雨。相比之下，这样的活动自然要比官方的祷雨取水活动有趣得多，也远远不只是当初在析城山上简单的拜神祈雨，还增加了许多娱乐性的活动，也加入了新的角色——龙王。

第四章　基层社会权力的交织与互动

国家权力无所不管，但并非可以真正实现事无巨细皆来解决，对广大的乡村社会来说基本上是难以触及。尤其是在特定时期，诸如政权过渡、自然灾害来临之时，国家自身尚且难以自保，遑论基层社会？在这种情况下，基层社会力量便乘隙而入，自觉地承担起管理的义务，既为加强对乡村社会的控制，亦为保卫家乡安全，维持乡村社会秩序的稳定，实现了政权的平稳过渡。这类时期，一般称为社会危机时期。一旦度过危机，便重新出现了国家力量的深入与渗透。

第一节　特殊领域中的权力互动：乡村规约

规约，是在乡村社会中，由特定的组织和人群共同商议制定的，根据特定范围内民众所共同遵守的一种自治原则和行为规范。由于中国古代社会是一个乡土社会，乡村民间规约构成了古代民间规约的主体，所以人们习惯上将其称为乡规民约。在农村社会中，规约呈现大多是以碑刻为载体的，之所以采取立碑约束的形式意在显示规约的恒久效力与不可变更性。在晋东南区域社会中，大量有关明清时期规约的碑刻，散见于各地方的乡村社会，这就为我们研究乡村社会中的规约提供了丰富的史料来源。透过山西区域社会现存的碑刻，可以从微观视角下探讨规约与乡村社会之关系，进而观照地方社会力量如何实现对乡村社会的控制。

20 世纪后，许多学者对我国古代的会社、乡约、宗族等乡村基层组织研究的关注度越来越高。但是就像董建辉在《“乡约”不等于

“乡规民约”》一文中指出的：长期以来，学者们在研究中经常将“乡约”与“乡规民约”不加区别地混为一谈。从相关历史文献来看与乡规民约最接近的词是“规约”。据此，笔者推测“乡规民约”一词乃由“规约”扩展而来，它的出现应是清末开始的文体改革之后的事。从辞源学的意义上讲，“规”的意思是法度，即行为的准则、规矩。《说文》谓：“规，有法度也，从夫，从见。”① 清文字训诂学家段玉裁也说：“规，规巨，有法度也。”并注曰：“规巨，有法度之谓也。”②“约”的本意是缠束、捆缚。《说文》谓：“约，缠束也。”③用在“规约”中，意为“以语言或文字预先规定须共同遵守的条件”④。“规”与“约”连在一起作为名词使用，指的就是人们就某一事项，相互协议规定下来的，供大家共同遵守的行为规范。又因为这些行为规范不是先天就有的，也不是由外界强加给的，而是乡里百姓从实际生活的需要出发，通过相互合意的方式订立的，所以便有“规约”之谓。这些规约大多是以契约文书为载体存在，也有少部分是通过碑刻的形式保存下来。相较于契约文书，碑刻具有公众性、耐久性之特点，在乡村社会治理中具有不可替代之职。

一 规约的主要内容

就规约的内容而言，大体上可以划分为宗族的族规家法、森林保护规约、宗族族产和坟墓禁约、议事合同、会社规约、禁赌公约、兴办学校和教育公约等等；若从形式上看，又可分为告知性乡规民约、禁止性乡规民约、奖励类乡规民约、惩戒类乡规民约和议事类乡规民约等类型。就经济方面而言，明清时期的规约涉及对山场农田的保护、水利设施的兴修与维护、乡村社会中经济事务的规则、赋役征收和佥派的约定，以及违反规约的处罚等。

① （汉）许慎：《说文解字》，中华书局 1963 年版，第 499 页。

② （清）段玉裁：《说文解字注》，上海古籍出版社 1981 年版，第 272 页。

③ （汉）许慎：《说文解字》，中华书局 1963 年版，第 499 页。

④ 《汉语大字典（缩印本）》，湖北辞书出版社、四川辞书出版社 1995 年版，第 1402 页。

从目前晋东南现有的碑刻资料中有关规约的内容来看，几乎涉及了民众生活的各个方面，主要表现为以下几类：

（一）禁赌

赌博是明清以来社会生活中的重要内容。枯燥的农村生活、劳累的农作致使赌博成为民众休闲的方式，但由于其具有严重的社会破坏性，因此历来被视为禁止的内容，无论官方还是民间，都对之有严格的惩罚。[①] 因此，禁赌成为乡村社会农民生活中重要的内容。尽管其与维护风俗相一致，但由于其数量之众、影响之广而独具特色。

赌博之禁，主要因为其严重的社会危害性。古人对此感叹道："乡里风俗之坏，莫甚于赌博。"[②] 意指赌博致使社会风俗变坏，民众不事生产，无暇顾及子女上学，浪费钱财，家庭关系恶劣，民众交往破坏，盗贼丛生。各种碑刻中，都对此种劣习予以深恶痛绝的指斥。"赌博者，丧心术，坏人品，损钱钞，失时事，履霜坚冰，其害甚大。近之，为父母、兄弟、妻子所贱恶；远之，为宗族、乡党、戚友所轻鄙"[③]。长此以往，则会深陷其中，难以自拔，纵有家产万贯，也难逃饥寒败落之苦。"以赌博为事，习之者如醉如梦；爱之者如痴如癫，坐处无分于高下，来时不论乎后先；街市小人每齐行并列，屠徒执袂而拍肩；豪客奢荡亦易尽千金之产，富翁放纵也难留数顷之田。甚至妻号寒于腊月，子啼饥于丰年"[④]。因此，无论是官方还是民间，对赌博历来均予以严惩。赵凤诏任沁水县令时，对赌博严加惩治，"凡赌博之人，枷号两个月，责四十板；开场之人，在家窝留赌博之人，将自己银钱放头、抽头之人，各枷号三个月，责四十板；凡以财物打马、吊斗、混江，仍照赌博例治罪，其虽不赌钱，赌饮食等

① 朱文广：《禁赌碑与乡村风俗改良——以清代上党为中心的考察》，《农业考古》2014 年第 3 期。

② （清）刘伯英：《大社禁止赌博争讼碑记》，嘉庆十六年，《阳城汤庙碑拓文选》，文物出版社 2012 年版，第 172 页。

③ （清）平远肇：《清禁赌博碑》，康熙五十八年，《长治金石萃编》（下），山西春秋电子音像出版社 2006 年版，第 357 页。

④ 《赵家山村禁赌碑记》，乾隆三十七年，《高平金石志》，中华书局 2004 年版，第 676 页。

物者，照不应重律，杖八十”[①]。希冀通过严刑峻法杜绝赌博之事。对基层社会而言，大量的是以社为单位，制定各种规约，对赌博行为予以处罚。

（二）教化村民，维风励俗

在清初期以后，村社往往是规约的制定者，社首在村中教化方面起着主导作用。很多村社都将社规刻石立碑。这些社规普遍涉及了村民教化、村社管理等内容。在思想教化与社会风俗的引导方面，不断宣传官方所宣扬的端正风俗之理念，向民众讲解朝廷圣谕。高平康营村现仍保存了一通解释康熙圣谕的碑刻：

康营村上谕六解碑记

孝顺父母　尊敬长上　和睦乡里　教训子孙　各安生理　无作非为

第一条孝顺父母。父母恩德与一地一般，最是难报。所以为人子的必要尽孝，好衣好食必归父母，不要惹他生气；若不孝顺父母，便是禽兽。

第二条尊敬长上。凡君长、师长、官长、家长都是在上之人，你们在下的皆当尊之而不敢亵，敬之而不敢慢，这就是卑幼事尊长的道理。

第三条和睦乡里。邻里乡党如一家人一样，□要和气，不可打架兴讼，必以礼让为先，才是好风俗。

第四条教训子孙。凡为祖、为父的，皆要教训子孙，使他知道孝悌、忠信、礼义、廉耻，务要学成好人。

第五条各安生理。此言士农工商各有常业，为士的要读书上进，为农的要竭力耕作，为工的要专心学手艺，为商的要一意作买卖，不可一时懒散，□就是各安生理。

第六条无作非为。这是说你们百姓，凡不当为的事，断不可为，如不孝不悌、不忠不信、无礼无义、寡廉鲜耻，及一切吃喝

① 《严禁赌博》，《沁水历代文存》，山西人民出版社 2005 年版，第 487 页。

> 嫖赌、行凶霸道、做贼为匪，这皆是不当为的事，你们断不可为，这就是好百姓。[①]

碑刻用通俗易懂的语言、言简意赅的表述对康熙上谕进行了讲解，其目的是使一般百姓听懂，在乡村社会形成一种和谐、淳朴的社会风尚，导民化俗。

引导乡村社会的风俗纯正，杜绝浇漓之弊，也是地方社会的职责。在乡村社会中，有些人不务正业，专靠各种敲诈勒索为生，搅扰民众生活，伤风败俗，进而上行下效，良恶失序，因此需要对这种行为予以禁止。其手段与形式多样，不拘一种。在长治县西池乡北仙泉村即有一通石碑记载了此种类型行为："世风日迁，人心不古，而游手好闲之辈，舍正业而弗务，入邪类以妄为。所最恶者，盖有两端，遇村人有喜□之事，引类呼朋，名为贺喜，实则搅扰善良而吓诈阿堵；逢村人行出殡之事，携群合党，名为路祭，实则□生枝节而勒索青蚨。"这样的状况与圣谕所言"黜异端以崇正学，训子弟以禁非为"正相迥异，引起众人愤怒，故而规定："自禁之后，□不许再有假捏贺喜路祭等事，如敢故违，仍蹈前辙，轻则约社责处，重则送官究治。"[②] 在泽州县巴公镇渠头村亦存有一通石碑，其意仍在劝善导民，以求厘正风俗，治理地方。其内容主要包括十二条：劝人酌减冗费、劝人崇俭去奢、劝人剪除陋习、劝人不可争讼、劝人戒赌、劝人不得滥举乡约、劝人不得容留外来匪人、劝人洁净街道、劝人不可酗酒骂街、劝人不可无故演戏行会、劝人勿毁人家坟茔树物、劝人载桑养蚕。[③] 由此可见时人关注事项较全，甚至对公共卫生、社会道德等均予以重视。

对淫歌艳词的禁止亦是历代官方所禁止的，因此在基层社会屡加

---

① 《康营村上谕六解碑记》，嘉庆五年，《高平金石志》，中华书局2004年版，第683页。

② 《维风励俗》（原碑无名，碑额为"维风励俗"，故作者引以为名），光绪三年，《长治金石萃编》（下），山西春秋电子音像出版社2006年版，第393页。

③ 《公议乡风十二劝》，嘉庆三年，《三晋石刻大全・晋城市泽州县卷》，第506页。

申斥严禁，至今保存在长治县的一通碑刻即为此最佳证明："奉官禁止演唱秧歌"[①]，表明了统治者对地方社会秩序的希冀，也与地方社会的需要相一致，因此，各种社会力量共同协作，刻碑立石以示警诫。"洵如是也，则吾乡之人，日变月化，风清俗美。强悍自遵其规，莫敢有邪僻之习；良民自乐其业，不患有搅扰之端"[②]。这成为大多数基层社会秩序的向往和追求。

（三）禁山

在乡村社会中，土地是人们赖以生存的家园，山西地处黄土高原，水土流失问题比较严重，明清时期，人们在保护水土方面获得许多经验。但是在保护山林上，民众不仅受约于规约本身的处罚规定，其背后还受民间信仰的控制。风水术认为"草木郁茂，吉气相随""木盛则生风"，因此"乡中有多年之乔木与乡运有关，不可擅伐"。清乾隆八年（1743）七月，高平石末镇紫峰山永禁樵牧碑记中指出："石末镇为高平东南之望，而紫峰山又石末东南之望也。虬松古柏，离奇突兀于苍岩碧嶂之间，观方者见青葱之佳气，验人文之日盛焉。"但就在这样的一方望地，有村农野竖，垦污莱于崔嵬之上，纵牛羊于维乔之下，岁月渐深，视为固然，不及今而为之所，匪独嘉树见戕，山灵且将怒之矣。因此里人张钿等会同众绅士商议"追还侵地若干段，封殖松柏，永禁樵牧，刻石而记之，庶蔚然深秀，益为兹山增色，而地之灵者人自杰。其补于乡邑岂小焉而已哉"[③]。沁水县土沃乡可封村位于北山脚下，由于"垦辟日多，无能禁其濯濯也"，同时，在山间开垦，容易造成本村风脉损坏，于乡村社会发展不利，因此，合社提出禁山之议，"采樵者勿为翦伐，畜牧者勿为蹂躏"，只有如此，才能在不久之后"蔚然弥望"[④]。武乡县故城镇岸北村白衣庵树坡一带，原来林木葱郁，"尔来历年颇久，薪牧蹂躏，牛羊践

---

① 《奉官禁止演唱秧歌》，同治四年，《长治金石萃编》（下），山西春秋电子音像出版社2006年版，第387页。

② 《箭头村劝善碑》，咸丰九年，《高平金石志》，中华书局2004年版，第707页。

③ 《紫峰碑记》（照片），乾隆八年，现存于高平市石末乡紫峰山碧霞宫。

④ 《重新庙院并禁北山碑记》，咸丰九年，《三晋石刻大全·晋城市沁水县卷》，三晋出版社2012年版，第382页。

踏，昔之蔚然深秀者，几有废坠之虞”，因此于乾隆十一年（1746）立碑刻石，“禁止樵牧，违者罚油十斤，香五把，不从者，禀官究治”①。禁山的范围甚至可以更加广泛，黎城县莫约村东之五仙山，长期以来，民众在此“伐木取材，不时入以斧斤，搜岩采石，日夕任其凿削，将见山失其秀，而地犹能效其灵乎?”因此，“今合社公议，定为禁山，无论攻石采樵之不得□，即骡马牛羊之类亦不能牧”②，在沁源县聪子峪的一个小庙中也竖有石碑一通，系清光绪十三年（1887）所刻，据碑文记载，其对面山上美丽的森林是清咸丰七年（1857）栽培而成，告诫后人只许保护不得乱伐。

（四）保护农业生产、禁止开矿

古代社会是以农业为基础的自给自足的小农社会，农业生产的发展与农作物收成的好坏，直接影响着农民的切身利益和基层社会秩序的稳定。因此，在基层乡村社会，保护农业的生产与发展也成为基层民众在订立乡规民约时必不可少的一个重要内容。此类内容较为丰富，包括禁止砍伐桑树、禁止践踏青苗、禁止羊入田地等。如沁水县土沃乡原为男耕女织的典型农业生活，后因矿冶发展，因此有人伐树作燃料，“更有窃他人之桑，私图充己之囊者，其寡廉为尤甚。若不□加禁严，将来拔本伤根，势必诛锄无遗矣”。因此，“公议：炉场收买桑柴，一经搜出，每株定价赔钱五千文，不拘□一；他人拿获者分价一半，余充里中公项使用”③。明清时期晋东南已经成为煤矿开采与冶铸业的重要产地，大小煤矿遍及各地，由于矿藏开发导致森林破坏、风脉阻断，历来受到村社甚至地方官员的禁令，高平县大粮山历来为“米山镇来龙正脉，阖镇生齿所系，千家坟墓攸关。亘古以来，从无行□取煤之事。因被奸民张国龙、张德威凿山开窑，有伤龙脉”。地方官员特下令“立行填塞”，且“永远禁止”，“凡自七佛顶

① 《岸北村公议禁止樵牧碑》，乾隆十一年，《三晋石刻大全·长治市武乡县卷》，三晋出版社 2012 年版，第 171 页。

② 《立禁山文约》，咸丰九年，《黎城碑文化赏识》，内部资料，第 380 页。

③ 《六里禁伐桑碑记》，道光十七年，《三晋石刻大全·晋城市沁水县卷》，三晋出版社 2012 年版，第 341 页。

下至粮山一带，前后左右，勿得开窑取煤，永行严禁，如违，重究不贷”[①]。阳城县除煤矿外，磺矿也是一种重要资源，史载：“山之所出，琉黄、石炭及铅与铁。”[②] 嘉庆二年，在总理社首的带领下，乡众立约禁止开采。[③] 其余各处此类禁约颇多，兹不赘述。

上述碑刻内容表明：基层的乡村社会通过合村公议订立规约的方式，就保护农业生产方面订立的各项条款，在一定程度上有利于维护基层社会农业生产发展的良好秩序，保持乡村社会的繁荣与稳定。如此细致严格的规约，既有约法，又有可以送官的依据，甚至直接涉及了族规和“家务事”，乡民邻里之间办事有了安全保障和行事依据，即是当地地方社会力量治理乡村的尚方宝剑，也是地方社会秩序良性运转的重要因素。在实际生活中涉及农民生活的方方面面，不仅教化了民众而且保护了山川河泽，而且对后世影响颇深。

二 规约的制定与执行

费孝通在《乡土中国》讨论的一个引人注意同时也是令人感到困窘的问题是，现代的司法制度已经引进并且推行下乡，乡土社会中人的组织、行为和观念却没有发生相应的变化，结果是“现行的司法制度在乡间发生了很特殊的副作用，它破坏了原有的礼治秩序，但并不能有效的建立起法治秩序。结果法治秩序的好处未得，而破坏礼治秩序的弊病却已先发生了”[④]。明清社会也正是如此，地方社会自行制定规约，维护地方秩序。学者梁治平也讲道：“在对所谓清代习惯法的研究过程中，我发现，习惯法的支配原则与官府之法的支配原则不尽相同。前者是一套实用性知识，其应用关乎民生日用，因此主要受实用理性支配；后者则相反，作为一种精英知识传统，它的符号意味更强，文化选择色彩也更浓。通过对此二者之间相互关系的研

---

① 《高平县正堂永禁凿窑碑》，康熙十一年，《三晋石刻大全·晋城市高平市卷》，三晋出版社 2011 年版，第 256 页。

② 同治《阳城县志》卷五《赋役·物产》。

③ 《背坡禁磺碑记》，嘉庆三年，《晋城金石志》，海潮出版社 1995 年版，第 791 页。

④ 费孝通：《乡土中国》，上海人民出版社 2006 年版，第 58 页。

究，我还发现，尽管这两种知识传统从来不是互相隔绝的，但从某种意义上说，它们之间的联系终究是外在的。中国历史上既缺少一种关于习惯法的说明性学理，也缺乏一个从事于这种探究和说明工作的群体，结果是，所谓习惯法只能是一种粗糙、实用的地方性知识，而无由成为一种精致、抽象和富有学理性的知识系统。”① 在地方社会中，规约充当了习惯法的角色，以一种相对纯朴的语言，告诫大家，规范人们的行为。这样既是对国家法的一种补充，也是地方社会进行自我管理的有效方式。在制定的过程中，切实地关注到村民在生活中的实际存在的问题，而不只是诉讼中提及的“户婚田土钱债”。

规约的制定，于官府而言，大多为国家的基层行政机构——县令，如前所述赵凤诏所立之《严禁赌博》规条。赵凤诏将国家的制度、政令向地方推广，要求民众遵守执行，以期在地方社会形成良性的社会秩序，营造稳定的社会发展局面。从其内容来看，以国家法律为后盾，惩罚措施较为严厉。道光年间，高平县令李贞木，“为治严而不苛”②，颇多善政，得到民众的称赞。在任期间，多次立碑要求禁止伤风败俗之事，现存两通禁约碑，一则为禁窝娼聚赌碑，一则为禁聚赌酗酒碑。这些碑为官府所立，但也必须告知社首，得到他们的认可与执行。因此，在碑末，记载了三社社首的名字，“三社维首：秦维坤、常珠、王泰、赵发泰、祁士芬、张福、王镕、王丙庚、王殿魁、王承基、常琇、王聚斌、郜永称、王俊德、张凤鸣、秦清海、王大魁、王泽普、裴胜沂、王青山、秦暄”③。

于基层社会而言，大多为“社”所制定，社首是主要的发起者及贯彻者，在大多碑刻的末尾都会列上社首名字，或者刻上“维首仝立”字样。除此，还有一些在地方社会享有一定身份的人也由于自身的社会职责与良知对赌博、毁山、放牧行为予以禁止。高平西靳

① 梁治平：《清代习惯法：社会与国家》，中国政法大学出版社 1996 年版，第 127 页。

② 同治《高平县志》卷五《官司·县令》。

③ 《李贞木禁窝娼聚赌等事告示碑记》，《高平金石志》，中华书局 2004 年版，第 700 页。

寨村在设立禁赌碑时，便是由“庠生李良□、李□禄、李莲、李钟、岳□民、李裕禄、李天法、李彦全、李□禄、李普□、靳城兰、李如祥、吕文周、李甫贤、李果、李进选、杨锦、李贵□、李□成、李克□、□起城、□□□、李芝荣、杨□□、李进□、□思节、冯进功、□君祥、冯同珍、杨永升、李克信、李之建、李芝芳”等人，“不甘同乡幼童辈即于下流，立□乡约，严禁赌博”①。

任何组织都是为了一定利益和目标而存在，要实现目标和利益最大化，必须维护组织内部的安定有序、成员团结一致的状态。一般来说构建这样一种秩序的方法有两种：一是为成员提供利益，让他们自觉服从组织；二是运用惩戒性规则，对违反者进行惩罚。组织方制定惩戒条款对成员有明显的强制性和支配性。这些组织为了实现目标和使自己的利益最大化，大部分采取了“约”与“罚”并行的治理方式。约，就是规定村民应该怎么做，不应该怎么做，可以说相当于引导、劝诫，这是中国传统社会德治思想在基层社会实践的具体体现。其中在高平拥万村玉皇庙内的《重立社规碑》是典型的此类社规碑：

一、夏至冬至，请有学问者在万岁牌侧讲读圣谕。

一、农桑乃生民之本，惰农者当惩，盗桑者必罚。

一、孝悌为百行之原，不孝不悌者，当邻佑共攻。

一、牛马等畜，不许践踏田苗，违者议罚。

一、羊群大损桑枝，不许入境，违者议罚。

一、赌博玩钱有伤风华，酗酒打架至为不法，境内永禁，违者议罚。

一、挖矿凿窑有伤风脉，西北至交界，东西至河，永远禁止，违者议罚。

一、樵夫不许入坟砍柴及伤人田地，违者议罚。

一、不许盗伤他人椿槐杂树，违者议罚。

---

① 《西靳寨村禁赌碑记》，乾隆十八年，《高平金石志》，中华书局 2004 年版，第 675 页。

一、犁沟界畔，自有定限，侵占争夺，非让耕让畔之遗，犯者议罚。

一、乞丐男妇及游食僧道，不许上门讨饭，每逢初二庙中开发。

一、幼妇悬梁自缢及投崖跳井而毙者，以病故论，不得争论衣衾棺木。

一、乡约甲长非公直之人不可充应，惟社中共公举觅。

一、不许在他人田地取土，违者议罚。

一、社账钱谷，不许居家存放，以防私弊。

一、存心不轨者，不得维首。①

此通碑文共设定了十六条禁约，涉及教化、赌博、放牧、开窑、禁止乞讨等内容，以具体的叙述告诫村民不许违规。引导村民向善，保证基层社会秩序更加规范。这是对所有遵守约定的村民而言的，也就是必须遵守邻里、村落生活的底线规则，不得触犯碑文所规定的处罚条例。但是并非仅仅通过限定就可以禁止村民违规，对不守禁约，公然冒犯者就要通过罚的方式予以惩处。

罚，就是明确规定村民违反相关禁约应受到的处罚。这是中国传统社会法治思想在基层社会实践中的具体表现。处罚的方式主要有以下几种：一是罚钱、罚物，这是处罚中较轻的方式，也是普遍的处罚方式。“耕过山界石内者罚银伍两；开垦荒土者罚银三两；牧放牛羊者罚银三两；移取松柏者每根罚银一两；割草拾松子莪者罚银五钱。”② 这些钱物均存入社款，用于社内各项开支。二是罚戏。在农村，演戏是较重的处罚，是对违犯者在经济上予以严厉的制裁，并且要扩大对此类违规者惩罚的宣传，让更多的人不敢铤而走险，不致走上犯罪的道路。三是禀官究治。对某些人而言，经济处罚无足轻重，

---

① 《重立社规碑》，嘉庆二十一年，《高平金石志》，中华书局 2004 年版，第 690—691 页。

② 《紫峰山永禁樵牧碑记》，乾隆八年，《高平金石志》，中华书局 2004 年版，第 674 页。

尤其赌瘾难忍，仍要伺机开禁。对这些屡教不改者，社首便要将其扭送至官，听其发落，这也是国家控制与社会控制的交叉重叠。在传统社会讲究无讼而治，无讼既是增加行政效率的手段，亦为地方社会面子的具体彰显。对地方社会而言，一旦兴讼，全体村民感到耻辱，“家丑不可外扬”，故而希望在村落内部进行处理，在各种情况下，社首、保甲长、族长均要通过自己的努力劝说违规者，哪怕是给大家个面子，象征性地处理，也不愿走上最后一步。因此，“禀官究治”一般而言均置于规约的末尾，是一种无奈之举，且非经常之举。与其说是最严厉的惩罚，还不如说是最严厉的话语表述。

为了使规约得到真正有效地执行，还要充分发挥民众的监督作用，让更多的民众参与到乡村社会的规范与秩序上来。为此设立种种奖励措施，对及时报告违禁的行为予以鼓励。“出首鸣报者给以罚之半，余半入社”①。古代中国以宗族为单位的聚族而居和几代人的相处，邻里关系非常熟悉，如果单凭几位社首的监督，有很大难度，这样的规定一方面加大了发现违规行为的几率和范围，另一方面对发现者本身也是一种要求，促使他本身更自觉遵守。这些奖惩规定的制定，促使民众可以更好地认真遵守规约，履行规约赋予的责任和义务，体现了规约在维护乡里社会稳定方面的基本作用，以及在行为上的约束，促进思想道德方面的改善，更好地挽救民风，教化民众。

然而，在地方官主导下设立的禁约碑中，此类奖励非常罕见，更多的是以严厉的口气向下传达命令。“兹吾乡赵家山□□禁止，而县台傅大老爷随即告令晓谕，合行严□，裨向来戏局之中，永不得窝藏匪类，复蹈故辙，且命社首乡地，轮流密查察，倘有不服而故犯者，即刻送官究处，决不徇私。”② “诚恐村民无知，仍蹈前辙，合行出示严禁。为此，示仰该里乡地及住持知悉：嗣后如有前项无知村民，仍在庙厦或舞楼堆寄苗禾、柴草等物，及攘借庙中器具者，许尔等立即

① 《西靳寨村禁赌碑记》，乾隆十八年，《高平金石志》，中华书局 2004 年版，第 675 页。

② 《赵家山村禁赌碑记》，乾隆三十七年，《高平金石志》，中华书局 2004 年版，第 676 页。

指名禀报，以凭拘究，决不宽贷，各宜凛遵毋违。”① 从这些禁约可以看出，官方的口气更加严厉，并且体现出一种义绝情离的凛然之气。而由乡村社会力量设立的禁约，则以教导、劝诫为主，口气相对缓和，即使“禀官究治”也显得苍白无力，体现出其中的无奈与叹息。

三 权力之间的互动

对社会风俗的引导是国家与基层社会的共同愿望，二者在此事上并无矛盾，但由于身份不同，权力不同，因此，使用手段不同，效果不同。在国家严厉的口气之下，仍然能体现出对无讼社会的向往，仍可看到希冀民众改过自新的期望，“庶令戏玩之徒，怀刑畏法，日迁于善，为士为农为工为商业久之少年子弟，无习染匪僻之弊，则风以淳而俗以厚。是亦除恶务本之意也”②。况且，国家要达到治理之目的必须依靠地方社会力量，双方表现出相互制约、相互依赖的关系。再者，国家严厉的禁约之下还暗含着另一层意思，“民不举而官不究”，虽然对赌博、挖窑、入山樵牧等违禁之事深恶痛绝，但只要不危及统治秩序，不致引起大的社会波动，无人告官，倒难得自身清闲。因此，在国家与社会之间的复杂关系便纳入了研究视野。

（一）国家基层社会控制机构与民间自治机构的互动

明清时期，尤其是清代，随着人口规模的迅速扩大，中国社会的商品经济和货币经济有了很大的发展，土地交易和土地的流转极为频繁，这使得整个社会内部充满动荡与不安。这种情况表现在法律上面，便是诉讼频仍和地方行政的不堪重负。比如据一位日本学者的保守估算，“乾隆年间，普通州县一年可能收到 15000 到 20000 份状词；在一个有大约 23000 户人家的州县，每年作为新的原告或被告参与诉

---

① 《三嵕庙禁堆柴草碑记》，乾隆三十六年，《高平金石志》，中华书局 2004 年版，第 677 页。

② 《赵家山村禁赌碑记》，乾隆三十七年，《高平金石志》，中华书局 2004 年版，第 676 页。

讼的在千人以上”[①]。我们能够确定的是，明清社会并不缺乏变化，当时的基层社会也不是不见“国家”，在那里，社会秩序单靠传统、习惯和礼俗尚不足以维系。明清国家依靠保甲（里甲）进行对基层社会的控制，一者是经济的，一者是政治的。到了清嘉庆年间，形成了保甲里甲名称混用、职能合一的情况。县府设立了专门负责的差役，代表政府来到地方，找到保甲组织的执事人员，要求他们协助征粮，帮助对付那些企图不交皇粮的“刁民”。并且将“一切户婚、田土、催粮、拘犯之事”变成了保甲执事的义务。在里甲之内又设置“老人制”负责，督导民众勤务农桑，并且劝告民众“孝顺父母，尊敬长上，和睦乡里，教训子孙，各安生理，毋作非为”等。但是随着经济的发展，国家对地方的控制力日益衰退，“社”的出现在地方社会扮演了日益重要的角色，例如高平常家沟村炎帝庙有一通碑刻记载：“社首等趁时共议，按地亩公摊，一亩至五亩作社半分；六亩至十亩作社一分。每分摊钱五串，六合共六十零半分。统共收钱三百三十余串文，尤不足用。”[②] 在这些碑文的记载中，村社对于社众每户拥有的财产有明确的记录，对于本社社众的田产增减变动也能够迅速地知晓，并在摊派的时候作出调整。这些正是里甲等国家赋役制度一直追求却总也不能达到的目标。

至于村社组织与国家之间的关系，已有成果表明，“村社之‘社’是一种处于国与家之间的公共组织，它的源起和后代的存在形式虽然都依靠了信仰或宗教的因素，但是并不受任何一种宗教信仰的制约。‘社’的联结既不依靠行政命令亦不依赖血缘关系，而是综合地缘关系和宗教信仰两种力量在组织人群，为传统中国社会提供了一个介于‘官’和‘私’之间的组织平台”[③]。因此，这在某种程度上象征着公共领域不仅为国家所独占，“社”亦是活跃于其中的一份子，有着

---

① ［日］夫马进：《明清时代的讼师与诉讼制度》，梁治平：《从礼治到法治》，《开放时代》1999 年第 1 期。

② 《补修炎帝庙古佛堂观音堂山神土地庙碑记》（照片），光绪三十一年，现存于高平常家沟村炎帝庙。

③ 杜正贞：《村社传统与明清士绅：山西泽州乡土社会的制度变迁》，上海辞书出版社 2007 年版，第 261 页。

一定的社会基层自治功能。规约是依存于这个社会组织的实体存在，而这个社会组织有着内在的网络结构和运行机制，并且通常要举行各种集体活动，如规约中所体现出来的“公议”“公罚”等。

“社”是基层自治与地方控制的一个重要组织，规约的存在便是其功能实现的一个重要手段。在清朝中期以后，村社往往是村规民约的制定者，如道光十八年（1838），泽州县府城村三社士绅、社首一起订立了一块禁赌碑记：“村中禁赌，旧有条规。近缘去年冬月水官会敬神演戏，有他村数人来庙，公然聚赌，经乡约、社首禀官究处。蒙李太爷堂讯，将聚赌之人锁链示众。自此阖村公议：勒石永远禁止，违者仍复送官究处不贷，特此谨白。”[①] 又如泽州县黄头村三社社首、乡约于道光十二年（1832）所立《禁羊赌水碑记》也重申了羊只不许入他人田地、村中一概不许开设赌局、南大池水不得自行车载、担取等规定，并且警示“违者加重议罚，不服者送官究处”[②]。这些规约的制定，反映了村社对基层社会民众行为的约束与控制，体现出基层社会组织对乡村自治体系的自觉构建。同时，规约通过“约”与“罚”的双重制约机制以及其所表现出来的控制效果对于维护基层社会的良性秩序、协调乡村民众的人际关系以及实现基层社会的和谐与稳定起着至关重要的作用。

（二）国家法律与地方规约的互动

国家通过“法”来治理社会，在“法治”这一面，基本的规范是法律，法律靠了国家力量来实施，从外部对人加以约束，法律着眼于个人权利的保护，因此也鼓励人们主张各自的权利。以禁赌为例，官方的禁赌一般是通过颁布相应法律限制、禁止赌博、惩戒赌徒、组织社会力量、动用国家专政机器开展专项的禁赌活动等。明清时期，统治者都颁布了严治赌博的法律，《大明律》规定：“凡赌博财物者，

---

① 《府城村玉皇庙禁赌碑》，道光十八年，《三晋石刻大全·晋城市泽州县卷》，三晋出版社 2011 年版，第 641 页。

② 《禁羊赌水碑记》，道光十二年，《三晋石刻大全·晋城市泽州县卷》，三晋出版社 2011 年版，第 630 页。

皆杖八十，摊场钱入官。”① 同时明律还明确规定如果职官犯赌，将加一等治罪，情节严重的，“文官革职为民，武官升职随科粮差操”②。此外，《大清律例·杂律》中也有专门禁赌的条款，规定：“凡赌博，不分兵民，俱伽两月；凡民人开场诱引赌博，经旬累月，聚集无赖放头、抽头者，初犯杖一百，徒三年；再犯杖一百，流三千里。”③ 然而，从朝廷禁令的具体实施层面来讲，其执行的情况并不是“政策—效果”模式的理想再现，朝廷禁令在向地方基层社会层层传达的过程中，会受到各种因素的影响和羁绊而使禁令的预期效果大打折扣。在清朝时期，即使在雍正本人强硬的手腕下，禁赌也是有许多不尽人意的地方。雍正五年九月，针对地方政令执行不力的情况，雍正认为历来皇帝谕旨颁布至各省后仅仅传达到省会地区，各省所发告示也没能传达到所有的州县，至于那些乡村庄堡偏僻地区就更难收到了。所以像禁止黄铜、赌博、宰牛等事虽然有详细的政策规定，但地方官员没有传达朝廷禁令，上司置若罔闻，百姓也不明就里，禁令的效果也就无从谈起。事实证明，雍正的担心是正确的，这一点从当时一位大臣的地方巡察报告奏折中就可以知晓：“巡察至孟县鹤腾崖地方，于卖烧饼魏姓之家，见有十余人聚赌。臣面问魏姓云：‘聚赌新例甚严，尔等不怕官？’答云：‘离官数十里，不得知道。’”④ 可以看出，在地方基层社会中，那些远离象征官方政权衙门的偏远地区，地方官员们并未能够与该地区的村民建立起直接的联系，这样朝廷的禁令就难以传达到这些较为偏僻的乡村。而且，这些地区也很容易摆脱官府的直接监督，不受外界的约束而独立存在。于是朝廷的禁令在类似这样的偏僻地区就变成了一纸空文，并没有起到其应有的效果。

此外，那些处于地方官府直接监督与控制的地区，朝廷禁令的执行情况与禁赌的成效也并不理想。有些地方官员在介入处理乡村禁赌

① （明）刘惟谦等：《大明律》，嘉靖重刻本。

② （明）刘惟谦等：《大明律》，嘉靖重刻本。

③ 《光绪大清会典事例》卷八二六《刑部·刑律杂犯》。

④ 《世宗宪皇帝朱批谕旨》卷一三九《朱批宋药奏折》，文渊阁《四库全书》本。

的具体事件时，很容易产生司法腐败，即接受所罚之人的贿赂而免去其违令之灾，这样就使国家的禁令在具体的执行过程中变成了金钱的奴役，毫无力度可言。正如那位朝廷大臣与地方村民的对话所言，臣又问："衙役稽查（赌博）如何？答云：送他几百文钱就可完事。"长此以往，官方的禁令就会在基层社会失去其刚性的约束和持久的效力，使禁令徒流于形式，而不为民所畏惧。同时，官方对那些赌博不法分子的包庇和纵容，损害的却是乡村社会中大多数民众的利益。因此，官方权力在乡村社会中的不当介入，无形之中势必会加大官与民之间的冲突与矛盾，使基层的乡村社会潜伏了不稳定的因素。

从基层乡村社会"私禁"的角度来讲，"规约"的出现在一定程度上则是官方与乡村社会自治权力角逐之下一种调和的产物。由于官方权力在介入乡村社会的过程中，乡村社会那种原有的秩序传统和运行机制就可能会随之被其打破，而且官方权力一旦出现了不良的运作，乡村社会就会滋生出各种弊端，进而影响到乡村社会的稳定和发展。而规约的出现则巧妙实现了官方权力与乡村社会治理的平衡过渡，它象征着基层社会自治的一种努力与对传统基层秩序文明的重新构建。在大量有关规约的碑刻中其内容结尾处都可以看到这样的记载，"如有不遵者，禀官究治"，充分说明，地方基层社会"私禁"——即规约——的产生，是官民共治的一种司法尝试和实践，其治理效果比单一主体下"官禁"的效果更加明显，因为它符合了地方基层社会发展的基本诉求和客观规律。中国的基层乡村社会是一个以礼治秩序为运行法则的乡土社会，乡土社会是一个熟人社会，乡间舆论具有更大的作用。为乡人所"不齿"对于乡居者来说似乎更具有威慑力，规约大都是通过村民共同商议而订制的，谁违背了建立在群体共识与合意基础之上的"私禁"，不但无法逃过周围人的眼睛，而且会长期生活在周围人们鄙视的目光下，彻底地孤立于群体之外，对于生活在乡土社会中的民众来说，这是一种最可怕的惩罚，因此，其在基层乡村社会产生的功效要远远超过国家"禁令"所预期的效果。

但是，并非所有的人都会看重这种"隐性的"惩罚，"显性的"、直接的惩罚仍然重要。相较于“私禁”，国家法具有强制力，具有威慑力，对民众具有直接的震慑之效，所以乡村禁约有时还不得不援引国家法律加强对乡民的约束和控制，希冀引起乡民的重视劝告民众，尽量不要触碰法律，以免给家人、乡民带来不利的影响。泽州县的一通碑刻详细记载了国家法律与乡村禁约之间的关系：“查例载：开场诱赌，经旬累月，放头抽头者，初犯杖一百，徒三年；再犯杖一百，流三千里。输钱者据实出首免罪，仍追所输之钱给还。又，赌博人犯不将造卖赌具之人供出，即将出有赌具之人照贩卖为从例，杖一百，徒三年。又开场窝赌之左右两邻通同狥隐不即举首者，照不应重律杖八十。又律载：凡赌博，杖八十，财物赌坊俱入官；有职加平人一等。律例森严而往往不能禁止者，以乡间愚民只知犯法，而不知犯法如此之重，孰无子弟，谁非父兄，坐听其舍正路而入迷途，患莫大焉。甡等详查律例，勒石禁赌，俾人人知晓，彼此防察，如敢故违，协同乡地，执此议禀官究处，勿贻后悔。”[①] 对于地方社会力量来说，他们不愿乡民犯罪，不愿看到本地有人入狱，但是鉴于仍有不思悔改、明知故犯之人，他们只好拿国家法律作为自己手中的令牌，以示敢于犯戒之人。由此可见，国家法律亦成为地方社会控制的重要工具。

国法是宏观的国家法律法规，而村规则是国法在某一乡村地域范围内的具体表现，是国法的具体化，或者说是国法的必要补充和延伸。体现礼法合治的乡规民约，在大山阻隔、宗族顽固的明清时期的山西社会中，其实更具有规范乡民言论、行为、生产、生活和思想的作用。在明清时期，“诉讼”一词十分普遍，但是打官司不仅要花时间、花经费、花“知识”，还有社会影响和心理负担。人们并不会把所有的事交给国家正式法律去解决，法律的作用面的大小取决于其“交易费用”的高低。各种成文和不成文的乡规民约的作用使我们认识到，国家法律不能简单地废除乡规民约，或取代乡规民约的地位去

① 《公议勒石禁赌叙》，道光四年，《三晋石刻大全·晋城市泽州县卷》，三晋出版社2011年版，第599页。

直接协调乡村的生活秩序。

至于在对国家法律完善等方面，规约也起着不可忽视的作用，从国家法的视角来看，村规民约作为一种非正式制度，通过契约性的方式确立，具有自我实施的效力；从法理的视角看，调整农村地区社会秩序的村规民约可以归属于一种民间法的范畴，是一种具有乡土性质的民间法范畴，村规民约在一定的区域范围内具有类似于国家法律的效力，约束着一定区域范围内人们的行为规范。这种由村民或村中有威望之人订立的自我管理和自我整治的规定与律例最大的不同，是没有用刑法律令使大家望而生畏，而是用民间的自我约束与教化，使村民在心理和行为上更容易接受和遵守。

当时的司法制度并不是为保护个人权利而设计，如果要在情节琐细且数量众多的民间词讼里面将权利一一界定清楚，则将耗费大量的人力物力，因此，地方官便不得不侧重民间调解机制，并且把听讼变成教化，将技术问题转变为道德问题。

（三）礼治教化与规约教化的互动

规约对乡村社会的影响并不仅仅局限于对基层社会的控制层面上，更为重要的，是其对乡村社会传统及礼治文明的传承与延续。由于中国的乡村社会是一个乡土社会，在乡土社会中，礼是社会公认合式的行为规范。合于礼的就是说这些行为是做得对的，对是合式的意思，即乡土社会是一个“礼治”的社会，费孝通先生在谈到乡土社会的“礼治”时解释说：“礼治社会，并不是指文质彬彬，像《镜花缘》里所描写的君子国一般的社会。礼并不带有‘文明’、或是‘慈善’、或是‘见了人点个头’、不穷凶极恶的意思。礼也可以杀人，可以很野蛮。”① 规约中所呈现出来的“约”与“罚”，即是对乡土社会礼治文明的最好诠释，抑或说是对传统规则的服膺，也正符合儒家所讲的“克己复礼”式的教化。然而，乡土社会中的礼治文明并不是靠一个外在的权力来推行的，而是通过在对民众的教化过程中使其养成个人的敬畏之感，让他们把外在的规则化为内在的习惯与行为

① 费孝通：《乡土中国》，上海人民出版社 2006 年版，第 47 页。

引导。因此，规约在乡村社会中所表现出来的便是对民众行为的约束与对不正确行为的惩罚，并以此来警示和提醒民众，不让他们逾越“礼”的底线，进而始终保持对礼治的敬畏之感，也可以说规约在乡村社会的出现即是对礼治或传统规则的一种服从，更进一步讲，它亦是对礼治文明传承与延续的另一种情感方式的表达。这一点在规约的制定过程中便可以看出，如泽州县东沟村嘉庆年间所立禁约碑所载：“吾乡之人素称纯朴，而习俗流弊之已久，但思树德，必先除恶务本，必抉其根株而始快也。因择吉演戏，昭告神明，严立禁条，勒石垂后，庶几弊绝内清，心术正，人品端，而安居乐业，共游于熙皞之世也。”① 这大概就是在规约背后所折射出来的文化传统与礼治秩序，其实质是更多地表现为基层社会民众的精神诉求，表达着基层民众在规约教化下对乡土社会礼治文明回归的追求与向往！

第二节 特殊时段中的权力让渡：社会危机

明清之际（即崇祯至顺治时期），对晋东南区域而言，是一个多灾多难的特定时段。在这一时段自然灾害和各种变乱交织在一起，民众生活困难，社会矛盾复杂，政权变幻频繁。这种情况下，民众如何适应社会，如何渡过灾难，各种力量如何参与，基层社会秩序如何稳定，都成为社会控制研究中的重要内容。本节旨在通过对士绅、社首、耆宾以及各种力量的探讨，尝试回答这些问题，进而探讨地方自治与中国传统基层社会（尤其是政权交替之机）的运作。

士绅群体是明清时期的一个特殊阶层，是与地方政府共同管理地方事务的地方精英，一直以来都是中外史学家关注的焦点。由于其本身的特殊性，对其界定一直以来都有所不同，比如在称谓上有“乡绅”“绅士”“缙绅”等，都是不同历史阶段形成的历史性概念，其内涵本身就有一个变化的过程。中外学者由于研究时段、研究视角、

---

① 《嘉庆玖年禁约碑》，嘉庆九年，《三晋石刻大全·晋城市泽州县卷》，三晋出版社 2011 年版，第 526 页。

理论原则等方面的影响，各自赋予“乡绅”“绅士”不同的内涵。本著所指士绅，主要是指退职、在乡赋闲之官员以及具有一定功名之生员。士绅身份的获得，主要是通过科举考试，因而具有一定知识与学问是士绅群体的特质与共性，也是士绅区别于其他地方精英的根本。作为地方社会力量，士绅的作用具有两面性，既有“四民之首”“齐民之表率”“庶民之坊表”之类的美称，又有“劣衿”“刁顽之衿监”“刁劣之徒”之类的恶称。[①] 虽然如此，士绅在地方社会中的作用仍是其主要方面，因而也成为近来学者关注的重点。

士绅由于其在地方上的特殊性，处于平民大众与官方之间的缓冲阶层。庞大的国家机器面对全国各地多样的风土人情、纷繁复杂的地方事务，显得力不从心，无所适从需要有人替国家行使管理地方之权，在这种情况下，士绅成为最好的人选，而基层社会也期待着有这样一个阶层代表它与高高在上的国家政权打交道，因此国家与民众之间的鸿沟就由这一群体填补，他们的积极作用主要是承担各种职责，代政府行事，进而按照自己的想法经营与管理地方。处理庞杂的基层事务的基础与核心是维护地方社会的利益，因此全国各地区的大多数士绅主要工作便是维持地方社会常态（比如文化教育工作和慈善与公益事业等）和防止外来势力入侵两个方面，通过文教工作在基层进行文化传播与思想控制，危机时刻介入慈善与公益和打退外敌进攻，既保障一方安定又能提升他们在地方的威望与地位。所以士绅扮演着上层国家与下层民众之间的“中间人”角色，是两者沟通的桥梁，正是这样的“中间人”的存在，使得中国传统基层社会能够如此长时间稳定不变地运作。

一　明清之际的晋东南社会

晋东南区域由于多山的地理特征，导致其成为游民蚁聚的地方，并不断对国家、对地方社会造成冲击，历史上就是军事、战争的重中之地。史载：“泽之山区，用武之地也，拜戎之后，流为战国，地无

---

① 郝秉键:《日本史学界的明清“绅士论”》,《清史研究》2004 年第 4 期。

不战。而两上党之拔，孑遗悉死，秦之孤入，后朝梁暮晋，伪窃之侵。轶节镇之替逾，又复苦之。其间大小战至不能诘其数。”[①] 明清之际的晋东南社会处于朝代更迭、战火四起、自然灾害频繁发生的动荡时期，也许在其他区域也有类似表现，但晋东南尤其明显。

崇祯元年（1628），府谷王佳胤、宜川王左挂攻城堡、杀官吏，安塞高迎祥、汉南王大梁聚众响应，掀起了明末农民大起义的序幕。[②] 崇祯三年（1630），陕西农民起义军渡过黄河，进入山西境内[③]，从河曲至蒲州沿黄河一线，都有他们的踪迹。其后，晋东南阳城、沁水等成为主要战争地。以曹文诏为首的官军对农民军进行了镇压，压制住了农民军的势头，但是也激起了山西当地的农民起义。崇祯六年，陕西起义军全部来到山西，当地王刚、王之臣、通天柱起而响应，声势极为浩大。[④] 崇祯七年八月，山西境内起义军被平息，起义军又回到陕西，其后活跃于河南、湖北等地。一直到崇祯十六年十二月，李自成遣前锋渡河，入山西，陷平阳，杀西河王等 300 余人，山西州县望风请降，秦、晋之间皆为农民军控制。晋籍大学士李建泰，在朝廷中颇著声望，不想家乡遭祸，于是请求以家赀助军，并且亲自带兵征剿。建泰刚离开北京，曲沃已破，家赀尽没，并因此惊悸而病，其后在农民军的逼迫下自刎而死。此时的农民军已非昔比，共有部队 40 余万，战斗力相当强，此次入晋，势如破竹，所过之处，州县或降或逃，三月之间，自蒲州至大同，全部为起义军所有。

明末农民起义军两次入晋，第一次持续四年之久，基本限于沿黄河一带，重要地区为平阳、泽州，而其他地方虽亦有之，毕竟影响较小，尤其是晋北一带，几于忽略。第二次入晋，李自成已有代明之志，起义军已建立政权，各种机构已经具备，相比之下，明朝内部的纷争、机制的败坏已日渐加剧，东北满族的骚扰也与日俱增，因此，

① 雍正《泽州府志》卷四九《纪事·兵燹》。

② 郑天挺主编：《明清史资料》，天津人民出版社 1980 年版，第 382 页。

③ （清）夏燮：《明通鉴》卷八二“崇祯三年”，中华书局 1959 年版，第 3156 页。一说为崇祯元年，事见康熙《平阳府志》卷三四《兵氛》。

④ 事见（清）夏燮《明通鉴》卷八三“崇祯六年”，中华书局 1959 年版，第 3190 页。

无力阻止农民军的进攻。于是仅三个月时间，山西全省皆为其所有。

自然灾害也成为明末重要的社会问题。有明一代，享国 276 年，灾害之数颇多，据邓云特《中国救荒史》中记载："灾害之烦，则竟达一千零十一次之多，是诚旷古未有之记录也。计当时灾害之最多者为水灾，共见一百九十六次；次为旱灾，共见一百七十四次；又次为地震，共见一百六十五次；再次为雹灾，共见一百十二次；更次为风灾，共见九十七次；复次为蝗灾，共见九十四次。此外歉饥九十三次；疫疾六十四次；霜雪之灾十六次，则其尤次焉者也。"① 由此，明朝灾害之多之重可知也。这种状况就是人们常说的"明清灾害期"，在这段时期之内，明末清初又显得特殊，晋东南也是重灾之地。② 具体表现为：第一，灾害年份间隔期短。第二，灾害程度严重。崇祯六至七年、崇祯十三至十四年灾情严重。第三，各类灾害交织。第四，造成的影响较大。"崇（正）［祯］十三年春二月，大旱，汾浍俱竭，大饥，人相食，死者无数。"③

严重的自然灾害以其无与伦比的破坏力，使农业颗粒无收，赤地千里，饿殍遍道。对农民而言，自然灾害的恶劣往往比地主阶级的残暴有过之而无不及。④ 崇祯六、七年是山西较为普遍的一次灾害，"六年春，芮城、平陆、辽、沁、绛大饥，发帑赈济。沁州、武乡雨雹伤禾。蒲州无麦。沁水猛虎食人。垣曲、高平、沁水、阳城、辽州疫。汾阳地裂百余丈。井皆竭。秋，临县、壶关、临汾、太平、蒲县、临晋、安邑、汾西、永和、蒲、隰大旱。民饥"⑤。于

① 邓云特：《中国救荒史》，上海书店 1984 年版，第 30 页。

② 王建华在《山西灾害史》（山西人民出版社 2013 年版）中，详细列举了明代山西的各种灾害以及破坏程度，从中亦可看出晋东南的灾害影响沉重。

③ 乾隆《新修曲沃县志》卷三七《祥异》。

④ 阎守成：《历史上的自然灾害与农民起义》，《共产党员》2009 年第 6 期。魏丕信在《18 世纪中国的官僚制度与荒政》一书中也有类似的表述，他说："生存危机问题如果得不到迅速处理，就会很快转变为普遍动荡。……遭受灾害远离家乡的农民显然是不会满足于寻找一些不现实的工作机会，或耐心地等待施舍。当陷入极度困境而又不愿'束手待毙'时，他们就会力图自己寻求出路，去获取所需要的东西。"（江苏人民出版社 2003 年版，第 41 页）

⑤ 雍正《山西通志》卷一六三《祥异》。

是朝廷发帑赈灾。十四年至十六年，山西省又遭一次大灾，持续时间长，破坏性强，“十四年二月，阳曲、文水、洪洞、河曲、蒲县、乡宁、河津、垣曲、猗氏、万泉、平陆、芮城、安邑、绛、吉大饥，斗米麦自八钱至一两五六钱。稷山疫。灵石豺狼遍野，白昼噬人……十五年夏四月，介休陨霜杀麦。大宁雨雪。六月，临晋、垣曲、安邑、蒲州、解州、平陆、沁源、阳城地震万象，蝗。阳曲、文水、临县饥”①。康熙《平阳府志》记载：“十四年春，大饥。自十三年大饥，到处木皮草根剥掘既尽，复食人，至有父子夫妇兄弟相食者。至是年春，斗米麦自八九钱至一两二钱，一两五六钱者，黄昏人不敢行，油觔银一钱八九分，猪肉亦如之，麦方秀即捣食，麦熟，饱食得病，黄肿而死者甚多，有委麦于野，无人收者。稷山疫，死者相枕籍。”② 从其波及面以及造成的危害可以看到此时民众的生存状态极其恶劣。

灾害的影响在碑刻中亦有记载。据《杨邑侯去思碑》载：“（崇祯五年至六年）十万贼围其外，数万军食其内，军旅之后，继之凶年，饥馑之余，酿成疾疫。”③《虎谷先生至德碑》亦写道：“（崇祯八年左右）寇退，岁大饥，疾疫大作，死者几与杀掠等。”④ 时人王重新以他自身的经历详细描述了灾害严重之程度，“近自修城之后，士民安睹者几几如故，虽累年凶旱，未至大荒，衣食犹可粗足。至崇祯十二年六月间，飞蝗北去，未几而蝻虫复作，阴黑匝地者尺许，穷山延谷，以至家室房闱间无所不到，谷豆禾黍等食无遗草。秋到明年三月尽，雨雪全无，怪风时作，桑蕊、菜苗皆以霜毙。且虫有如人形者，头尾有丝，结于树枝；虫有如跳蚤者，嚼食菜根，米价至三千五百，仅获一石。以故，民有饥色，野有饿殍；盗贼蜂

① 雍正《山西通志》卷一六三《祥异二》。

② 康熙《平阳府志》卷三四《祥异》。

③ （明）张鹏云：《杨邑侯去思碑》，崇祯八年，《晋城金石志》，海潮出版社 1995 年版，第 605 页。

④ （明）郭新：《虎谷先生至德碑》，崇祯十年，《晋城金石志》，海潮出版社 1995 年版，第 615 页。

起，未知所止”①。为我们呈现了一个灾荒的世界，如此直接、细致的描写，足以让人切实了解到灾荒不仅仅是所谓的“大饥，人相食”的记载。

农民起义与灾害的发生几乎同步，并且双方互相加剧，导致事态恶化。在天灾的影响下，农民起义的程度加剧，对平阳府来说更是如此，本地民众激变之事时有发生。崇祯三年，陕西农民起义军入晋，在阳城，“崇祯四载，流贼猖狂，九条龙、紫金龙、老回回绰号之渠魁不一；五六年间，邑民涂炭，王、刘村、润城都郭谷里诸乡之杀掠尤多；墩下血殷，客将军吴先战死；境中贼遁，曹总镇文昭功多；神假二郎河盘十字，石公降土贼为良民；饥民蚁聚，群盗蜂屯，抚宪遣剿除而焰息”②。崇祯六年，“蒲县土贼张喜春、丰二、丰三等盘踞东川一带百有余里，虎大威剿之，不能克。两年后始就招安”。七年，“垣曲屡被寇掠，民不聊生，三月间饥民千余啸聚六郎寨歪头山，四出抢劫……八月，北山余薛出没无常”。十三年，“饥民数千自阳城至垣曲抢掠各村，游击柳如金迎击之，贼散去”③。自然灾害使农民生活无着，被迫加入农民军，使起义军的力量不断增大。同时，农民加入起义军的目的是很明显的，就是要生存下去，获得物资的手段只能是劫富济贫，其中不乏抢劫普通民众的物品。从另一方面而言，抢劫必定带来民众对自身财产的保护，官方力量的薄弱使得农民对于国家无可依赖，而只能是自主地组织起来达到保卫家园的目的。

对农民起义给民众的生活带来的巨大灾难，在史籍中均有记载，主要表现在两个方面：其一，物质的破坏和对人们身体的摧残，主要是烧杀掠夺。张鹏云在《郭谷修城碑记》中对明末农民起义入境前后阳城郭峪的情况进行了对比，“吾乡郭峪，夙称巨镇，聚庐而处者千余家，皆敦礼义、安耕凿，从来未经兵火。崇祯五年七月十六日卯

---

① （明）王重新：《焕宇变中自记》，崇祯十三年，《三晋石刻大全·晋城市阳城县卷》，三晋出版社 2012 年版，第 89 页。

② 《阳城县乡土志·兵事录》。

③ 康熙《平阳府志》卷三四《兵氛》。

时，突有流寇至，以万余计，乡人抛死拒之，众寡不敌，竟遭蹂躏，杀伤之惨，樊劫之凶，天日昏而山川变。所剩孑遗，大半锋镝残躯，或乘间奔出与商旅他乡者寥寥无几，呜呼苦哉！”① 原本一个世代安乐的小镇，因为农民起义的到来而变得满目疮痍。同样的景象在其他碑文中亦有所印证，如《杨邑侯去思碑》写道：“盖身庚午之岁，害气忽乘，杀机怒发，而秦寇弥山，延及三晋，二三千里间，几无完土。……往而复返，以七十周遭计，其掠子女而攫玉帛，焚杀于斯土者，以二年余计。迄于今，而朝廷所建之社稷坛壝与士民祖宗之坟墓，仅存之孑遗，与我士民方长之龆龀。”②

以上这些状况不禁让人毛骨悚然，然而这仅仅是冰山一角，还有更加残忍的手段，如“贼于十六日至十七日夜间，将人百法苦拷，刀砍斧劈，损人耳目，断人手足，烧人皮肤，弓弦夹腿，火池油烹，残刻不可胜言也。尔时，天雨五日，残害不堪，男妇老幼叫哭连天。二十日稍晴，贼方起营，合村之人寻父叫母，唤子呼孙，嚎啕动地，悲声彻天。且尸骸满地，绝死数家，即有苟存性命者多半残躯。经查，杀伤、烧死、缢梁、投井、饿死人口计有千余，并伤他村逃难之人不知名姓者亦无数也。金银珠玉、骡马服饰罄抢一空，猪羊牛只蚕食已尽，家家户户无一物所存，无一物不毁”③。其中，农民起义军熏窑之事更为残酷，“秋杪十七日，又复从武安突至里及上佛诸村，不减首秋，杀掠殆甚，营崖窟而避者，火攻之；炭窑深广者，什一二苟免，复用硫及诸毒熏而毙者，可以壑量，至一家少长无噍类”④。为了躲避起义军的掠杀，人们藏于窑内，却大多被熏死。熏窑过程中幸存者之一王重新在《焕宇变中自记》中详细地记载了这一悲惨景

---

① （明）张鹏云：《郭谷修城碑记》，崇祯十一年，张正明等主编：《明清山西碑刻资料选（续二）》，山西经济出版社 2009 年版，第 577 页。

② （明）张鹏云：《杨邑侯去思碑》，崇祯八年，《晋城金石志》，海潮出版社 1995 年版，第 603 页。

③ （明）王重新：《焕宇变中自记》，崇祯十三年，《三晋石刻大全・晋城市阳城县卷》，三晋出版社 2012 年版，第 89 页。

④ （明）张慎言：《同阁记后序》，崇祯六年，《晋城金石志》，海潮出版社 1995 年版，第 595 页。

象，“此贼虽远遁，而吾村系伤弓之鸟，闻贼知惧，无处躲避，各家批攒钱造地洞数眼，皆由井口出入，观者以为极妙。贼于四月十六日复至吾村，初不知人之去向，以为奇异，及搜见一二人，百般拷打，一一引入洞口。贼尚不敢擅入，先用布裹干草，内加硫磺，人言藏火于内，用绳悬在井口中。毒气薰入洞内，人以中毒，不觉昏迷气绝。余家人数人，幸在洞风眼处，得透风气，免害。此门外井洞计八十余口，馆后井洞计伤数十人，崖上井洞计伤数十人，并吾村之藏于炭窑、矿洞者共伤三百余人，苦绝者数家。贼觉人死，入洞细搜，一物不留”①。明末阳城农民起义军不可不为人痛恨，为了满足一己之利，竟让如此多的普通人丧失宝贵的生命，可见，他们已不是出于简单的反抗剥削或是本能了。

其二，心灵上无法弥补的伤痛。物质破坏可以再造，人们心灵上的裂痕又怎能简单缝合呢？明末农民起义军的残暴行径，让当地人不寒而栗，畏惧不安。陈昌言记载：“是年，秦寇入晋已四年有奇，所在焚杀掳掠，惨不堪闻，每一听之，殊为胆寒。余乡僻处隅曲，户不满百，离城稍远，无险可恃，无人足守，日夜焦心，谋所以避之。”②《斗筑居记》亦描写了陈昌言修斗筑时的“日夜图维，思保障于万全”③ 的心理。以上仅是一人的思危，而一人不具有代表性，《焕宇变中自记》描写到惶惶不安的情绪蔓延到了整个村子，甚至一方父老，“此时，贼在吾村住宿，四日中杀死、薰死，尸骸满地，天气炎热，臭气难堪。即有一二未受者，天降瘟症，不拘男妇大小，十伤八九。夫罹贼难者如许，而遭瘟死者复如许，则天心生杀之权是又所不可解也。吾村经此一番，无地可避，每日惊慌，昼不敢入户造饭，腰悬米食；夜不敢解衣歇卧，头枕干粮。观山望火，无一刻安然。稍便者避州城、县城、周村、苇町，贫寒者为农事所羁，宿山卧岭，闻风

① （明）王重新：《焕宇变中自记》，崇祯十三年，《三晋石刻大全·晋城市阳城县卷》，三晋出版社 2012 年版，第 89 页。

② （明）陈昌言：《黄城筑河山楼碑记》，崇祯七年，《晋城金石志》，海潮出版社 1995 年版，第 597 页。

③ （明）陈昌言：《斗筑居记》，崇祯七年，张正明等主编《明清山西碑刻资料选（续二）》，山西经济出版社 2009 年版，第 575—576 页。

惊走。吾乡不得已，设处钱粮，东坡修寨，寨工虽完，无险可恃，人心终于不安”①。

心理上的伤痛莫过于骨肉分离，丧失至亲，农民起义的一阵飓风，使无数人忍受着家破人亡之痛，而这种痛是无法用言语所能比拟的。陈昌言从反面诉说了农民起义过后，家人团聚是多么幸福的一件事，而反之又是多么的痛苦。“寇仍日夜盘踞以扰，至二十日午后方去。一时危险之状，焚劫之景，从古罕有。郭峪数十家无不遭其手，余幸仅此一楼，完聚母子兄弟之伦，全活数百人性命，家虽破而心可慰也。”② 与阳城毗邻的沁水的碑文中亦有所体现，《洞庵重修王母祠为防乱避兵碑记》用正面的角度直视分离之苦，“越宿，时首领巡逡，卒寇互乱，见男则杀，见女则虏，人人躲避，家家寂寞，各逃生于深山，保活命于沟壑，父南子北，兄东弟西，不相顾盼，吁吁而叹，呱呱而泣，情状怆然，莫可谁何”③。

改朝换代的硝烟刚靖，叛乱的战火又再次燃起。顺治元年十月，刘忠由潞安至阳城城下，“攻围十一日”，在全体守城官兵的奋勇抵抗下，才击溃了叛军，没有形成大的祸害。顺治四年，邪教高飞、王希尧率众千人进攻县城，被官兵剿灭。④ 两次叛乱虽然没有造成大的损失，但也显现出朝代更替之际社会的不稳定，灾难频繁。

影响较大的是大同总兵姜瓖的叛乱。“顺治五年，大同总兵姜瓖谋叛”⑤，同年，姜瓖党羽便攻入忻州，“顺治五年十二月，大同叛将姜瓖使其党陷忻州”⑥。延续到顺治六年，依然有关于姜逆陷城的记载，“国朝顺治六年，姜逆破城”⑦。这场战火持续南下，大部分山西

---

① （明）王重新：《焕宇变中自记》，崇祯十三年，《三晋石刻大全·晋城市阳城县卷》，三晋出版社 2012 年版，第 89 页。

② （明）陈昌言：《黄城筑河山楼碑记》，崇祯七年，《晋城金石志》，海潮出版社 1995 版，第 598 页。

③ 《洞庵重修王母祠为防乱避兵碑记》，约崇祯十年，《晋城金石志》，海潮出版社 1995 年版，第 616 页。

④ 雍正《泽州府志》卷四九《纪事·兵燹》。

⑤ 《清史稿》卷四八七《忠义一》，中华书局 1977 年版，第 13465 页。

⑥ 光绪《代州志》卷一二《大事记》。

⑦ 光绪《山西通志》卷五一《武事》。

之地还未尝来得及感沐新朝休养生息的恩惠，便重新陷于战乱之中。顺治六年，沈烈、许守信、乔炳、胡国鼎等人以姜瓖军为名，胁迫潞安府参将周诏打开城门入城。并杀死知府杨致祥，攻占潞安府。在此过程中，襄垣县训导王奕叶被杀，长子县被攻下。直到顺治六年十月，这场战争才被平定。此外，一些地方土匪也乘势而起，黎城“土寇赵联芳、申少峰、李友库、刘彻等作乱，杀知县李云起”①。

在社会剧烈动荡、人们的切身利益受到直接威胁、而国家又无力行使其保护的职责的时候，地方士绅显然是地方自保的关键角色，而且显然他们是把与这一利益攸关的问题、而不是别的问题放在了首位。② 从而地方社会力量的作用在危机四伏的明清之际便愈加凸显，在维护常态与防止外来势力破坏时的种种举动与措施，就更值得人们对该时期这一群体所表现出的在对地方事务的积极参与和建立权威上作进一步研究。

二　士绅对不同政权的态度和表现

明清之际，社会动乱，政权更替迅速，统治者对于基层地方社会基本上无暇管理，无法提供安定的秩序，民众的利益受到威胁，晋东南也避免不了祸乱的殃及。就当时的晋东南区域而言，“崇祯五年(1632)，李自成部属王自用、马守仁从河南修武转战山西，进入辖区内。十月四日，回族紫金梁农民军由陵川入长治，蔓延壶关，驻扎平顺。顺治元年二月，李自成部将刘芳亮兵取潞安府，挟沈王回洪北走，留刘忠守城。刘令拆平四关厢及附近村舍。十月，清兵自太原来夺得潞安。顺治六年三月至六月，姜瓖乱兵先后攻下沁州、屯留、潞安、潞城、黎城、襄垣、长子、壶关等城，收系各官，大封伪职，沈烈为总兵，郭天佑为副总兵。十月十六日，清军攻破潞安，官军入城问罪，城中及乡镇凡附叛军者，皆杀无赦，屠戮数日方止”③。而以

① 乾隆《潞安府志》卷一一《纪事》。

② 赵世瑜：《社会动荡与地方士绅——以明末清初的山西阳城陈氏为例》，《清史研究》1999 年第 2 期。

③ 长治市地方志办公室：《长治大事记》，北岳文艺出版社 2012 年版，第 14 页。

上这些只是当时晋东南部分地区的写照。在这样混乱的局面中，晋东南士绅在地方社会上发挥了重要的作用。

明末清初时期，政权一直存在着两个矛盾：一是内部矛盾，即明朝腐败统治与日益对统治不满从而起义反抗的农民两者之间的矛盾；另一个则是汉民族统治的明王朝与满族统治的清王朝两者对抗所产生的民族矛盾。而士绅在地方上充当的是保护地方的角色，他们的态度会直接影响到当地民众对各方力量的态度，所以在这样一个特殊时期，士绅对于两个政权的态度对当时的地方社会有着重要的影响。在晋东南区域，民族矛盾表现得并不是很强烈，具体到晋东南士绅来看，他们对于清王朝并没有我们想象中的那种强烈反对和顽强抵抗，对政权的认同与否主要表现在士绅的出仕问题上。

根据资料记载，晋东南地区的许多著名士绅并没有坚决不出仕新朝，高平士绅毕振姬就是一个典型代表，“毕振姬，字亮四，号王孙，又号颉云，清初高平伯方人，明万历四十年（1612），年仅十五岁，获乡试第一名。清顺治三年（1646）中进士，授平阳府教授，历任国子监助教、刑部主事、员外郎等职。振姬辞官里居，则置祭田、义田、役田、社仓，以周济贫苦乡民，并亲自下田耕作，农闲时教授乡里子弟”①。从毕振姬的生平可以看出，他参加了两朝科举考试，并在清廷担任了官职，所以，对于清王朝政权他的态度还是认可的，否则也不会在清廷里做官。还有阳城的陈氏宗族也是一样，陈廷敬是晋东南著名的士绅，在他高祖时期陈氏宗族一直没有出仕，到了其父辈又重新出仕，其伯父陈昌言是明崇祯庚午科举人，甲戌科进士，曾任乐亭知县、山东御史，但入清后即以“原官视学江南”，并没有拒不出仕新朝。陈昌言的兄弟陈昌期在顺治时中了乡贡，陈昌言之子陈元为顺治辛卯科举人，己亥科进士，陈廷敬，顺治丁酉科举人，戊戌科进士，所以朝代更迭，君主易位，在陈氏宗族并没有引起大的波澜，他们可以代表晋东南一部分士绅对清政权的态度。究其原因，与清王朝对士绅的各种政策有密切的关系。由于士绅地位的特殊

① 《晋城市志》，中华书局1999年版，第2111页。

性，清政府为了笼络士绅，对其采取了很多优惠政策，“清顺治八年，奉旨蠲免伤亡逃故及绅衿，优免各丁实在行差人丁七千八百五十三丁，连同地差银共三千一百一十一两九钱二分四厘。顺治十二年后，又清出土着新编幼丁暨绅衿优免共丁四百二十四丁，应编徭银一百七十五两四钱三分六厘。康熙五十二年，恩诏以康熙五十年审定丁册定为常额，续生人丁永不加赋，相沿已久，从未更张”①，清政府通过减免士绅丁役，使士绅享有特权，收买了人心。就是通过这类政策上的优惠，使清王朝赢得了士绅的支持。但也有一部分士绅，面对国破家亡的局面，在异族统治下，他们宁愿隐居原籍，教书育人，也坚决不出仕新朝。可以说是民族大义于心，而忠节是影响他们的重要因素，我们也称之为“遗民心理”。

在晋东南区域，内部矛盾相对于民族矛盾而言比较尖锐，在明王朝和农民起义两个政权之间，晋东南士绅有很大一部分仍然是忠诚于明王朝的，将农民起义或动乱视为流寇，予以坚决抵制与对抗，并与当地的官员通力合作，参与到城池的防守、巡视等具体行动中，具体事迹有：“秦之玺，守己次子，崇祯三年，爰例纳吏，遭流寇变，与邑侯徐公同守孤城，公与难，之玺被虏半载，始归后，自明至清，凡县主公出，悉以看守城池仓库，经管锁钥，勤劳著绩，历任官俱给匾旌扬，数与乡饮大典”②；新兴里人张鹤鸣，“崇祯十三年，大饥，莠民窃发扰乱，抚院给札委署千总，任防守缉捕之责，鹤鸣昼则巡御四境，夜则严守城池，贼氛潜消民得安堵，历任县主给匾旌奖”③，所以他们是当地官员在抵抗中的重要依靠。除此之外，他们在打仗时帮助官员传递消息，搬救兵，“崇祯六年，各贼之自西来者，皆屯上遥，土人闯欲三月三日破城，取妇女为八大王寿，邑人慌惧莫措，县宰陈梦玮托李孝廉甲黄修辞，入涉请左将军良玉，移晷即至，兵士不秣马辄赴上遥，贼望见，遂遗弃辎重，登山绝巘”④，在士绅的帮助

① 民国《平顺县志》卷三《丁役略·差徭》。

② 民国《平顺县志》卷六《孝义传》。

③ 同上。

④ 康熙《黎城县志》卷二《纪事三》。

下，战争获得了胜利，民众脱离危难。为了使当地的安全得到更好的保障，晋东南士绅在当地官员的建议下，还修建官寨卫城，例如："李御珍，余祖养中，公性好义……崇祯五年，流寇猖獗，邑侯范公者议建官寨，公慨然乐从。"① 还有许多士绅，自发地出资修建城墙，加强防守，襄垣人士邱彦常，"于崇祯十年出银一百两，助修城墙女垛，又督理城工三年，王邑侯赐冠带牌匾"②。而在军事力量上，晋东南士绅也给予很大支持，他们招募乡勇，捐置武器，组织民众自卫自救。长子县贾梦鲸于崇祯十二年县城岌岌可危之际，"鲸与诸公招募乡勇，捐置器械，登陴戒守，适故晋抚死难忠臣。蔡公懋德，节钺来巡，见壁垒旌旗暇整可观，因劳之羊酒，复匾其门曰'一方保障'"③，所以士绅在抵抗流寇的过程中发挥了重要作用。

由于战争频发，加之明王朝内部腐败不堪，国家财政入不敷出，对于军事上的支持有时候会力不从心，晋东南作为农民起义的频发地，经常会出现兵缺粮竭的情况，而拥有一定财力的士绅在这种情况下会对明军进行捐资，确保军队秩序稳定。"赵俊杰，宗室仪宾也。崇祯间，因兵过乏饷，杰慨捐百金以助。有司匾其门曰'前无卜式'。"④ 所以，在财力方面，士绅对军队的帮助是不容小视的，正是晋东南士绅在各方面的支持，晋东南军队的实力得到保障，从而能够有效地保护地方安全，防止隐患。在兵荒马乱之际，他们肩负着守望之责，对于各个方面都给予了有力的支持，他们的行为不仅受到当地官员的表彰，也为他们在当地赢得了很高的威望，而这同时也是晋东南士绅支持明王朝的一个重要表现。

在晋东南抵抗农民军的过程中，有许多士绅在抵抗中被俘，但他们当中有许多人宁死不屈，舍身取义。例如平顺县路鸿翀，"崇祯五年间，流寇攻城，蒙邑侯徐简委守城，昼夜督劝民夫，坚心死守，城

① （清）李御珍：《协修保安西寨记》，民国《沁源县志》卷七《碑碣考》。

② 民国《襄垣县志》卷三《孝义传》。

③ 康熙《长子县志》卷四《人物志·孝义传》。

④ 同上。

陷，为贼所执，骂贼不屈，被火焚身死”①。沁州赵克宽，“崇祯五年冬，闯贼李自成侄一双虎李过破辽州及傍郡县，士民无不望风投顺。克宽年耄矣，精力倍常人，闻报扼腕叹曰：朝廷养士三百年，何无一人报国焉耶。俄而贼至武乡，攻县城，城内外居民无不狼狈窜伏。克宽独率家众巷战，颇有斩获，顾贼众力不敌，为贼所执，贼素闻克宽名，胁之从，不屈，责其不跪，克宽直立大骂，贼怒将杀之”②。种种迹象证明，士绅在保卫晋东南免受农民军侵扰方面，有着巨大的贡献。究其原因，与他们所受的教育即纲常伦理等有着密切的联系，忠君思想根深蒂固，而且农民军在地方上的破坏，也会对士绅阶层本身的利益造成冲击，所以维护统治，坚决固守地主特权是他们必须要做的，恰恰这一点与农民起义的目的是对立的。而一部分士绅则对明王朝充满了失望，大加讽刺当朝政权。阳城士绅张慎言就是其中一个，他是明万历庚戌科进士，出身于官宦之家。崇祯三年（1630），在审理耿如杞一案中，违背了皇帝的旨意，被革职回家，在家一待就是八年。在籍期间，他目睹政治腐败以及贪官横行的种种现状，了解到下层民众的痛苦生活，无穷愤慨，却无能为力，只能抒于笔下。崇祯四年，王嘉胤部进入阳城，他在《点灯行》一诗中记载了兵不如“贼”的情况，写下了“宁可死贼手，无须方舆召”的激情诗句。一些士绅除了对当权者的失望，对乱世也充满了无奈，选择不出仕，在家著书立说，教书育人，崇祯十六年癸未进士王之相，“值明之乱，家居著书，裁成后学”③。这是他们出仕之外实现人生价值的另一途径。

所以晋东南士绅对待明政权与农民势力方面，还是以明王朝为正统，虽有不满，但他们并没有任何公开支持农民起义的行为。反而因为农民起义，对晋东南社会的生产、民众的生活造成了严重破坏，扰乱了社会秩序，危及到士绅的利益，在危急时刻，民众经常在士绅的保护下顺利渡过难关，所以晋东南士绅在保护乡里、维护一方平安方面发挥着重要作用。

---

① 民国《平顺县志》卷六《孝义传》。

② 乾隆《沁州志》卷六《忠烈》。

③ 康熙《长子县志》卷四《人物志·科目》。

士绅对待姜瓖势力就完全不同了。姜瓖原为明朝大同总兵，当李自成起义军经过时，就献城投诚，仍旧镇守大同，清朝政权西进之时，又投降了清朝，继续留守大同。对这样的势力，很多士绅表示了不满。当其反清时，清政权基本稳定，也得到了大部分汉人的认可。大多数汉人已不愿战争，希望能过上安稳生活，因此无论是地方社会力量还是普通民众，都坚决地站在了反抗姜瓖的立场上。

面对姜瓖的叛乱，英勇守御城垣保卫地方安定再一次成为大多数士绅的选择，关于这些士绅的事迹在史料中呈现最多，陵川县廪生杨一藻，“姜逆发难破城，藻慷慨与邑侯李向禹同时犯难”[①]。大多数士绅在这场叛乱中勇敢保护家乡周全而失去了自己甚至家人的生命，大局刚刚稳定，士绅群体不愿看到已逐渐走上正轨的地方秩序再一次被破坏，大多数士绅和清政权站在一边，巩固刚稳定下来的地方形势。

三　士绅在赈灾中所发挥的作用

解决自然灾害带来的生存问题，亦成为士绅参与地方社会事务的重要内容。他们面对土地荒芜、田禾不稼的社会状况，纷纷伸出援助之手，投身于社会救济活动。例如平顺县乡居官员秦守己，“崇祯庚辰，饥，居乡，出粟为粥，全活极多”[②]。平顺人路鸿逵，崇祯间以岁贡任大城训导，归里后，庚辰岁大荒，“出金籴谷数百石赈济，多所全活。其卒也，邑人泣涕思慕之”[③]。像路氏这样回乡后，面对饥荒出谷赈粟之事并不是个例，在灾害面前他们都慷慨地捐出自己的积蓄赈济家乡的百姓。武乡县归里官员魏光绪“罢归，遇屡饥，尽发积粟以赈之。立慈幼局乳遗弃婴儿，捐资修筑城垣，义举尤多”[④]。

还有的士绅是通过代缴赋税的方式帮助百姓渡过难关。和平年代百姓缴纳税粮之后尚且勉强维持温饱，崇祯顺治年间，战争不断，国家只好大量增加税粮的征缴数目，而饥荒与干旱则更进一步加剧了百

① 乾隆《陵川县志》卷二三《人物三》。
② 民国《平顺县志》卷六《孝义传》。
③ 乾隆《潞安府志》卷二一《名贤》。
④ 雍正《山西通志》卷一二六《人物二十六》。

姓的负担。与“输粟输金”不同的是，一部分比百姓富足有钱粮积蓄的士绅代替百姓缴纳税粮，襄垣县生员崔洪宪，“顺治十八年荒旱，下袁里人民流离，钱粮尽欠，洪宪乃查清欠，数捐己赀，纳银数百两，承翼张邑侯赐匾曰‘今之丈夫’”[①]。他们出资出力，乐善好施，帮助当地民众渡过了难关，成为当地一大善举。

在这一系列的救灾中，士绅并不是单枪匹马，而是与地方政府进行合作，共同在救灾方面发挥了积极作用，最大程度降低灾害所带来的危害。士绅在救灾中，所充当的角色就是民众的代言人，他们维护民众的利益，与官府进行积极沟通，通过上奏，催促官府进行有效的赈灾，士绅在两者之间充当中介角色是十分明显的。他们的这种善行，也受到了晋东南地方官员的大加赞赏和表彰，赐予匾额以示奖赏，例如：“韩茂生，吏员武生仑之父，修葺桥庙，乐于施金，严邑侯表其门曰‘善可维风’，乡党赠匾曰‘功德流芳’。”[②] 对士绅的善行予以肯定，同时对当地民众也起到了榜样作用。

除了发生最为频繁的饥荒以外，当蝗灾、瘟疫、地震等其他灾害来临时，士绅同样积极应对，不管是通过其努力让灾害不再危害家乡，还是灾害过后弥补创伤，都是为家乡的安定贡献自己的绵薄之力。如长子县诸生贾梦鲸，“崇祯九年，漳以南蝗蝻遍野，鲸募众凿坑捕之，邑不为灾”[③]。

和平时代，大的赈灾救济工作主要由政府承担，但很多慈善工程的管理尚且由熟谙风土人情的士绅执行，在动荡不安、危机四伏的明清之际，灾害来袭时，士绅更加积极应对，挺身而出。这样的举动中当然有慷慨好义、救助乡里百姓的因素，但更多的则是抓住契机，在基层社会提高声望，建立起在地方的权威与话语权，防止灾害的侵袭扰乱地方社会的现有秩序，维护地方的根本利益。

地方公共工程的修建，也在此时发生了权力转移。水利工程等公益事业在王朝鼎盛时期尚且依靠地方自主经营，在政权变幻、国家无

---

① 民国《襄垣县志》卷三《孝义传》。

② 同上。

③ 光绪《长子县志》卷九《传三》。

力顾及时，大规模的农田水利道路桥梁等公共工程由于国家权力的缺乏，也逐渐转移到士绅手中。

通过上述晋东南士绅在慈善与公益事业的大量记载表明，“夫历经百年，子孙继志施舍不辍”这样代代承继的乐善好施的品德与造福百姓的情怀依然在士绅中传承，但更说明这一阶层填补了明清之际中央和地方政府权威和实力迅速下降而无法触及地方事务的空白，他们通过公共工程上的资助与管理行为，按照自己的想法精心经营家乡，树立起地方领袖的权威形象。

在晋东南士绅的帮助下，当地民众在明末清初灾害频发之际，能够安居乐业，免受颠沛流离，而且稳定了人心，社会秩序得到有效的控制，所以士绅对这一时期晋东南的稳定和发展做出了重要的贡献。而晋东南士绅积极参与救荒也是参与地方事务的典型行为，在救灾过程中的表现，无形中提高了他们在地方事务中的政治权威和文化影响力，不断壮大自己的力量，增强了自己的影响。

四　士绅对地方社会的教化

明清之际，伦理道德体系混乱，如何推动清初社会秩序的重建，成为当时统治者最关注的一个问题，要解决这个问题，就要从价值观念和儒学文化上着手。士绅作为地方有一定文化程度和社会地位的群体，由于其对于当地的文化事业具有垄断性的影响，因此他们主导着当地的教育事业。经过明清之际的朝代更迭以及战火的洗礼，晋东南各地区像儒学、文庙这样的官学场所都受到不同程度的毁坏，士绅作为地方上通过科举获得功名和地位的阶层，自然担负起了弘扬儒学价值观念、化民导俗的重任。他们利用儒家文化和思想，宣传统治者的意识形态，帮助当权者实施教化，而且他们的在野性即士绅与民众共居一地，使他们具有很大的社会影响和广泛的社会基础，而这也决定了基层社会教化民众的角色由士绅担任。

士绅群体在文教事业的积极参与首先体现出他们对毕生所学与心中理想的继承与维护，但动乱的社会背景更给了他们充分发挥自己特长的空间，国家在地方文教事业的控制力渐弱，他们便扛起了文化教育的大旗，传播知识的同时也就意味着控制了地方百姓的思想，进而在地方文教事业上获得垄断地位。不管政权如何更迭，只要他们宣扬的思想文化在地方代代相传，士绅在地方的领袖地位就依然存在，他们依然可以按照自己的旨趣经营地方。顺治年间，各种战乱基本平息，社会生产生活基本安定，于是开始了维修、重建各地官学、社学、义学的工作。高平县儒学在姜瓖之乱的破坏下，“榱题倾剥，彤垩漶灭”，县令刘广国[①]倡议捐修，于是“荐绅子衿及三老咸乐输以济”[②]，高平儒学才得以顺利竣工。顺治十五年（1658），在州县官员的主持下，阳城县“乡士大夫莫不翕然继之”，捐资捐力，倡修县学。[③] 顺治十五年，潞安府的儒学也得到了生员赵维煌、张其祥的重修。[④] 地方文庙也成为此时士绅关注的对象，他们也纷纷参与，使得文庙成为地方社会学术与文化的象征。平顺县“文庙……清顺治丙申年，殿庑凋敝，宫墙倾颓，知县邱公旦捐俸十金，督率生员王御寰、靳睿、王良宪、石声振、路跻垣、王自新、石声杨、石风起、石风腾、路跻瀛、秦之璧、冯昌、王道亨，量力捐资，补葺重修，焕然聿新”[⑤]。士绅通过对以孔子为代表的儒家文化的大力宣扬，重建儒家伦理秩序，对弥合不同民族之间伦理意识的鸿沟也发挥了积极作用，还推动当地教育的发展，教化地方百姓，对于地方文化秩序的建设有着至关重要的作用。这些成为士绅经营地方社会的主要手段，随之，地方文化资源也逐渐为他们所掌握。

还有一些不愿做官的士人，他们淡泊名利，儒雅自重，因而在乡

---

① 刘广国，字窭生，湖广潜江人。关于其简历有两点疑问：一，在李棠馥所撰《重修高平县儒学记》中，称为郝公，当为误；二，顺治《高平县志》卷四《官师志》记载为顺治七年任，乾隆《高平县志》卷一一《职官》记载亦为顺治七年任，但卷一一《名宦》却记载为顺治九年任。因此，可以确定当为刘广国，碑文所记为误；其于顺治七年任高平县令。

② （清）李棠馥：《重修高平县儒学记》，顺治七年，《晋城金石记》，海潮出版社1995年版，第630页。

③ （清）白胤谦：《重修阳城县学记》，顺治十六年，《晋城金石志》，海潮出版社1995年版，第639页。

④ 雍正《山西通志》卷三五《学校一》。

⑤ 民国《平顺县志》卷九《营建考》。

村修建书院、义学，讲授儒学，教育子弟。凤台县归里官员卫正心，“任侠好义……国初授陕西中军守备，未几归，筑室太行山之大箕村……设义塾及文华书院”[①]。凤台县（今泽州县）张京辞官归里，“自捐谷立义仓，朝夕乡贤祠奉父训子弟有成”[②]。这就是士绅作为读书人的理想与境界，也是时代与境况所迫。经过明末各种灾祸的摧折，广大民众连温饱尚且难以维持，更岂及儿女的读书问题？于是士绅广泛地参与基层的教育事务，直接进入公众眼底，成为引导风俗转变的主要力量。

清王朝入主中原后，想要稳固统治让民众接受和服从本王朝，首要是从思想上控制民众，所以施行教化是重中之重。清朝统治者认为：“盖法令禁于一时，而教化维于可久。若徒恃法令而教化不先，是舍本而务末也。”[③] 所以清王朝统治者非常注重对民众的教化。康熙帝于康熙九年颁布“圣谕十六条”，内容包括：“敦孝弟以重人伦，笃宗族以昭雍穆，和乡党以息争讼，重农桑以足衣食，尚节俭以惜财用，隆学校以端士习，黜异端以崇正学，讲法律以儆愚顽，明礼让以厚风俗，务本业以定民志，训子弟以禁非为，息诬告以全善良，诫匿逃以免株连，完钱粮以省催科，联保甲以弭盗贼，解雠忿以重身命。”[④] 忠孝节义、仁义礼智信都包含其中，从上谕内容可以看出清王朝最高统治者对教化的重视程度，而此时的晋东南官员和士绅也在认真履行教化职能，积极响应国家的政策。“康熙九年十月初九，颁上谕十六条，通行晓谕，每月朔望，县正傅官绅绔耆老军民人等，宣讲圣论，使教化行而风俗美。”[⑤] 士绅成为皇权在晋东南地区的代言人，通过对民族文化的传统美德以及优良作风的宣扬，使晋东南社会形成良好的社会风气，而这同时也是当地士绅对当朝政策接受的一个

① 乾隆《凤台县志》卷九《文苑》。

② （清）毕振姬：《给事中张公合葬墓志铭》，顺治十八年，《晋城金石志》，海潮出版社 1995 年版，第 646 页。

③ 《清圣祖实录》（一）卷三四“康熙九年十月癸巳”，《清实录》（第 4 册），中华书局 1985 年版，第 461 页。

④ 《圣祖仁皇帝御制文集·初集》卷二《敕谕·谕礼部》，文渊阁《四库全书》本。

⑤ 民国《襄垣县志》卷六《学校表》。

重要表现。

士绅除了直接对当地民众进行教化外，对民众的影响还有潜在层面的。政府官员对于士绅赈灾的善行进行大肆宣扬和赞赏，有的甚至立碑纪念，赐匾褒奖，政府的这种旌表行为无形中就教化了民众，稳定了人心，安定了社会秩序，从而有助于达到对基层社会的控制。还有些士绅功绩卓越，入祀乡贤祠，而这使得当地民众能够对这些先贤事迹耳濡目染，从而达到教化目的。这些行为除了起到教化民众的作用之外，无形中进一步塑造了士绅的形象，使士绅与民众的关系更加亲密，对士绅开展其他工作，削除了阻力，使得民众更加容易接受士绅所宣扬的思想、主张等，最终达到政府有效控制基层社会的目的。

五　社会危机下的士绅与地方社会

（一）士绅与国家相互依赖

从国家层面来看，高度集权的中央政权实际上无法完成其名义上承担的各种社会责任，所以国家必须依赖士绅来控制管理社会，并依赖其提供行政官员，但同时必须对这一阶层加以控制，比如不断增加社会成员加入士绅群体，或者干涉地方重大事务的进展等等，防止他们在地方的垄断地位与控制权力日益膨胀。

从士绅的角度来看，不管士绅在地方如何积极参与和介入，其特权与地位首先得益于国家对读书人教育程度的认可，只有通过官方授予头衔，他们的身份才能合法化。所以虽然士绅作为一个阶层一直掌握着直接统治乡族社会的权力，但哪些人可以进入这一阶层和这一阶层中哪些人可以合法地履行这些权力，却取决于政府的授权和承认。[①] 只不过大多数科举候选人之所以参加考试，很大程度上并非只为进衙门做官，更多的是因为科举制度可以赋予他们在地方上提高、维持、展现社会地位的权利。国家提供给他们发挥自己才能的平台，他们利用这个平台积极参与地方事务，逐步树立在地方上的领袖地位。

① 傅衣凌：《中国传统社会：多元结构》，《中国社会经济史研究》1988 年第 3 期。

而在士绅与国家这样相互依存又相互制衡的博弈过程中，地方上逐渐出现自治性与自主性的倾向。首先集权政治在明清时期的高度发展使得士绅主导的带有自治倾向的地方社会更加张扬，中央的高度集权与基层社会体系的简单原始形成鲜明对比，庞大的农村集团又岂是凭“八股”入仕的官员所能娴熟掌握的？只好依靠熟谙风土人情的士绅实际操作，随着他们卷入地方事务的日益频繁，地方上便出现维护自身利益的自治性与自主性倾向。其次，明代以来，士绅群体的日益庞大壮大了地方的领导阶层，进一步促进地方自主性的发展。在宋代，只有进士身份是终身的，举人只有一次参加会试的资格。到了明代，不仅举人实行终身制，就连生员也享有此项殊荣。他们和现职、请假、退职的各种官僚一样，都享有免除赋役的特权。特权阶层的壮大无疑对国家对地方事务的介入构成威胁，士绅在地方的资助、管理和经营行为均以本地利益为基本出发点，并不一定要与官方立场相吻合，他们只是按自己的想法来实施，国家的控制力不断被削弱，地方自主性日渐凸显，在这个过程中，士绅日益扩大自己的影响，加强对地方的控制。

（二）社会危机及学风转变带给士绅的机遇

地方自主性倾向自明中期以来在士绅与国家的博弈之间日益凸显，而明清之际的社会危机以及晚明以来学风的转变则带给士绅更多的机遇。若是在王朝鼎盛时期国家尚有实力兼顾对地方社会的控制，而在社会动荡、政权更迭时期，中央政府以至地方政府尚无暇自顾，遑论集中力量应对地方上的灾害、兵祸等一系列危机？如此一来，国家对地方本就薄弱的控制力则更迅速下降，给士绅在地方社会大展身手提供了机会。

首先，动乱与灾难威胁到了地方的现有利益及已建立的秩序，这是士绅最不愿看到的，与自身利益密切相连的家乡岂容他人轻易践踏？其次，危机带来威胁的同时正好给了士绅扩大影响、树立权威的机会，于是他们挺身而出。不管是具有地方文化垄断特权从而义不容辞地扛起官学继承与维护和地方教育重担，还是面对灾荒的慷慨赈济与好善乐施；无论是修桥修路造福一方百姓，还是抵制各种外来势力入侵，他们都成为首当其冲者。晋东南士绅在明末清初如此广泛地参与地方各项事业，积极将他们的社会资源与钱财投入到公共事务，在动荡中稳定了地方局势，保障了地方民众的生产生活，获取了民众的信任与支持，进一步扩大了影响，提高了在地方社会的威望，强化了对地方社会的控制。

除此，士绅在明清之际更加积极参与地方事务，除了维护地方利益，利用危机获取权力的原因之外，还与当时学风转变、学术思潮变化有一定关系。晚明以来，为摆脱王门后学所带来的空疏学风，以及国家已出现的各种问题，广大士大夫积极探索，亲自参与，在社会上悄然兴起实学之风，他们倡导求实致用，身体力行，解决实际问题。在前述各种活动中的实践，就是他们经世致用思想的具体表现。

（三）传统基层社会的运作

中央集权政治制度上的过度早熟使得国家与下层民众之间的距离十分遥远，一直以来都以一种理想化的又十分简单的模式向下套用来管理地方。但地方事务何其繁杂，帝国又如此庞大，以官僚体制为载体的国家权力不能有效地延伸到广大基层社会，必须依靠当地力量来经营管理地方。长此以往，国家与社会便呈现相互分离的状态，各自按照自己的模式在运行。再加上地方自治性倾向的不断发展，基层社会的自我运作更加完善。

其一，基层社会运作具有稳定性。尽管王朝不断更迭，但传统基层社会却在同一模式中延续，几乎没有发生任何变化，谁被推翻、谁做皇帝对于地方并没有特别大的影响，地方各项事务都以其自身的方式在运转，无论是旧政权还是新政权都难以对地方社会介入过多，尤其是新生政权，更多地是对地方社会模式的适应。所以士绅作为基层社会的领袖人物，积极涉入地方的各项事务，如此广泛地参与地方事务，都是为维护这种稳定性而努力。

首先在文化教育方面，经过不断改造适应大一统帝国的儒家思想早已根深蒂固，地方文教事业的垄断者士绅将自己所学传播给民众，通过对民众的教化达到对其思想控制的目的，有利于维护地方社会的秩序，进而便于对地方进行经营与管理。上层国家更加需要思想统

一、支持中央集权政治、不容易叛乱的民众，因此这样的思想教化能够一直绵延下来，没有发生太大的改变。其次，受季风性气候的影响，自然灾害在中国的发生十分频繁，对于非常严重的灾害国家可能还会赈灾拨款，但是地方上小规模的灾害国家就难以面面俱到，因此应对灾害的举动和措施在基层社会长期的探索中已渐成体系，在史料记载中当灾害来临时士绅有条不紊地建立各种粥厂、慈善堂、育婴堂等等场所，帮助百姓渡过难关。

由此看出传统基层社会的稳定性在不同方面均有体现，而士绅作为地方的领导者，积极涉入各项事务的初衷也正是维护家乡的稳定性，不受外界干扰的安定局势才是经营与管理的基础。

其二，基层社会运作具有适应性。传统基层社会之所以能够近乎不变地延续下来，还有一个很重要的因素即其强大的适应性。

前文已经反复强调，无论是士绅还是普通民众，无论是政权更迭还是动乱兵祸，地方社会的基本利益是他们共同的出发点。所以只要新建立的政权不影响地方的利益，能够保障基层社会的现有秩序，士绅与地方民众往往会积极适应，并不会有太大的反抗举动。无论是明政权、农民政权还是清政权、姜瓖政权，只要不破坏地方社会秩序，士绅就能带领民众与之合作。但是农民政权、姜瓖政权对地方社会的破坏，大大加深了地方社会的痛恨，因而遭至士绅与民众的奋力抵抗。以阳城郭谷村为例，当时姜瓖之乱，祸害了地方，当地民众群起反抗。当清军平乱时，要将当地民众一起剿乱，但是王重新“遣人走军中，以牛酒犒，因得见主者，言民不造反，求免剿告示数十，分予邻村；会泽州守袁，亦以为言，于是阳、沁诸邑独免剿”①。清军与地方社会达成了协议，实现了双赢，得到了地方社会的认可，因此对稳定清政权、安定地方社会生活有极其重要的意义。如果在这些事件中，清军并不理会地方社会的申请，极力剿乱，则会带来地方社会的拼死抵抗。因此，尽管清政权属于异族政权，但是清朝统治者在一

---

① （清）白胤谦：《清故太学生碧山王公暨元配曹孺人合葬墓志铭》，顺治十四年，《三晋石刻大全·晋城市阳城县卷》，三晋出版社2012年版，第127页。

定程度上承认士绅的权益，保证地方的安定与秩序，大部分士绅还是带领广大民众，认可了清政权。

正是这样的稳定性、适应性，才使得基层社会能够永远传承，才使得中华文明从未断裂，不管王朝如何更迭，基本的社会运转模式不会改变。大一统帝国尽管经过多次分分合合，但却能一直延续下来，从不间断，足以看出传统基层社会的强大与根深蒂固。

第三节　特殊群体在基层社会的参与：宗族

上党宗族在地方社会中发挥着不可或缺的作用，尤其是官宦型宗族和商业型宗族。他们或有功名，或有实力，是村中的显宦之家，充当着村民领导者的角色，全方位参与地方事务，对地方社会产生了深远的影响。

一　宗族与地方公共事务

（一）兴修城池，筑桥铺路

对于地方修城修墙等公共事务，很多宗族或积极倡导，或广募资金积极参与。阳城王氏宗族作为大的商业型宗族，积极参与了地方城池的修建，在修建郭峪城时王重新捐款7000两，从《碧山主人王重新自叙》碑中可以看到王氏宗族对地方公共事务的参与。[①] 这通碑记中所列数字的不完全统计，王重新为公益事业捐输的银两达16896两之多。“常念父之□□□□□□□□□□后殿，费银四十两。时宝泉寺復坏，重修之，费银贰仟壹佰两。修本里大庙，□□□□□□□□□□三分。修后沟三教堂，费银壹佰壹拾柒两五钱柒分五厘。修土沟□□庵，费银三百六十两。修西沟白衣庵，□□□□□□□□□□□前后，东西殿、钟鼓楼、戏楼、东西廊、石磴、池亭，费银壹仟捌百两。修□□庙，费银四百七十九两三钱六分。修西□□□□□□□□□□十六

---

① （明）王重新：《碧山主人王重新自叙》，顺治十三年，《三晋石刻大全·晋城市阳城县卷》，三晋出版社2012年，第122页。

两一钱捌分。又因沁河水涨难渡，欲架石桥于刘善、润城间，□视两岸相距率远，无可寻址者。偶见刘善□□□□□□□□□□□□□□中费银三千八百两。先崇祯八年，流氛炽甚，创立□堡，置造守御械器，并后增修，费银六千余两。又费□□□□□□□□□□银七百两。又大同启祸，官兵蔓剿，从潞安求得免剿告示十余通，分予邻堡，费银二百两。又修清化路，泽州□□□□□□□□□□□。其它死不能棺者、病不能医者、婚嫁不能具礼、赋税不能如期者，苟有告，未尝敢不应也。”从这可以看出王氏宗族对参与地方公共事务的热情。

像王氏宗族这样积极参与地方事务的宗族众多。阳城另一个王氏宗族因太行山道路险峻，影响当地民众而出钱修路。“太行古称奇险，实当孔道，毁辕屠马不绝于途，盖其岩窖颠踬烈于深渊，行者惮焉。公出私钱修治之，险者夷，陋者拓，载驰载骤，行旅歌讴”①。沁县吴氏宗族吴时谦也是因沁县与襄垣县之间的道路难走而出钱修路。“沁无煤碳，取爨于襄垣，路险隘难行，每冬月，常有颠崖堕坂，人牛俱毙者。时谦恻然悯之，即捐数百金，修南路一条，又开东路一条，保全人牛不可胜计，他如桥梁道路建修葺者，未易更仆数”②。对于筑桥铺路并不仅仅是那些大宗族积极参加，平民小宗族也积极参与。襄垣县太平村孙氏，“幸有邻村孙安舒、孙安福、孙安德、孙遇隆、孙守庆、孙守杰、孙宗谋君等触目感怀，筹议展修，督工开掘，不数月而工告峻”③。

（二）救济灾民，服务民众

山西历来都是自然灾害多发的地区，尤其是旱灾。因此，当灾害发生后很多地方上有实力的宗族往往参与救灾。救济灾民是地方上公益活动的重要内容，也是树立宗族声望的好机会。阳城陈氏是当地望族，常以钱粮周济族人和乡党，每逢饥年，必出家谷救灾，乡人皆感其恩德。沁县吴氏宗族中的吴琠，“康熙三十五六年，沁属连年荒

---

① （清）陈廷敬：《封户部河南司郎中在只王公墓志铭》，《午亭文编》卷四六，中州古籍出版社2011年版，第2235页。

② 乾隆《沁州志》卷六《人物》。

③ （民国）孙安乐：《展修路记》，民国《襄垣县志》卷六《营建考》。

歉，公在楚闻之，即捐奉驰书，令先进士益成公买粟赈济。无闻亲疏远近，合属皆沾实惠。又劝嘱州牧，设法救济，一郡之人，赖以全活者实多”①。其子吴时谦也是积极捐助、救济乡民，康熙六十年（1721），沁州大旱，时谦捐粟三百石，贷给穷苦之人。② 襄垣连氏宗族中的连士毅在丁戊奇荒中积极出资赈济襄垣民众。“光绪丁丑，岁大祲。公首倡义举，着邑人孟崇旺等东出磁川，买粟数万石，分济乡党，所活者众。又请县令禀准上宪，开放昌平仓及各村之社仓等，以普济襄民”③。长治申氏是商业型宗族，虽然重利轻义是商人一贯的特征，但当灾害发生时，申氏宗族仍积极参与救济地方民众。“暨乾隆辛酉、辛未，岁大祲，里中比屋嗷嗷，公悉出所藏而不伐其德，人亦罕有知者，此公之德孚□人而里党”④。还有的宗族族人直接参与救济地方民众。如潞州王氏：“比岁当暑燠，大施膏剂，日疗济百人，计拯救存活者不知凡几千数也，乡评德之。”⑤ 大部分的宗族还是凭借自己强大的财力来救济当地民众。如阳城王氏：“方是时，晋郡县大祲，蝗蝝遍郊野。公归则出钱数十万缗，募人捕瘗。我先公分口食，食饿者，公亦捐糈周给，州人以故不流离。”⑥ 沁水刘氏：“性好施，急人之困。计岁入余羡，市粟别贮，以待岁之不易，小歉则平粜，大歉则赈之，不取责里人，伛伛视公贮若外廪。”⑦ 有的宗族还通过修建工程的方法来赈济灾民，如崇祯十二年（1639），阳城遭遇大旱，王氏“即以佣工养育饥民数百”⑧ 修建豫楼，既能赈济灾民，

① 沁县史志办公室翻印：《铜鞮吴氏人文志》，内部资料，第26页。

② 《沁州志》卷六《人物》。

③ 民国《襄垣县志》卷三《文儒传》。

④ （清）吴嘉炎：《皇清太学生前儒学附生受□……墓表》，乾隆年间，现存于申家二十四院内。

⑤ （明）郜光先：《明故潞学生文轩甘公墓志铭》，万历九年，《长治金石萃编》（下），山西春秋电子音像出版社2006年版，第309页。

⑥ （清）陈廷敬：《封户部河南司郎中在只王公墓志铭》，《午亭文编》卷四六，中州古籍出版社2011年版。

⑦ （明）赵志皋：《明故累封嘉议大夫吏部右侍郎松岩刘公神道碑》，万历二十四年，《三晋石刻大全·晋城市沁水县卷》，三晋出版社2012年版，第79页。

⑧ （明）王重新：《焕宇变中自记》，崇祯十三年，《三晋石刻大全·晋城市阳城县卷》，三晋出版社2012年版，第89页。

亦能保安固存。因此，以工代赈亦成为世家大族在地方社会推行慈善救济的最好方式。

有的宗族还积极参与地方上的公益事业，服务民众。沁水刘氏："邻族中有贫氓者，辄为太息，出其粟帛以假贷之，不责其偿。其捐所有，以资人之贾、完人之婚者尤朋，故居人常以仁厚称之。"① 阳城陈氏宗族中的陈廷敬捐款为贫苦乡民置坟墓，他认为，"生即不能以田为事，死则无所于归。即一旦不幸，叩强有力有田者之门，丐尺寸之土而瘗焉。异时，或斩凿平治之，求若斧、若马鬣安可得？古之人所谓不封不树者，岂遂若此耶？余捐金置义冢，得田若干亩，公之贫无地以葬者"②。有的宗族中的族人凭借自己的医术来服务当地民众，沁县吴氏宗族，"祖素善岐黄术，踵门求医者，无论识与不识，悉尽心诊治，贫者，施以药耳，人或称其厚德，则曰：此所以广吾亲济人之心也"③。沁水陈氏："以药济人，无论贵贱，毫无意人之报。心地坦亮，不□□过，或犯之，笑不与辨，终其身无竞颜忤色。"④ 还有的宗族凭借着自身的财力来服务当地民众，沁水孙氏："里有潘某误犯人，法当抵，然良以误，故为捐金给犯者家，又为居其间，卒出其狱。"⑤

（三）修补村防设施，加强地方自卫

上党地区由于特殊的地理位置，历来成为兵家往来之地，在明末清初特殊的时段中更是如此。据乾隆《阳城县志》载，崇祯四年（1631），农民军首领王嘉印已在阳城一带活动，为山西总兵曹文诏斩杀，然而"其党复推王自用为首，号紫金梁，又有老回回，亦其

---

① （明）刘东星：《明故寿官西山刘公暨配杨氏合葬墓志铭》，万历四年，《三晋石刻大全·晋城市沁水县卷》，三晋出版社 2012 年版，第 62 页。

② （清）陈廷敬：《义冢碑铭》，《午亭文编》卷四〇，中州古籍出版社 2011 年版，2024 页。

③ 沁县史志办公室翻印：《铜鞮吴氏人文志》，内部资料，第 72 页。

④ （明）陈继浩：《陈继洛墓志铭》，万历十九年，《三晋石刻大全·晋城市沁水县卷》，三晋出版社 2012 年版，第 75 页。

⑤ （明）张慎言：《明茂才私谥孝懿孙梦得季君墓志铭》，万历四十五年，《三晋石刻大全·晋城市沁水县卷》，三晋出版社 2012 年版，第 105 页。

部帅。嘉印虽已斩，而老回回等往来阳城，人被其祸”[①]，在这种情况下，各地方都纷纷增补村中防御设施，进行地方自卫，在此过程中，地方上的大宗族往往发挥着重要作用，如阳城陈氏、王氏、沁水张氏等。

阳城陈氏位于郭峪中道庄，他们所居住之地“僻处隅曲，户不满百，离城稍远，无险可恃，无人足守”，在这种情况下，他们“筑砦楼御寇，保聚一乡”，他们“掘地为井，筑石为基”，建造起一座长三丈四尺，宽二丈四尺的河山楼。[②] 这座堡垒式的建筑在明末清初的地方自卫中发挥了重要作用。陈昌言详细描绘了明末农民军在劫掠郭峪里时，这座城堡所发挥出的作用：“届辰时，贼果自大窑谷堆道上来，初犹零星数人，须臾间，赤衣遍野，计郭峪一镇，辄有万贼。到时节劈门而入，掠抢金帛。因不能得治于楼，遂举火焚屋……寇仍日夜盘踞以扰，至二十日午后方去……逡巡至八月间，无支可栖，余奉老母暨家属，始移入汉城。期弟以再生之身，独不入城，谆谆以竞楼工零事。至冬月而楼乃渐就绪，且置弓箭、枪、铳，备火药，积矢石。十月内贼连犯四次，将薪木陆续尽毁，期弟率人护守，毙贼于矢石下者多人，数次所全活者不啻万计。”凭借着这座楼，“寇连犯五次，终不能得志。族戚乡邻所全活者约有万人”[③]。由此可见陈氏宗族面对战乱进行的地方自卫。面对农民军的侵扰，位于郭峪里的阳城王氏宗族也积极参与地方城墙的修建，保护地方民众。“而以焕宇王翁董其事，众人分其劳。记城工始于崇祯八年正月十七日，成于崇祯八年十一月十五日”[④]。沁水张氏居于沁水县窦庄村，面对农民军的侵扰也是积极进行地方自卫，保护族人和当地民众。光绪《沁水县志》载：“明崇祯四年，河曲贼王嘉允由沁水如阳城，五年七月，山西巡抚宋统殷击贼于长子，贼奔沁水。庚辰，贼首紫金梁、老回回、

① 民国《阳城县乡土志·兵事录》。

② （清）陈昌言：《河山楼记》，崇祯七年，见栗守田编注《皇城石刻文编》，内部资料1998年，第54页。

③ 同上。

④ （明）张鹏云：《郭峪修城碑记》，崇祯十一年，《三晋石刻大全·晋城市阳城县卷》，三晋出版社2012年，第84页。

八金刚以三万众围窦庄。时张道濬家居，率其族御之，贼多死。”①

地方自卫并不仅仅在明末清初，在其他时期也有发生。沁县吴氏宗族，在同治年间，由于农民起义不断，扰乱上党地方社会秩序，该宗族与地方官员联合起来进行地方自卫。“同治丙寅，发匪串入晋疆，扰乱曲沃、夏县等处，州牧何公，延先君商其事，先君仿古保甲法，联合全沁，又募乡勇，朝夕调练防要隘。我沁宴然，独不被氛扰者，先君之力也。”② 可见吴氏宗族在此次事件中所起的作用。

（四）为民请命，移风易俗

在上党地区有很多科举世家，他们凭借着自己的官场关系，向上传达百姓的意愿，为民请命。以沁县吴氏为例，吴氏宗族的关键人物吴琠，曾凭借自己职位显著向当时的政府机构陈述民间意愿，希望不要增加沁州地的赋役。从他给藩布司的信中我们可以看出这种做法。“五月二日辰刻，忽接来教，有沁属增银一千三百两之事，不胜骇异。夫所谓《简明全书》者，不过欲删繁就简，使明白易晓耳，非于原额之外，可任意增减也。乃闻从前部曹主此事者，不由各省确据，或增或减，妄行杜撰。仰惟圣明洞烛，敕令察议更改，毋得瞻顾”③。从信中可以看出吴琠对沁州民众是非常关爱的。吴琠的儿子吴时谦针对沁盐问题也向郡守传达民间意愿：“沁盐法久窳，商昂其直，罔利民病之丛起，遂商课无从办。时谦面郡守条十余事，俾通担负均引昌平，市价官私交便。”④

除了以上传达民意外，吴氏宗族凭借着做官的威望和严格的家训，影响了当地人们的风俗习惯。吴氏宗族中的吴琠官至大学士，为人正直，心系百姓，他的这种做人品质影响了沁州人民。“公之修身，以立诚为本，其教家以忍让为先，自居乡逮立朝所以感人心，历风化者，仁厚以为质，廉俭以为坊，今观沁俗，乃于是为近，盖余往来，尝四经州境，见其男务耕耘，女勤纴织，非土人所

① 光绪《沁水县志》卷一〇《兵燹》。

② 沁县史志办公室翻印：《铜鞮吴氏人文志》，内部资料，第93页。

③ 江地主编：《吴琠文集》，山西人民出版社1990年版，第56页。

④ 乾隆《沁州志》卷六《人物》。

织布不依市，布非耕织具及齐名日用之物不鬻，不好争讼，郡庭阗如，尤有先民之遗则焉。”① 吴琠的儿子吴时谦为当地民众人制定礼俗影响当地的风俗，“沁地昏礼，久废亲迎，公毅然命子侄辈行之。因著《婚礼节要》一书，俾同人共行之，人咸服其合礼而便俗”②。武乡的程氏宗族中的程启南凭借着自己在外做官，向上传达武乡民众的意愿。“陈情两院，减武乡征粮，从疲瘠例，豁沁州浮粮，累金三千余两。”③

移风易俗的关键，还是要兴办教育，重视文化。上党宗族最突出的表现就是兴修各种教育场所，沁县吴氏还在徐村修建义学，教育贫穷子弟，“尝建义塾于徐村，延师训单寒子弟”④。吴氏宗族中的吴时谦，“本郡士人，孤苦贫困者，必资其诵读之费。或有执经问难，详解曲譬，不隐不倦，故沁郡人文日盛，皆公之力也”⑤。吴道默，“里中从而请业者数十百人，劝诱训诫，各因其材，使有所成就。诸子皆自教，以学为世贤人”⑥。还有如潞州仇氏是科举世家，为发展当地教育，大力倡导修建义学、书院。“东山，在潞州东南七十里雄山乡，即俗所谓东岭也。仇氏时茂森族居于此。时茂自其父母及兄时济楫辈，与其子孙，立《家范》以同居者，盖四世矣。……兴建义学于其舍傍，以教乡之子弟者，盖五七十家矣。犹以为未也，乃于雄山之东岭建书院焉”⑦。潞城张氏也积极修建学校，“潞城庙学，张公壁重修于洪武己酉，张公景再造于成化庚子，迄今颂二公之功不衰”⑧。同时，还参与编修当地地方志、兴建当地学校、积极参与当地教学，发展当地教育。如沁州吴氏宗族，参与当地地方志的编修，“康熙间，郡伯张公兆麟，意欲重修沁志，延先进士益臣公总其事，选拔信臣，

---

① 江地主编：《吴琠文集》，山西人民出版社 1990 年版，第 93 页。

② 沁县史志办公室翻印：《铜鞮吴氏人文志》，内部资料，第 39 页。

③ 乾隆《沁州志》卷六《人物》。

④ 同上。

⑤ 沁县史志办公室翻印：《铜鞮吴氏人文志》，内部资料，第 38 页。

⑥ （清）陈廷敬：《封中宪大夫希声吴公传》，《午亭文编》卷四二，中州古籍出版社 2011 年版，2079 页。

⑦ （明）吕楠：《东山书院记》，顺治《潞安府志》卷一九《艺文四》。

⑧ （明）张应兆：《潞城县重修庙学记》，乾隆《潞安府志》卷三二《艺文续编五》。

工为分撰，祖则负稽考碑碣之责”①。

二 宗族与民间信仰

民间信仰在我国传统社会中占有重要地位，与此相关的活动是民间日常生活的重要内容，随着宗族与地方社会结合的越来越密切，民间信仰也成为宗族生活中的重大事务。对民间信仰资源的控制与利用成为宗族解决、参与地方事务的重要方式。尤其是在华北社会，宗族要素的不完整以及宗族形态的多样化，导致宗族问题研究异常复杂，而民间信仰既是这一状况的原因又是这一状况的结果。换句话说，民间信仰使宗族构成要素不必完备，庙宇在一定程度上代替了祠堂的功能，地域因素使宗族不必聚族而居。宗族的分散性又导致民间信仰的广泛发展，因而在对民间信仰的控制中，地方各种力量纷纷登上舞台，社首、乡约、士绅交织在一起，起到了重要作用。民间信仰也表现出分散性与独立性，不受制于任何一种力量。

（一）宗族对民间信仰的运用

祭祀在上党地方社会民众日常生活中是非常重要的，《沁源县志》载：“祭祀分公祭、自祭二项，公属社或属于族，社祭系各村在神庙演戏时或各节献羊时行之。族祭系士民立有家祠者行之。普通以时致祭，阴历元旦、端午、中秋、冬至在家自祭。祀先则有柱，祀神则贴神像或立牌位，各荐时食，凡祀先时则必祀家供，祀神时亦必祀。”② 可见，祭祀在上党地方社会中的重要性。祭祀是人们日常生活的重要内容，同时也是团结民众的重要手段。而宗族作为一个重要的社会组织，虽然它有着严格的族规、家训，但在它领导之下的民众的意识形态并不可能完全统一。因此，宗族有时候必须借助于民众的日常信仰来凝聚族人，教化族人。我们以沁水柳氏宗族为例来说明宗族是如何凭借民众信仰来凝聚族人的。

沁水柳氏位于沁水县西文兴村，是一个古老的宗族。正如前文所

---

① 沁县史志办公室翻印：《铜鞮吴氏人文志》，内部资料，第41页。

② 民国《沁源县志》卷二《风土略》。

述，在明清时期，随着社会环境的改变，形成了一个有着祠堂、家训、家规、家谱的单姓大宗族。虽然柳氏宗族在这一时期完成了宗族组织化建设，但族人的意识形态并没有完全统一。在这种情况下，柳氏先祖们就借助民众信仰来统一族人的思想。风水信仰在中国由来已久，是中国百姓的重要信仰之一。因此，柳氏族人就先从风水信仰入手来整合族人的思想意识。“□□□□□□环五乡皆山也，出自太行，北有鹿台蟠回，高出诸峰。南应历山，驰奔云矗，倚空向出者，千峰苍翏。东曲陇鳞鳞，下临大涧。西山隆沃，壮似行而复顾，或曰伏虎山，或曰凤凰岭。吾柳氏族人世居之，最蕃且盛，岂非钟斯然哉!”① 柳大夏在这儿描绘出了一个风水学上绝好的人居地势“山环水抱必有气”，通过这样的描述，给了柳氏族人最为稳定的意识形态。

柳氏族人还借助关帝、文昌等信仰来教化族人。他们因地制宜在柳氏宗族居第之外、祠堂左右，又修建了关王庙、真武阁、文昌阁、文庙、魁星阁。柳遇春在《新建关王庙木坊碑记》中直呼：“忠义乃人心所固有，事君而贰其节，见利而忘其义，非无是心，欲炽而□□丧之耳焉矣！闻王之风者，独不惕然省，奋然发者乎？是故，记而表之，亦将律天下后世之为人臣者。”② 他将忠义作为关帝信仰的解释，这样即凝聚了族人的意识，同时也将忠臣节义作为族人的道德要求，对稳定社会秩序起了重要作用。下面这通碑记是现存于柳氏民居内的《文昌帝圣训碑》，我们从碑文中可以看出它突出了文昌信仰的教化思想，以碑刻告知族人，“诸恶莫作，众善奉行”。具体内容如下：

一戒淫。行未见不可思，当见不可乱，即见不可忆，于处女寡妇尤宜慎。

二戒意恶。勿藏险心，勿动妄念，勿记仇不释，勿见利而

① （明）柳大夏：《始修一山房碑记》，嘉靖二十年，《三晋石刻大全·晋城市沁水县卷》，三晋出版社 2012 年版，第 43 页。

② （明）柳遇春：《新建关王庙木坊记》，万历十一年，《三晋石刻大全·晋城市沁水县卷》，三晋出版社 2012 年版，第 70 页。

谋，勿见才而嫉，貌慈心。

三戒口过。勿谈闺阃，勿许阴私，勿扬人短，勿设雌黄，勿造歌谣，勿毁圣贤，于尊亲亡者尤宜慎。

四戒旷功。勿早眠迟起，勿舍己耘人，勿为财奔驰，勿学为无益身在心驰者尤宜慎。

五戒废字。勿以旧书裹物糊窗，勿以废文烧茶抹桌，勿涂抹好书，勿滥写门壁，勿嚼草稿，勿掷文尾于涂间，秽中尤宜慎。

六敦人伦父子。主恩尤当，喻之以义；君臣主敬，尤当引之；以道兄弟相爱，尤当勉之；以正朋友有信心，当劝以有成；夫妇相和，尤当敬而有别。

七净心地。玩古训以惩心，坐静室以牧心，寡酒色以清心，去私欲以养心，尤当悟至理以明心。

八立人品。敏事慎言，志高身下，胆大心小，救今从古，弃邪归正，思君子九思，畏圣人之三畏，尤当不恤人言。

九慎交游。终始不怠，内外如一，贵贱不二，生死不异，功过相规，化夷惠而师仲尼，绝奸狂而交中正，尤当立身为万世友。

十广教化。过上等人说性理，过平等人说因果，多刻善书，多讲善行，尤当攻邪崇正以卫我道。①

从碑文中我们可以看出柳氏宗族的精英们利用文昌信仰来教化族人，从而加强柳氏宗族的宗族凝聚力，推动柳氏宗族的发展。我们在柳氏民居中还可以看到《玄天上帝劝世格言》这样的碑文，可以看出柳氏宗族往往借助于神灵来凝聚族人，教化族人。它似乎比宗族祠堂对加强宗族凝聚力更有力。

社会重视民间信仰的目的是为了加强社会控制，柳氏宗族利用民间信仰来教化族人的过程实际上是对社会控制的一个过程。民间信仰

---

① 《文昌帝圣训碑》（照片），癸未年刻（2003 年），现存于沁水县西文兴村柳氏民居。

对于普通民众的心理影响非常重要，它往往表现在具体的行动上，甚至有的宗族就认为只有把鬼神信仰和法律结合起来，才能维护社会秩序的稳定。我们来看这样一段碑文：“夫域中有二权，明曰王法，幽曰鬼神。王者用其赏罚之权，以命德讨罪，而天下以惩以劝；鬼神用其祸福之权，以福善祸淫，而天下以吉以凶。……然则吾乡之增修神祠也，诚当哉！诚当哉！虽然神不可渎，祭不可謟，必积德于冥冥，斯获报于昭昭。外是而作咎，妄读恐无益，徒尔速戾也。”① 这是《重修府君神祠记》碑文中的一段，由此可以看出重修府君神祠是由沁水韩氏宗族倡导，从上面这段文字中可以看出韩氏宗族认为只有王法加鬼神才真正是“天网恢恢，疏而不漏”。从而可见鬼神在当地民众心中的重要地位。韩氏宗族倡导修建府君神祠是为了借助鬼神来维护社会秩序，达到对社会的控制。这也是国家往往借助民间信仰来维护社会秩序稳定的重要原因。

（二）宗族对民间信仰的影响

陈春声指出：“许多乡村庙宇祭祀组织的背后都是宗族在起支配作用。”② 宗族组织借助民众信仰来统一族人思想，凝聚族人。同时，宗族也在一定程度上对民间信仰发挥了重要作用。

虽然上党地区的宗族组织远没有南方那样强大，但是一些宗族也积极参与庙宇的修建、维修、祭祀等活动。如沁县徐村吴氏宗族，积极参与庙宇建设，修建了崔府君庙（赠大学士吴道默增修，二十五年、三十九年郡人大学士吴琠捐俸增修，四十五年郡进士吴时谦、廪生吴时纳、拔贡吴时谏、廪生吴时诒捐修）、李英公庙（赠大学士吴道默等修建，二十二年举人吴琪等增修，四十三年、四十七年、五十一年郡进士吴时谦、廪生吴时纳、拔贡吴时谏、廪生吴时诒捐资增修）。③ 阳城郭峪王氏宗族、皇城陈氏宗族均积极捐款，倡导修庙。

---

① （明）韩可久：《重修府君神祠记》，万历四年，见《三晋石刻大全·晋城市沁水县卷》，三晋出版社 2012 年版，第 59—60 页。

② 陈春声：《“正统”神明地方化与地域社会的建构》，《韩山师范学院学报》2003 年第 2 期。

③ 乾隆《沁州志》卷二《祠祀》。

除了一些大宗族外，一些平民小宗族也在积极地参与庙宇的修建。陵川县张家庄村之张氏，“历年以来，族党错居北而冲风，略无障卫”，对村落产生了不利影响，需要通过修建庙宇以培风脉。而张氏宗族为村中的主要势力，毅然担当起创建庙宇之大任，张氏父子二代积极经理，“张子之父又不惮竭力以任厥功，为所倡导，诸人因相鼓励。功未就而张子之父辞世，张子乃继父志，勉成大功。计其劳费，大约居人什一，而张父什九”①。张氏宗族在此次修建过程中，积极倡导，鼎力出资相助，创建了天帝庙，掌握了村中的信仰资源。长治中村申氏在重修大庙乐楼时，“申孚、申克昌两公首先提倡，力任艰钜，广输赀财以为兴修需款，筹策规模以为开拓良法，分任贤能以收相助，为理之效，益因所举总理申广昌家道寒素，从吉庆昌提赀懋迁，岁分余润相酬，是诚富而好义兼之远谋硕画、知人善任者也，迄今庙貌壮丽，局度宏厰，两公之力居多”②。沁水县张村乡冯村李氏宗族，“李君世相、李君守弟，痛自发心，相聚而谓曰：‘五谷神一方社稷主也，被风雨摧毁，神无楼，人何安哉?’于是遂捐己资，先为平基……合村善士各愿输资财，同心协力，以共成大事。”③ 陵川县上郊村古有玉皇庙，至明末损毁颇多，清顺治年间，王希孟“突起婆心，敦请乡戚肫肫命接，接奉命商及族弟王在五，协谋参划，恭请风鉴，迁徙创置”④。陵川王氏宗族中的王发文为了修建庙宇而去更化族人，“居民王发文乃一乡之善士，有志修理而无财力，遂统族人于东岭后，披霜斩棘，得荒地名崔家川、郝家岭，共地六亩，累年耕种，积粟有余，更化族人同输金力，鸠工庀财，涌跃率作。重修正殿三楹，创建禅房二座，

① （清）徐文泰：《创建天帝庙碑记》，康熙十一年，《三晋石刻大全·晋城市陵川县卷》，三晋出版社 2013 年版，第 101 页。

② （民国）茹佩兰：《重修府君庙乐台功德主乐输碑》，民国八年，现存于申家二十四院。

③ （明）李自芬：《新建庙记叙》，万历二十四年，《三晋石刻大全·晋城市沁水县卷》，三晋出版社 2012 年版，第 81 页。

④ （清）王三接：《重修碑记》，顺治十七年，《三晋石刻大全·晋城市陵川县卷》，三晋出版社 2013 年版，第 97 页。

山门一并告成"①。诸如此类的事例不胜枚举，可以肯定的是其对修建庙宇之事的重视。

诸如上述宗族在积极参与、倡导修建庙宇的事情，可以在地方志、碑刻中发现很多。其动机是什么，仍有待进一步深入研究，但是，争夺信仰资源，以期提高宗族在地方上的威望和影响力，却是无可否认的。这也从一个侧面看出北方民间信仰在社会生活中的重要性。

（三）从宗族与民间信仰看南北宗族的差异

南北方宗族的差异一直是宗族史研究者所关注的一个重要课题。北方宗族由于祠堂、族谱、族田等构成宗族要素的缺乏，很多学者认为北方没有宗族或称为残缺性宗族。② 但也有一些学者从祖坟、墓祭等方面来论证南北方宗族的不同特点。③ 正如前文所论述的上党地区宗族重视墓祭也可说是南北方宗族的重要区别。在这笔者试图从南北方对祠堂和庙宇的兴盛程度来说明南北宗族的差异。

在北方地区，宗族的重要表现形式——祠堂是非常缺乏的。在20世纪40年代，有学者对华北村落进行调研的数据中指出："河北省143个村镇，有宗祠51座，集中在23个村镇，其中120个村镇全无宗祠，有宗祠的村镇仅占所调查村镇的16%。据同期对河南省82个乡镇的调查，有宗祠44座，集中在22个乡镇，其中60个乡镇全无宗祠。另据李景汉《定县社会概括调查》，定县62村内只有宗祠19座。"④ 在上党地区，地方民众大多也没有祠堂祭祀的做法。而是在家临时祭祀祖先、神灵。据道光《壶关县志》记载："士大夫家，建立家祠，四时分至致祭。元旦、端午、中秋、重九各荐时食。逢忌辰、诞辰皆特祭。清明则墓祭，皆遵文公家礼。庶民每值令节，或祀

---

① （清）海云：《重修三教堂碑记》，康熙二十六年，《三晋石刻大全·晋城市陵川县卷》，三晋出版社2013年版，第109页。

② 兰林友：《论华北宗族的典型特征》，《中央民族大学学报》2004年第1期。

③ 冯尔康：《清代宗族祖坟述略》，《安徽史学》2009年第1期。

④ 转引自侯海坤《村域视野下的祭祀与家族》，《青海民族大学学报》2014年第1期。

于寝，或祀于墓，岁时不废。”[①] 可以看出在壶关只有士大夫家庭才用祠堂来祭祀祖先，而对于一般的平民来说，大多都是祀于寝。同治《阳城县志》：“祭礼，赛社迎神断无不洁之粢，盛祷雨祈年尤深严肃，每岁仲春各里人民向析城、崦山换取神水，仪从縻费不能枚举，亟当酌而裁之。祀先世，家设木主于祠堂，余设于大庭、内寝不同，朔望展拜时序生，忌辰祭多上塚，吉祭亦如之。”[②] 从这也可以看出在阳城地区祭祀祖先都是在家祭祀，并没有专门的祠堂来祭祀。由此可见祠堂在上党地区也并不是很普遍。笔者对上党地区所进行的田野调查中所发现的宗祠也非常少，而发现的庙宇非常多。事实上根据学者们实地调查，发现华北乡村庙宇是非常普遍的，如清末直隶武清县486 村，有庙宇 958 座，平均每村两座 1.97 座；民国河北定县 453 村，有庙宇 857 座，平均每村两座；1937 年前山西太谷 100 村，有庙宇 1346 座，平均每村 13.46 座。还有学者推测，华北千人以上的大村，平均每村有 7.25 座；100—199 人的小村，平均每村有 2.73 座庙宇；100 人以下的更小村，平均每村有 2.13 座庙宇。[③] 可见在北方地区庙宇的盛行。

在北方宗族构成要素中，许多宗族没有祠堂，如长治申氏。他们祭祀祖先大多不是在祠堂中进行，而是进行家祭，尤其是平民型宗族。平顺县：“元旦，早起设香烛茶果祀神，祭先拜始祖，序昭穆，联宗谊，乡党亲旧，互相拜贺。”[④] 沁水县：“民间耻淫盗，少争讼，房地累世，不轻弃，敬神信巫，故乡多庙祀，醮赛纷举。金元时屋深而簷俯，明季屋高而墙整，室内多供神佛，沈公有云：室宇太广，则阴气盛而人气不充，且多不利，至奉神佛于私居，欲媚神，实渎神也。”[⑤] 从这可以看出，神灵和祖先对于上党地方民众来说，并没有严格的划分，这也在一定程度上体现出北方民间信仰的模糊性特征，

① 道光《壶关县志》卷二《疆域志 · 祭礼》。

② 同治《阳城县志》卷五《风俗》。

③ 姚春敏：《清代华北乡村庙宇与社会组织》，人民出版社 2013 年版，第 1 页。

④ 民国《平顺县志》卷三《礼俗略》。

⑤ 康熙《沁水县志》卷三《风俗志》。

似乎祭祀祖先在上党民众中并不是很重要，他们祭祀其他神灵同样能使自己得到神灵的保护。陵川县巡家村宁氏，“邑有神庙，邑中之主也。吾先人世居此地，并未建立庙宇，春祈秋报甚不便焉，邑人病之。十载前，少长咸集，意欲建庙而难其地，深幸天诱其衷，人皆乐善，邑东山碣，宁氏地也，合族公议，遂施地基台院焉。”① 为什么宁氏宗族不去祭拜祠堂祖先来保佑自身，而是要修庙？这足可见庙宇对于上党宗族的重要性。我们在上党地区还发现一些宗族将祠堂和庙宇合并一块，如陵川县的和氏宗族，“村之东北有吾家佛堂庙一区，崇祀三教圣像。……自此以后，佑合族平安，蕃其族昌，其种永占优胜，继而修葺”②。这更显示出宗族祭祀与民间信仰的结合，同时也可看出民众信仰的模糊性。

因此，上党地区宗族很多时候都是借助民间信仰来凝聚族人、来推动宗族组织的发展，这也是他们积极参与修庙的重要原因之一。因此，可以说在上党地区，庙宇代替了宗族祠堂的部分功能，也致使我们在上党地区并不能看到很多的祠堂而更多的是庙宇。从这个视角我们也可以看出南北方宗族的差异。

三　宗族中的女性

女性在传统中国社会中，由于受儒家伦理观念的影响，她们的社会地位非常低。在各种史料记载中关于她们的资料也非常少。因此，她们被大多数研究者所忽略。笔者通过对上党宗族的考察，认为女性在上党宗族的发展中及在地方社会中发挥着重要作用，是不可忽视的社会群体。

（一）女性与治理家务

一个宗族的发展壮大，与家庭成员之间的和睦相处及家庭事务的合理处理是密切关联的，其中女性发挥了不可替代的作用。阳城陈氏

---

① 《创建神庙碑》，乾隆五十三年，《三晋石刻大全·晋城市陵川县卷》，三晋出版社2013年版，第162页。

② （民国）和正兴：《和氏重修家佛堂碑记》，民国九年，《三晋石刻大全·晋城市陵川县卷》，三晋出版社2013年版，第343页。

宗族中陈廷敬的母亲王氏。“当太夫人之主馈也，家益清贫，凡烹饪缝纫诸琐事，皆躬亲之。范太夫人老而长斋，喜洁清，非太夫人馈食则不甘。太夫人多子女累，又苦力作，每免身，三日即趋事范太夫人。诸米盐器什尝不继，太夫人每鬻簪珥以办给。间与先公往复论说者，悉皆前古忠孝义烈之行。”① 陈氏宗族在当时已经是非常显赫的宗族，但是王氏仍然积极从事着各种家务，把家治理得井井有序，使得陈氏宗族的子弟们能够安心从事科举事业。沁水张氏宗族能够发展壮大与李氏超强的治理家务的能力是分不开的，“原配李氏，为给谏公女孙，贞静顺惠，理家政井井有条，奉继姑霍氏委婉周曲，意无少忤。子母姑息间雍雍穆穆，历数十年如一日，则孺人之力也居多焉。至鸡鸣相夫，熊丸课子，邻用和，族用睦，御婢仆，用思美，其天性然哉！”② 沁水另一个张氏宗族的发展，也与族内女性勤俭治家有重要关系。“勤俭相夫子，时陈明星戈凫之警于侧，报弓纶绳，以翼卒业，躬井爨，理蚕织，辛劳拮据，日昃不遑食，恶衣恶食不耻。至迎贤主荐，务从丰洁，修细事，不疏大体，如此阴理周详，遂居积隆隆。”③

有的宗族中的女性把家治理得井井有条，这样能够使家人专心读书或经商。长治李氏宗族中的宋氏：“躬事厥亲，其缝缀烹饪未尝委人”，“事舅姑以孝敬，待族眷以谦抑，凡厥内政，咸得其理，李族以为得人庆”，“李公赖无内顾，获专服贾，家道遂浸以兴。训诸子以勤俭为起家之本，饬诸妇以谦和为处家之宜。各化其贤，同处中庭。及遇事变，相让以义，孺人之贤益验矣”④。此段史料记载了宋氏在治理家务中的事情，正是宋氏在治理家务中发挥了重要作用，使

① （清）陈廷敬：《白鹤阡表》，《午亭文编》卷四三，中州古籍出版社 2011 年版，第 2116 页。

② （明）王廷瓒：《明故显周张公暨元配李孺人合葬墓志铭》，万历三十五年，《三晋石刻大全·晋城市沁水县卷》，三晋出版社 2012 年版，第 99 页。

③ （明）廉可久：《张母李氏墓志铭》，万历四十五年，《三晋石刻大全·晋城市沁水县卷》，三晋出版社 2012 年版，第 103 页。

④ （明）宋之儒：《故李孺人宋氏墓志铭》，嘉靖十九年，常福江主编《长治金石萃编》（下），山西春秋电子音像出版社 2006 年版，第 291 页。

得李氏宗族能够光耀门楣。沁水张氏宗族："太孺人年十七，始自于归，即勤俭宜家，孝敬克尽，舅姑每称为贤妇"，"里门佥谓曰：'三从皆宜，四德咸备，孺人有焉。'迨今家学世业，遂为泽沁望族，犹且隆隆然日昌炽而未艾也"①。可见沁水张氏宗族中，女性在张氏宗族成为泽沁望族中同样发挥着重要作用。沁水陈氏宗族中族人陈策的母亲裴氏，为了让自己的儿子专心读书，不辞辛苦"综理家政，悉不□烦诸念□□□□□午下逢□疾产危，母左右视汤药，食不甘味，衣不解带者先数□□□骨□始终未尝少怠"②。因此一个宗族的发展壮大与女性的德行和治理家务的能力有密切关系，只有家庭的和睦才能使族中的男人安心从事科举之路和经商，而这是一个宗族发展壮大的必备因素。

（二）女性与宗族教育

在科举世家中能够出现那么多科举人才与宗族教育是分不开的，这期间女性发挥了重要作用。阳城陈氏宗族的子弟们几乎在刚说话时就由母亲来教颂启蒙。陈廷敬自己说："廷敬尚未就外傅，凡《四子书》《毛诗》，皆太夫人口授以诵。及官京师，每先公有书至，太夫人亦必附手书以教诫，廷敬所以兢兢自守至今日者，故皆主上非常之恩，盖亦两大人之教使然也。"③ 这里的太夫人是指陈廷敬的母亲王氏。沁县吴氏宗族中卫氏，"庶母卫氏鞠育之，凝重不事嬉游，授经书一过成诵"④。可见女性在宗族教育所起的作用。有的宗族中的女性，自己丈夫死后，独自一个人教育子女，使得子女最后取得科举功名，从而也使得宗族慢慢发展壮大。长子索氏："任道管妻。教子读书，苦节经三十年，而翰果以明经官训导。"⑤ 阳城卫氏宗族中的贾

---

① （明）刘东星：《明宗教涧松张翁配孺人李氏合葬墓志铭》，万历六年，《三晋石刻大全·晋城市沁水县卷》，三晋出版社 2012 年版，第 63 页。

② （明）刘东星：《陈策墓志铭》，万历八年，《三晋石刻大全·晋城市沁水县卷》，三晋出版社 2012 年版，第 69 页。

③ （清）陈廷敬：《白鹤阡表》，《午亭文编》卷四三，中州古籍出版社 2011 年版，2117 页。

④ 光绪《沁州复续志》卷二《人物》。

⑤ 《长子县志》，山西古籍出版社 2007 年版，第 398 页。

氏："太宜人自箴盥始事，早著令仪，至是霜晨臼杵，夜月机丝，内勤事育，外捍门户。养三龄儿稍长，严熊荻之教，后为御史，有名世祖朝。"① 可见女性在宗族教育中发挥着重要作用，尤其是在官宦型宗族中所起的作用非常明显。

（三）女性与地方公共事务

女性在传统中国社会中是很少参与地方事务的，但在上党地区我们仍然能够看出女性以一种隐性的方式来对地方社会产生影响。沁水刘氏："邻族中有贫氓者，辄为太息，出其粟帛以假贷之，不责其偿。其捐所有，以资人之贾、完人之婚者尤朋，故居人常以仁厚称之。"② 陵川王氏："且乐施予，喜周恤，亲党中之贫乏者，每多所借贷。而孺人卒不示德色，尤怕情之所难也。"③ 沁水陈氏："乡里有贫寒者令子周给，有负欠者令子毁券，示不求偿。"④ 可见这些族中的女性以一种隐性的方式来影响着地方。女性不仅在资助地方民众中起着重要作用，还在其他方面为宗族的发展发挥了重要作用。如地方自卫，沁水张氏宗族中张铨的妻子霍氏，据史料载："明崇祯三年，流贼王嘉允率众六千余人犯窦庄，窦庄在邑东南，张忠烈铨父五典，筑堡防乱。铨子道濬等官至京师，贼至，忠烈妻霍氏身先登埤，众因之防守甚严，贼还，攻之堡中矢石并发，贼伤甚众，越四日乃退。"⑤ 阳城陈氏宗族中陈廷敬的母亲："当姜瓖之乱也，贼攻庄堡，先公既手裂贼书，贼怒攻堡，堡中人人震恐。太夫人初育第三妹，在蓐中，奋然曰：'此非安卧时。'遂起，具糗粮，给酒炙，佐先公拊循堡中人，一堡得完。诸感颂先公者，无不

① （清）陈廷敬：《赠工部虞衡司员外郎暗然卫公暨配贾太宜人墓志铭》，《午亭文编》卷四六，中州古籍出版社 2011 年版，第 2249 页。

② （明）刘东星：《明故寿官西山刘公暨配杨氏合葬墓志铭》，万历四年，《三晋石刻大全·晋城市沁水县卷》，三晋出版社 2012 年版，第 62 页。

③ 谢肇昌：《皇清待赠王太孺人墓志铭》，康熙三十五年，《三晋石刻大全·晋城市沁水县卷》，三晋出版社 2012 年版，第 151 页。

④ （明）刘东星：《陈策墓志铭》，万历八年，《三晋石刻大全·晋城市沁水县卷》，三晋出版社 2012 年版，第 69 页。

⑤ 光绪《沁水县志》卷一〇《兵燹》。

感颂太夫人也。”① 由于受传统观念的影响，女性一般往往很少直接参与到地方公共事务中，大多数情况下起的都是一种隐性的作用。尤其是当宗族面对危险或遇到艰难的事情时，她们的出现往往能起到激励族人、加强族人团结力的作用，从而使得宗族能渡过危机。这是不能忽略的。

总之，虽然受到传统观念的影响，在中国古代社会中，妇女的地位较低，关于她们的史料记载也非常少，但是从地方志、碑刻中仍然能看出女性在上党宗族发展中的作用，她们是研究上党宗族不可忽视的社会群体。

① （清）陈廷敬：《白鹤阡表》，《午亭文编》卷四三，中州古籍出版社 2011 年版，第 2116—2117 页。

结　论

明清时期，基层社会组织已经相当完善，并在地方社会中起着重要作用，它们是社会的基础，是国家政权的依赖。但是基层社会组织力量的强大与中央集权、皇权专制之间也存在着天然的对立，呈现出此消彼长之势。实际上，基层社会组织与地方社会之间存在着隔不断的联系，地域情结一直蕴藏于其间，地方社会力量在积极主动地参与着社会事务，尽管他们对社会的控制意图是非常明显的，但于广大民众而言，是一种切身的关注与体会。地方社会中的矛盾、纠纷、困难、安全等与日常生活相关的众多事情都需要地方社会力量来解决，因此，其在地域社会中产生了巨大的影响。

一　基层社会组织与社会控制的效果与意义

明清，基层社会组织实施社会控制的手段是多样的，首先是直接的行政控制，在晋东南区域，里甲长、乡约、族长有时甚至是重合的，直接起着管理与控制的作用。即使不是重合，如果家族力量过于强大，里甲长也难以独立行使职权。在广大的乡村社会，那些与官府有千丝万缕的联系的士绅、族长掌握着实际的支配权。尽管在华北地区，甚至是晋东南区域，宗族组织的特色都不明显，甚至不能称为完整意义上的宗族。① 但是并没有人会怀疑宗族的存在，更不会否认宗族起到的作用。他们在地方社会中的渗透力值得关注。

① 明清时期，严格意义上的宗族或者说一个完整的宗族应该包括三个构成要件：祠堂、族谱、族产。

其次，对民间的社会教化与社会救济，既是为国家、地方社会培养人才，同时又是加强思想控制的必要手段。学校教育对地方社会的影响是毋庸置疑的，长期的耳濡目染，使广大的民众渐渐认同于国家的意识形态，认同于地方社会力量的控制权力。自宋代以来，社学、义学、书院等教育机构在民间社会地位显著，作用明显。尊老养老风气的推行，使民众看到了国家的力量，虽然这种感受并非实在意义上的，但也体现着皇恩浩荡。而地方社会力量的广泛参与，给民众以真正的、直接的体会。他们在地方社会中设立社仓、义仓、社学、义学等活动，增加了民众的认可度，感激之余便是接受控制，于是无形之中地方社会力量加大了对地方社会的深入渗透。因此，虽然灾害对民间社会的破坏力是极强的，但对地方社会力量而言，则可能成为一次加强社会控制的机会。

再次，民间信仰既是民众自己创造、也是他们受制约的对象。在长期的生产生活过程中，民众创造出了不同的民间信仰，这些民间信仰成为他们解决问题的思想基础与意志力量，但如果追根溯源，民间信仰仍是社会控制的必要组成。“神道设教”思想以及祭神祀神的仪式与国家世俗生活是完全相通的。神灵就是皇帝在地方的化身，一套严肃而整齐的仪式就是国家的各种礼仪，所以对正式的民间信仰国家是极力提倡与支持的。虽然有些淫祀并未列入国家祀典，但是在地方社会中仍然起着维系心灵的作用，所以一般情况而言，国家并不会过多干涉，基本上是“睁一只眼闭一只眼”，只有这些危及统治时，国家才会出动力量进行干涉。在晋东南区域社会中的三嵕、三教、二仙不仅得到了国家的认可，而且在凝聚地方社会、忠诚国家方面起到了实在的作用，并且真正体现了区域社会的特色，其中融入了浓浓的地方元素与情怀。因此，各种高规格的建筑、神像、石雕、碑刻被保存下来。长期参与民间信仰各种活动，就会逐渐融入到国家的意识形态之中。因此，民间信仰在一定程度上起到了弥合社会裂纹的作用，一旦在区域社会中出现了思想波动、行政过激、重大事件，而国家又无法解决时，这些民间信仰便会起到缓和冲突、韧性调节之功，成为消减政权内部矛盾的缓冲器。因此，不仅国家而且地方社会力量纷纷参与其间，以自己的方式行使着控制权。

最后，在一些特定领域、特定时段，国家与地方社会力量交织在一起，一方面维系着社会的稳定，一方面争夺着权力。地方社会力量对国家控制力量薄弱的领域可以采取一些特定的管理措施，以达到对基层社会的控制。在晋东南社会中保存下来的大量的规约碑刻，正是地方社会力量控制社会的实际措施。在规约中，我们看到了地方社会力量与民众之间的互动，看到了各种力量的角逐。在民间信仰之中，地方社会力量整合、利用着当地有利的文化资源，达到控制社会的目的。他们将民间信仰的元素加以改造，并以自己的能力不断向外扩散，形成了独特的文化资源，促使民众将目光从国家转移到他们身上。常态下的生活是容易控制的，但是在社会灾难来临之时，民众持何种心态？地方社会如何实现正常过渡？地方如何实现重建？这些问题其实一直是区域社会史研究要关注并突破的问题。在明清之际——崇祯至顺治时期，晋东南社会经历了天灾人祸的双重考验，自然灾害不断，其频次与规模均超过了任何时期。农民起义、地方土匪、姜瓖叛军不断地破坏着人们的正常生活，灾难过后，哀鸿遍野，饿殍满地，断壁颓垣，蒿草芜田，构成了此时期的社会景象，百姓流离，人口锐减，斯文扫地，社会动荡，如何渡过灾难，如何重建家园，如何重振风气，是摆在国家面前最直接的问题。但此时，国家力量减弱，根本无暇、无力顾及，于是，地方社会力量开始承担起社会责任，不仅组织力量对抗外来势力，出资帮助民众渡过灾难，而且担负起建设家园、恢复社会风气的重担。他们兴建文庙、官学、书院、社学、义学、义塾，维持着地方社会的安定，尤其展现了基层社会如何实现政权认同的过程。如果缺乏这些阶层，乡村社会如何重构便真正成为了问题。

二 解决的问题

虽然晋东南区域社会只是中国广大疆域内一个微不足道的区域，但是其所展现出来的问题以及在对问题的解决过程中，梳理了国家—基层社会组织—地方社会力量—民众之间的关系，解释了一些具有普遍意义的传统问题：

（一）传统上的中央集权并非真正意义上的无处不在，无事不管，基层社会组织与社会控制研究是社会史研究中的一个基础而重要的问题，并呈现出区域性

“中央集权”是历史研究中经常用到的一个概念，表面而言，中央政权无处不在，无事不管，然而在古代社会，这几乎是不可企及的愿望。交通的不便、信息传递的不畅均制约着国家权力在基层社会的渗透。尤其是广大乡村，也许政令能够下达，但执行的力度与实际效果不应过分夸大，民众对国家（朝廷）的概念是模糊的，“山高皇帝远”便是这样一种状况的真实描述。在对晋东南区域社会的研究中，可以看到，国家的禁令有时甚至成为一纸虚文。即如民间信仰，民众在不断创造着、传承着自己的信仰，地方社会力量也在不断地“刻划”着、利用着民间信仰，在大多数场合，国家不得不予以默认。由于国家财力不济，对地方公共事务中并未能予以支持，大部分的公共事务是在地方社会力量的支持与管理、监督下完成的，因此这些资源仍然控制在地方社会力量手中，国家力量很难插手其间。

在国家与民众的关系中，必须要理解他们的连接问题，否则，就很难理解中国传统社会的运作方式，理解民众对国家的概念。同时各地之间的差异性使基层社会组织的研究具有强烈的必要性，研究区域社会史必须首先了解不同地域的基层社会组织，这样才能将国家与民众真正连接起来，才能对各种现象有一个较为正确、全面的认识。例如诉讼、纠纷、赋役、管理、教育、工程、信仰、施善、教化，都必须以此为基础。

但是，中国地理环境差异较大的特点，使得各地在历史上形成了不同的文化，形成了独特的生存方式，要治理好这样大的区域，就必须因地制宜。在历史上，各地都形成了独特的管理模式，因此中央要加强对各区域的控制，就必须在政策上具有地域性。例如，为加强对西南诸少数民族的控制，明代以前，西南的土司制度较为发达，要了解西南诸区域的情况，就必须了解土司制度。明清以后为进一步加强管辖，实行改土归流，因此明清以后的西南地区研究就必须了解土官与流官之间的关系。再者改土归流以后土司并不是一下子就消灭了，它的影响还在长期存在，直到今天我们研究西南地域，还不能消除其影响。研究华南社会，必须了解宗族，至解放前后还仍大量存在的宗族械斗，是华南区域的重要现象，研究基层社会，研究华南的社会组织，不了解宗族就很难搞清楚相关问题，也不能全面理解基层社会组织的状况。那么，基层社会组织的独立性、自治性以及宗族性等均成为理解不同区域的重要内容。对广大北方地区来说，“社”是一个重要内容，社与村的关系如何，社的作用如何，社长的任命、职责等均成为研究北方社会探讨的内容。[①] 在晋东南区域，士绅、社首、里甲长、乡约均参与到社会的管理之中，在修庙、修路、修桥、办学、救灾、治安等方面无处不在，并且直接捐资助力，得到了民众的认可与赞许，并借此与国家发生联系，成为其中重要的一环。

（二）传统政治史研究——仅仅关注政权更替、权力变化——不能涵盖中国的全部历史发展

学习通史，基本上是以政治史为主，我们了解到的是政权之间的更替变化，看到的是国家、民族的叙事框架，其中的意识形态、形象塑造特色明显，国家主义、民族英雄等社会道德教化作用也显而易见，但是在研究具体历史时却带有很大的局限性。对区域史来说，政权的变化对当地民众究竟有多大影响，是否与通史的描述一样？在政权变革的过程中民众的心态如何？这些都是值得考虑的，如果我们忽视基层社会组织与民众的联系，忽视基层社会组织对民众的影响力，那将在研究中出现许多问题。更应注意，传统的宏观叙事在特定的区域社会中是很难显现的。

在明清政权变换之际，明朝政权、农民政权、清朝政权、姜瓖乱军，各种势力交织在一起，变换速度令人眼花缭乱。有些甚至未能传达到基层，政权已易其手。那么在这种情况下，基层民众如何实现对政权的认可？

其实，在中国传统社会中，基层是比较稳定的区域，他们仅仅关

① 参见姚春敏《清代华北乡村庙宇与社会组织》，人民出版社 2013 年版。

注本地的稳定，民族主义并未上升到如此高度，只要能实现本地秩序的常态化，就可以高枕无忧。因此，各种势力进入晋东南以后，均遭到了抵抗，如果能够换来和平和稳定，投诚与协议并非不可。而一旦抵抗失败，带来的后果便是烧、杀、抢、掠，所以在地方社会力量率领下进行的反抗是对当时现状的判断，并不是一种政治取向。也正是由于存在着地方社会力量这个阶层，导致任何政权要想进入某个势力范围，便欲先得到地方社会力量的支持。因此，当清军定鼎北京之后，随着统治势力的加强，地方社会也逐渐认可，随之便是改换年号，改革习俗，并进行着常态下的一切活动。

（三）社会的对立与统一如何更好地结合起来

只有通过研究基层社会组织才能从另一个角度去分析社会，社会中的阶级对立不是唯一分析社会的工具，社会的稳定对国家、政权来说比对立、斗争更重要。

阶级分析使得历史研究过于简单化，并且有时候不正确。首先阶级对立应该在一定的区域内，对一些规模较小的村庄来说，并没有地主阶级，有时连中农阶级都没有，本身也只有几百人，如何形成地主阶级。如果说村民之间有矛盾，也只是小范围、小规模的矛盾，并不能上升到阶级对立的高度上来。那么在这些地方，阶级对立的理论或者称为模式则是不能解释的，而基层社会组织则无处不在。因为社会要存在，民众要管理，就必须有社会组织，才能将民众统一起来，进行有效的协作、生产、生活。在国家与社会之间，正是有这么多的基层社会组织才使得民众之间更加统一。

并且在不同的区域，基层社会组织是不同的，有规模上的不同、规制的不同、运作的复杂程度不同、起到的作用不同、上下沟通力的不同、对外的协作能力（与相邻村落之间关系）的不同。要理解各个区域的发展，必须理解基层社会组织，这样，才能更好地理解社会的互动与发展，才更有利于解决不同区域之间的独特问题。

参考文献

一　古籍

1. 正史、文集、笔记等

《史记》，中华书局 1959 年版。
（东汉）许慎：《说文解字》，中华书局 1963 年版。
《汉书》，中华书局 1962 年版。
《后汉书》，中华书局 1982 年版。
《新唐书》，中华书局 1975 年版。
（宋）范质：《宋会要》，上海古籍出版社 2014 年版。
《元史》，中华书局 1976 年版。
《明史》，中华书局 1974 年版。
《明实录》，“中央”研究院历史语言研究所校印 1962 年影印版。
（明）《皇明制书》，社会科学文献出版社 2013 年版。
（明）申时行等：《明会典》，中华书局 1989 年版。
（明）刘基：《诚意伯刘先生文集》，中国文史出版社 2011 年版。
（明）黄佐：《泰泉乡礼》，文渊阁《四库全书》本。
《清史稿》，中华书局 1998 年版。
（清）夏燮：《明通鉴》，中华书局 1959 年版。
《清实录》，中华书局 1985 年影印版。
《世宗宪皇帝朱批谕旨》，文渊阁《四库全书》本。
《世宗宪皇帝圣训》，文渊阁《四库全书》本。
《皇朝通志》，商务印书馆 1935 年版。
《嘉庆朝清会典事例》，商务印书馆 1986 年版。

《清朝文献通考》，文渊阁《四库全书》本。
《清会典》，中华书局 1982 年版。
（清）徐松：《宋会要辑稿》，中华书局 1957 年版。
（清）龙文彬：《明会要》，中华书局 1998 年版。
乾隆官修：《皇朝通典》，浙江古籍出版社 2000 年版。
（清）顾炎武：《天下郡国利病书》，上海古籍出版社 2012 年版。
（清）顾炎武：《日知录》，上海古籍出版社 2012 年版。
（清）陈廷敬：《午亭文编》，中州古籍出版社 2011 年版。
（清）段玉裁：《说文解字注》，上海古籍出版社 1981 年版。
江地主编：《吴玙文集》，山西人民出版社 1990 年版。

2. 地方志

天顺《大明一统志》，明天顺五年（1461）本。
乾隆《大清一统志》，清光绪二十八年（1902）石印本。
雍正《山西通志》，清雍正十二年（1734）刻本。
光绪《山西通志》，中华书局 1990 年点校本。
弘治《潞州志》，中华书局 1995 年点校本。
顺治《潞安府志》，清顺治十六年（1659）刻本。
乾隆《潞安府志》，清乾隆三十五年（1770）刻本。。
雍正《泽州府志》，清雍正十三年（1735）刻本。
乾隆《沁州志》，清乾隆五十年（1785）刻本。
光绪《沁州复续志》，清光绪六年（1880）刻本。
雍正《辽州志》，清雍正十一年（1733）刻本。
光绪《代州志》，清光绪八年（1882）刻本。
康熙《黎城县志》，清康熙二十一年（1682）刻本。
光绪《黎城县志》，光绪九年（1883）刻本。
乾隆《陵川县志》，乾隆四十四年（1779）刻本。
康熙《长子县志》，清康熙四十四年（1705）刻本。
嘉庆《长子县志》，清嘉庆二十一年（1816）刻本。
光绪《长子县志》，清光绪八年（1882）刻本。
乾隆《阳城县志》，清乾隆二十年（1755）刻本。

同治《阳城县志》，清同治十三年（1874）刻本。
民国《阳城县乡土志》，民国二十四年（1935）铅印本。
杨念先:《阳城县乡土志·兵事录》，台北成文出版社 1968 年版。
乾隆《襄垣县志》，清乾隆四十七年（1782）刻本。
光绪《襄垣县续志》，清光绪六年（1880）刻本。
民国《襄垣县志》，民国十七年（1928）刻本。
雍正《屯留县志》，雍正八年（1730）刻本。
光绪《屯留县志》，光绪十一年（1885）刻本。
道光《壶关县志》，清道光十四年（1834）刻本。
光绪《沁水县志》，清光绪七年（1881）刻本。
光绪《长治县志》，清光绪二十年（1894）刻本。
民国《平顺县志》，民国三十四年（1945）刻本。
乾隆《凤台县志》，乾隆四十九年（1784）刻本。
光绪《凤台县志》，光绪十八年（1892）刻本。
乾隆《高平县志》，乾隆三十九（1774）刻本。
雍正《沁源县志》，雍正八年（1730）续修刻本。
民国《沁源县志》，民国二十二年（1933）铅印本。
光绪《武乡县志》，康熙三十一年（1692）刻本。
道光《大同县志》，道光十年（1830）刻本。
康熙《平阳府志》，康熙四十六年（1707）修，《稀见中国地方志汇刊》第 6 册。
乾隆《新修曲沃县志》，清乾隆二十三年（1758）敦好堂全书本。
乾隆《江南通志》，文渊阁《四库全书》本。
嘉靖《尉氏县志》，《天一阁藏明代方志选刊》，上海古籍书店 1982 年版。
道光《广西通志》，广西人民出版社 1988 年版。
雍正《畿辅通志》，文渊阁《四库全书》本。
道光《广西通志》，广西人民出版社 1988 年版。

二 今人著作

1. 著作

郑天挺主编:《明清史资料》，天津人民出版社 1980 年版。

邓云特:《中国救荒史》，上海书店 1984 年版。

费孝通主编:《社会学概论》，天津人民出版社 1984 年版。

[法] 雅克·勒高夫等:《新史学》，姚蒙译，上海译文出版社 1988 年版。

乔志强、行龙主编:《近代华北农村社会变迁》，人民出版社 1989 年版。

程啸:《晚清乡土意识》，中国人民大学出版社 1990 年版。

《汉语大字典（缩印本）》，湖北辞书出版社、四川辞书出版社 1995 年版。

乌丙安:《中国民间信仰》，上海人民出版社 1995 年版。

梁肇唐、李政行主编:《山西庙会》，山西经济出版社 1995 年版。

梁治平:《清代习惯法：社会与国家》，中国政法大学出版社 1996 年版。

廖奔:《中国古代剧场史》，中州古籍出版社 1997 年版。

[美] 施坚雅:《中国农村的市场和社会结构》，史建云、徐秀丽译，中国社会科学出版社 1998 年版。

阳城县政协文史资料研究委员会编印:《濩泽揽胜》，1998 年版。

[法] 爱弥尔·涂尔干:《宗教生活的基本形式》，渠东、汲喆译，上海人民出版社 1999 年版。

《沁县志》，中华书局 1999 年版。

杨念群:《中层理论——东西方思想会通下的中国史研究》，江西教育出版社 2001 年版。

钱穆:《中国历代政治得失》，生活·读书·新知三联书店 2001 年版。

冯俊杰:《戏剧与考古》，文化艺术出版社 2002 年版。

[英] 马林诺夫斯基:《文化论》，费孝通译，华夏出版社 2002 年版。

赵世瑜:《狂欢与日常：明清以来的庙会与民间社会》，生活·读书·新知三联书店2002年版。

［法］魏丕信：《18世纪中国的官僚制度与荒政》，徐建青译，江苏人民出版社2003年版。

李文海、夏明方主编：《中国荒政全书》（第一辑），北京古籍出版社2003年版。

［美］杜赞奇：《文化、权力与国家：1900—1942年的华北农村》，王福明译，江苏人民出版社2004年版。

冯尔康：《18世纪以来中国家族的现代转向》，上海人民出版社2005年版。

行龙、杨念群主编：《区域社会史比较研究》，社会科学文献出版社2006年版。

费孝通：《乡土中国》，上海人民出版社2006年版。

［法］列维－斯特劳斯：《结构人类学》（2），张祖建译，中国人民大学出版社2006年版。

赵世瑜：《小历史与大历史：区域社会史的理念、方法与实践》，生活·读书·新知三联书店2006年版。

［美］韦思谛编：《中国大众宗教》，陈仲丹译，江苏人民出版社2006年版。

［美］杨庆堃：《中国社会中的宗教：宗教的现代社会功能与其历史因素之研究》，范丽珠译，上海人民出版社2007年版。

杜正贞：《村社传统与明清士绅：山西泽州乡土社会的制度变迁》，上海辞书出版社2007年版。

长子县史志办公室编：《长子县志》，山西古籍出版社2007年版。

郑振满：《明清福建家族组织与社会变迁》，中国人民大学出版社2008年。

冯尔康等著：《中国宗族制度史》，上海人民出版社2009年版。

吴琦：《明清地方社会力量》，中国社会科学出版社2009年版。

王欣欣：《山西书院》，三晋出版社2009年版。

［英］彼得·伯克：《历史学与社会理论》，姚朋等译，上海人民出版社2010年版。

杜同海主编：《上党赛社》，湖南地图出版社 2011 年版。

《商汤在阳城的传说》，文物出版社 2012 年版。

姚春敏：《清代华北乡村庙宇与社会组织》，人民出版社 2013 年版。

萧公权：《中国乡村：论 19 世纪的帝国控制》，张治、张升译，台湾联经出版事业股份有限公司 2014 年版。

王建华：《山西灾害史》，三晋出版社 2014 年版。

张利：《上党文化研究》，三晋出版社 2015 年版。

陈寅恪：《隋唐制度渊源论稿》，生活·读书·新知三联书店 2000 年版。

宋燕鹏：《南部太行山区祠神信仰研究：618—1368》，中国社会科学出版社 2015 年版。

沁县史志办公室翻印：《铜鞮吴氏人文志》，内部资料。

2. 论文

傅衣凌：《中国传统社会：多元结构》，《中国社会经济史研究》1988 年第 3 期。

张振南、暴海燕：《上党民间的“迎神赛社”再探》，《中华戏曲》1996 年第 1 期。

杨孟衡：《上党古赛礼乐志》，《三晋文化研究论丛》（第三辑），山西古籍出版社 1997 年版。

康沛竹：《清代仓储制度的衰败与饥荒》，《社会科学战线》1996 年第 3 期。

卫崇文：《论战国时期的神话化运动》，硕士学位论文，陕西师范大学，1999 年。

梁治平：《从礼治到法治》，《开放时代》1999 年第 1 期。

赵世瑜：《社会动荡与地方士绅——以明末清初的山西阳城陈氏为例》，《清史研究》1999 年第 2 期。

吴洪琳：《论清代陕西社仓的区域性特征》，《中国历史地理论丛》2001 第 3 期。

常建华：《明代宗族祠庙祭祖礼治及其演变》，《南开学报》2001 年第 3 期。

白丽萍：《清代两湖平原的社仓与农村社会》，硕士学位论文，武汉大学，2002 年。

王振芳、吴海丽：《明代山西进士的地域分布特点及其成因》，《沧桑》2002 年第 5 期。

杨孟衡：《民间社赛“乐星图”解——上党古赛乐艺建构考析》，《文艺研究》2002 年第 6 期。

陈春声：《“正统”神明地方化与地域社会的建构》，《韩山师范学院学报》2003 年第 2 期。

兰林友：《论华北宗族的典型特征》，《中央民族大学学报》2004 年第 1 期。

汪火根：《明代仓政与基层社会控制：以预备仓和社仓为例》，《龙岩师专学报》2004 年第 2 期。

郝秉键：《日本史学界的明清“绅士论”》，《清史研究》2004 年第 4 期。

黄鸿山、王卫平：《清代社仓的兴废及其原因——以江南地区为中心的考察》，《学海》2004 年第 1 期。

杨军：《宋元时期“三教合一”原因探析》，《江西社会科学》2006 年第 2 期。

王先明：《“区域化”取向与近代史研究》，《学术月刊》2006 年第 3 期。

段自成：《清代北方官办乡约组织形式论述》，《中国社会历史评论》（第七辑），天津古籍出版社 2006 年版。

杜正贞、赵世瑜：《区域社会史视野下的明清泽潞商人》，《史学月刊》2006 年第 9 期。

王学锋：《贾村赛社及其戏剧活动研究》，博士学位论文，中国艺术研究院，2007 年。

何满红：《明清山西护林碑初探》，《文史月刊》2007 年第 1 期。

张正明、宋丽莉：《浅谈明清潞商与区域环境的相互影响》，《山西大学学报》2008 年第 1 期。

张薇薇：《晋东南地区二仙文化的历史渊源及庙宇分布》，《文物世界》2008 年第 3 期。

蔡洪滨：《宗族制度、商人信仰与商帮治理：关于明清时期徽商与晋商的比较研究》，《管理世界》2008 年第 8 期。

段建宏：《民间信仰与地域社会：对晋东南二仙故事的解读》，《前沿》2008 年第 11 期。

陈建国：《明清时期义学的经费管理》，《西安邮电学院学报》2008 年第 4 期。

冯尔康：《清代宗族祖坟述略》，《安徽史学》2009 年第 1 期。

刘文峰、王学锋：《从贾村赛社的变化看非物质文化遗产的保护》，《中南民族大学学报》2009 年第 3 期。

阎守成：《历史上的自然灾害与农民起义》，《共产党员》2009 年第 6 期。

刘立夫：《唐代宫廷的三教论议》，《宗教学研究》2010 年第 1 期。

郭春梅：《清代山西碑刻中乡规民约的“约”与“罚”》，《文物世界》2010 年第 6 期。

李四龙：《论儒释道“三教合流”的类型》，《北京大学学报》2011 年第 2 期。

张君梅：《从民间祭祀的变迁看三教融合的文化影响》，《文化遗产》2011 年第 3 期。

易素梅：《道教与民间宗教的角力与融合：宋元时期晋东南地区二仙信仰之研究》，《学术研究》2011 年第 7 期。

展龙：《元末士人的佛道情缘及其文化意蕴》，《华夏文化论坛》2013 年第 1 期。

荣国庆：《柳氏居民乡村“家族”文化构建模式与“祀神”崇拜研究》，《晋城职业技术学院学报》2013 年第 4 期。

朱文广：《禁赌碑与乡村风俗改良——以清代上党为中心的考察》，《农业考古》2014 年第 3 期。

侯海坤：《村域视野下的祭祀与家族》，《青海民族大学学报》2014 年第 1 期。

段友文、刘金蕾：《晋东南二仙传说信仰内涵的三次转变及其社会文化图景》，《中国文化研究》2014 年夏之卷。
宋燕鹏：《晋东南二仙信仰在唐宋时期的兴起——以碑刻资料为中心》，《社会科学战线》2014 年第 11 期。

三 碑刻

1. 碑文集

栗守田编注：《皇城石刻文编》，内部资料。
《晋城金石志》，海潮出版社 1995 年版。
《高平金石志》，中华书局 2004 年版。
《长治金石萃编》，山西春秋电子音像出版社 2006 年版。
张正明、科大卫：《明清山西碑刻资料选》，山西人民出版社 2005 年版。
张正明、科大卫：《明清山西碑刻资料选（续一）》，山西人民出版社 2005 年版。
张正明、科大卫、王勇红：《明清山西碑刻资料选（续二）》，山西经济出版社 2009 年版。
《三晋石刻大全・晋城市城区卷》，三晋出版社 2012 年版。
《三晋石刻大全・晋城市泽州县卷》，三晋出版社 2012 年版。
《三晋石刻大全・晋城市高平市卷》，三晋出版社 2011 年版。
《三晋石刻大全・晋城市阳城县卷》，三晋出版社 2012 年版。
《三晋石刻大全・晋城市陵川县卷》，三晋出版社 2013 年版。
《三晋石刻大全・晋城市沁水县卷》，三晋出版社 2012 年版。
《三晋石刻大全・长治市长治县卷》，三晋出版社 2012 年版。
《三晋石刻大全・长治市沁源县卷》，三晋出版社 2011 年版。
《三晋石刻大全・长治市黎城县卷》，三晋出版社 2012 年版。
《三晋石刻大全・长治市屯留县卷》，三晋出版社 2012 年版。
《三晋石刻大全・长治市长子县卷》，三晋出版社 2013 年版。
《三晋石刻大全・长治市平顺县卷》，三晋出版社 2013 年版。
《三晋石刻大全・长治市武乡县卷》，三晋出版社 2012 年版。
《阳城汤庙碑拓文选》，文物出版社 2012 年版。

王小圣编：《海会寺碑碣诗文选》，山西人民出版社 2002 年版。

2. 拓片、照片

《潞州长子县钦崇乡小关管重修灵贶庙碑》（拓片），金贞元元年，现存长子县小关村。

《紫云山新建灵贶庙记》（拓片），时间不详，现存长子县琚村三嵕庙。

《重修真泽二仙庙碑》（拓片），大定五年，现存陵川县西溪二仙庙。

《皇清太学生前儒学附生受□……墓表》（拓片），乾隆年间，现存长治市郊区中村申家二十四院。

《紫峰碑记》（照片），乾隆八年，现存高平市石末乡紫峰山碧霞宫。

《补修炎帝庙古佛堂观音堂山神土地庙碑记》（照片），光绪三十一年，现存高平常家沟村炎帝庙。

《重修府君庙乐台功德主乐输碑》（照片），中华民国八年（1919），现存长治市郊区中村申家二十四院。

后　　记

书稿完成了，本不打算写后记，但想到有许多人为该著提供了帮助，还是应该表示感谢。再者，还想对一些情况进行简略说明，因此，才提笔写下此文。

本著是我近年来研究成果的积累，大部分尚未发表，即使已发表论文，也在编入过程中作了修改。自2009年出版第一本著作至今，已有七个年头，在这段时期，我仍是围绕戏台在做研究，只不过关注了与戏台相关的内容：庙宇、民间信仰、规约、社会教化、宗族等，这些都是基层社会构成的重要方面，是社会史研究的切入点。只有将这些内容进行深入探究，才能厘清基层社会的组织、制度、运作以及各构成要素之间的互动，才能真正实现眼光向下，实现自下而上与自上而下的双向式研究。

虽然交了书稿，似乎可以歇息一会儿，但一想到由于时间仓促以及自身水平有限，该著的部分论述不免乏力甚至有大胆胡说的成分时，便觉得心中沉甸甸的。公众的评判自是难免，但害怕大家言辞过于尖刻，便先在此作一番辩解，希望大家能从更广泛的角度认识此著。

关于晋东南区域（或者称为上党区域）的研究，在20世纪尚未得到全面开发。进入21世纪以来，越来越多的学者将目光转向于此，推出了大量的学术成果，将此一区域的各种现象呈现于世人面前，古建、信仰、赛社以及抗战研究都呈现出蒸蒸日上之势。我自2001年进入长治学院，就对此产生了兴趣，逐渐在周围同事、朋友的带动下涉猎此一区域。尤其是2008年博士毕业后，充分认识到了该项研究的价值与意义，于是以更饱满的热情和全身心的精力投入到研究之中。资料的短缺是研究中的最大问题，针对这一情况，我们在旧书市场、孔网上淘资料，购置回一批与该区域相关的文献；利用课余时间走向田野，调查碑刻，座谈采访，收集资料，增强历史感。逐渐地，在我周围形成了一个小小的学术团队，值得欣慰的是，大家彼此开诚布公，刻苦顽强，不计报酬，经受了各种考验，终于有此些微收获。有不少时候，我们举办的学术沙龙，仅仅有六七个人，最少的只有三个人。因此，多数情况下，我们不得不自我解嘲，自我调节，在各种目光中，克服了种种障碍，艰难地前行。

作为一个土生土长的晋东南人，我们非常熟悉这块土地，了解这块土地上生活的民众，理解他们的情感和想法，这是促使我们不断深入研究的内在动力。但也许因为过于熟悉，我们长久形成的认识制约了我们进一步的研究，在理论上不能提升很高。我们认为，一旦偏离了民众的真实情感，偏离了民众的理解度，就不是原生态，就不是真心意。如果有人诟病，请理解我们此刻的感受。

形成一个学术团队实非易事，要坚持下去，走得更远，则需要我们继续坚持，紧密团结，甘于奉献，不懈追求，作为团队里的每一位成员都要为此尽心尽力，彼此理解，并将此作为学术信念，成为自己生活不可分割的组成部分。

在最后，还是要感谢各位的帮助。认真执着、大公无私、甘为人梯、兢兢业业的卫崇文博士，矢志追求、辛勤工作、刻苦钻研、率先垂范的王建华副教授，坦诚大度、幽默风趣、兴趣广泛、识远见长的朱文广博士，任劳任怨、不断追求、敢于直言、不论得失的赵艳霞副教授，认真负责、勤于奉献、活泼大方、厚积薄发的李荣老师，谢谢你们与我同行，陪伴左右，你们的激励是我前行的动力，你们的付出是我收获的基石，我的每一丝成绩都有大家的努力。

感谢宋燕鹏博士在此书出版过程中给予的大力帮助！感谢同学们为本著所做的各种工作！感谢我的家人和朋友！

段建宏

2016 年 3 月作于听雨书斋